MANGA

Der Zeichenkurs

Figuren zeichnen und kolorieren

Elisabeth Poniz

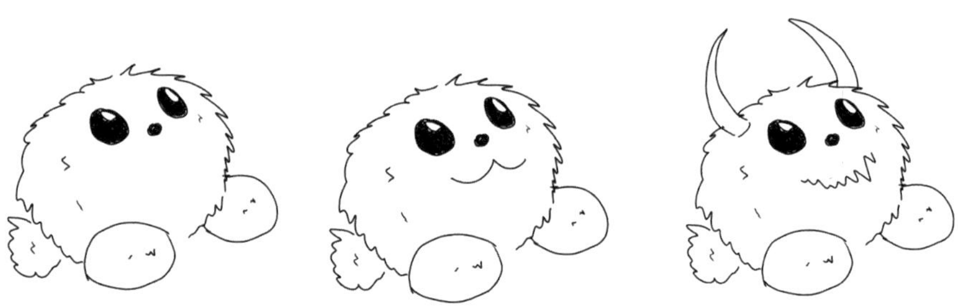

MANGA

Der Zeichenkurs

Figuren zeichnen und kolorieren

Elisabeth Poniz

stiebner

INHALTSVERZEICHNIS

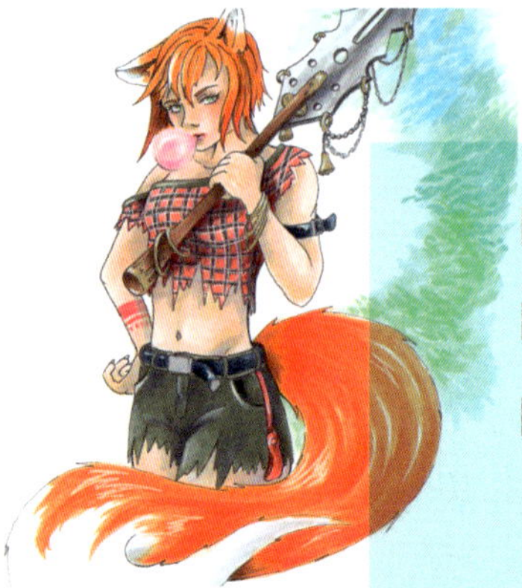

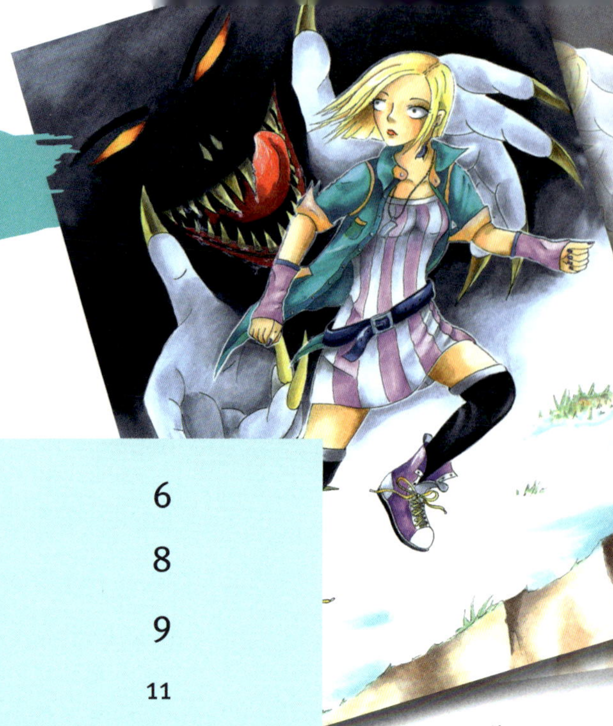

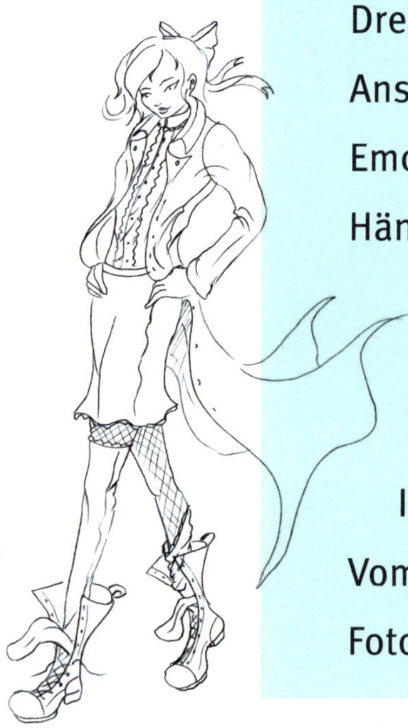

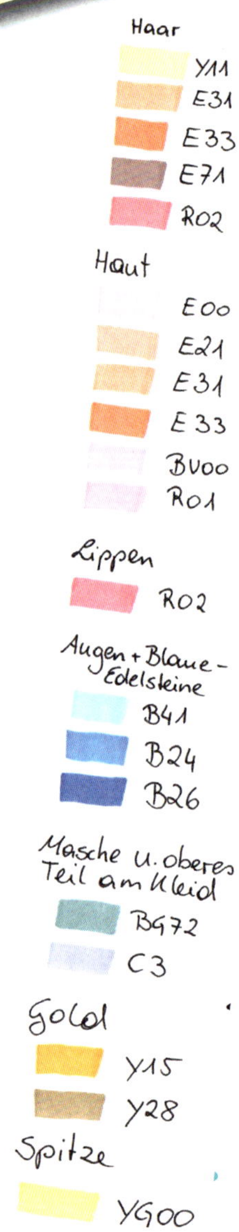

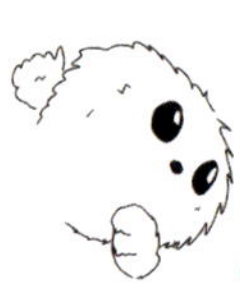

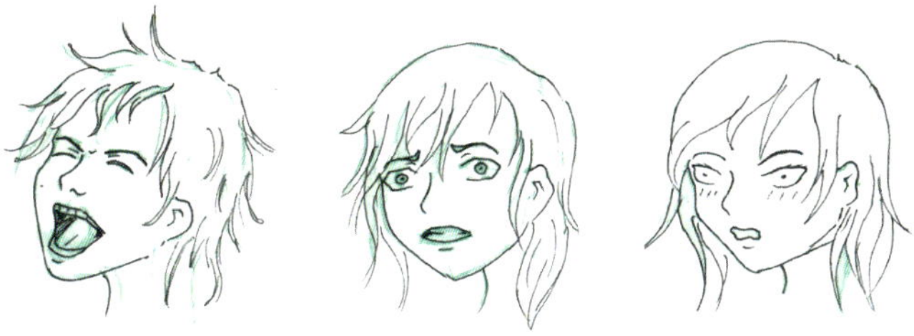

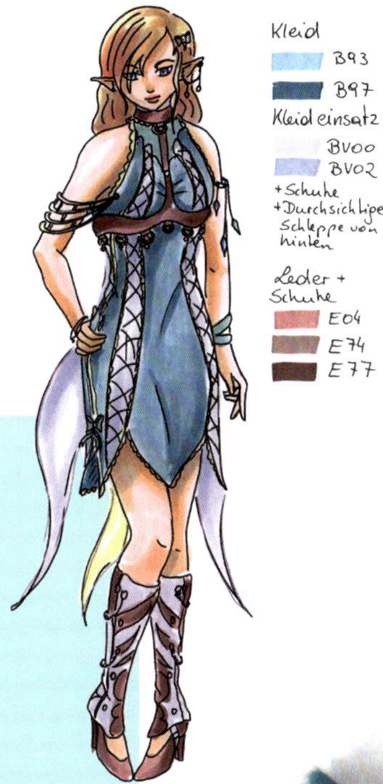
Kleid
B93
B97
Kleideinsatz
BV00
BV02
+Schuhe
+Durchsichtige Schleppe von hinten
Leder + Schuhe
E04
E74
E77

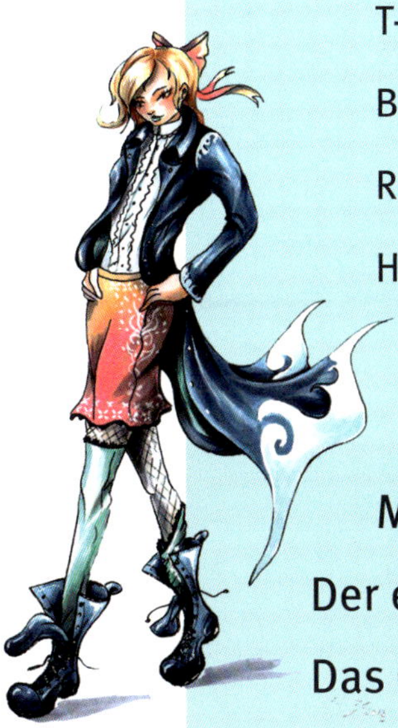

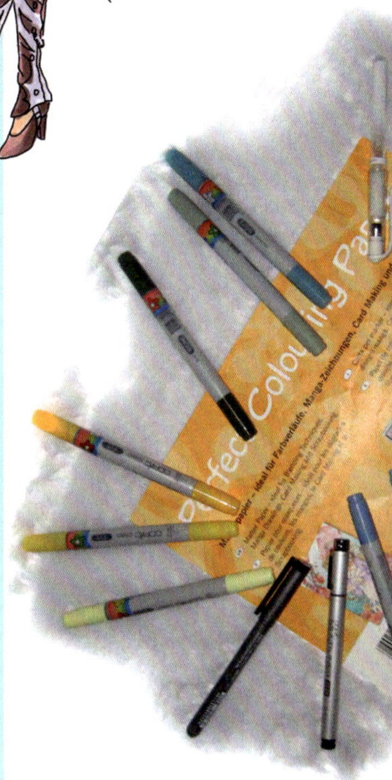

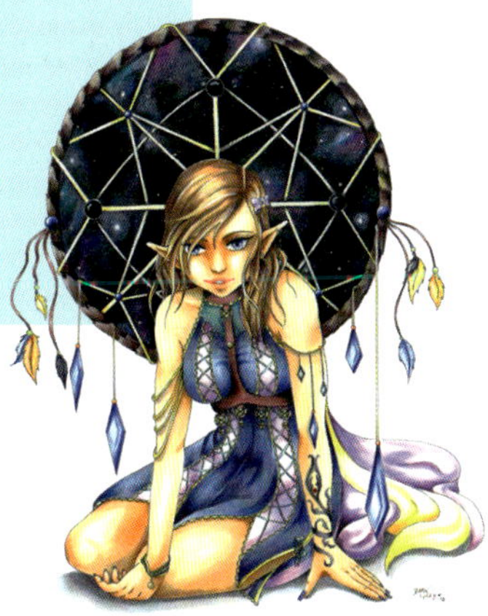

DAS MATERIAL

Stift zum Vorzeichnen: Ich empfehle einen Druckbleistift (Pilot Color ENO) in der Farbe Hellblau oder Hellgrün, Stärke 0,7 mm. Alternativ eignen sich auch normale, dünne Farbstifte in Hellblau oder Hellgrün.

Bleistift: In einer angenehmen Stärke; ich bevorzuge einen Druckbleistift mit der Stärke 0,7 mm, B- oder 2B-Mine.

Pinsel: Es eignet sich einer zum Auftragen von (Make-up-)Rouge oder ein Breitpinsel, zum Wegwischen der Radiererreste. So muss man nicht mit den Fingern über das Blatt wischen.

Anspitzer: In guter Qualität! Der Anspitzer sollte regelmäßig ausgetauscht werden, ihr macht euch sonst keine Freude.

Radierer: Ich bevorzuge den BM2-Radierstift (FACTIS); dieser ist nachfüllbar und günstig in der Anschaffung. Mit Radierstiften kann man einzelne Linien gezielt wegradieren.

Knetgummi: Für Bleistifteffekte, zum Aufhellen von Linien und erneutes Verstärken

Dünneres Skizzenpapier: Zum Vorzeichnen und um seine Ideen zu verwirklichen, reicht einfaches, günstiges und dünnes Skizzenpapier oder auch Druckerpapier von 80–120 g/m^2 vollkommen aus. Danach wird die Skizze von dem dünnen Papier auf ein dickeres, qualitativ hochwertiges Papier (ich empfehle hier den Allrounder von Hahnenmühle, Nostalgie 190 g/m^2) am Leuchttisch übertragen. Die Anschaffung eines Leuchttisches lohnt sich sehr. Man findet sie schon um 25 Euro im Onlineversand.

Solltet ihr schon mit Tusche die Outlines (Außenlinien eines Motivs) malen, empfehle ich **Copic Multiliner** in 0,05/0,1 mm sowie einen uni-ball SIGNO Gelschreiber in Weiß, zur Fehlerkorrektur und für Highlights (der deckt am besten).

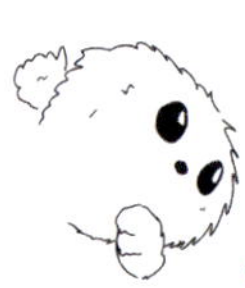

Anspitzer: Doppelspitzdose für Blei- und Buntstifte (STAEDTLER®)

Knetgummi

Klammern zum Durchpausen am Leuchttisch

Radierstifte BM2-Radierstift (FACTIS) für kleine Teile und einen breiteren Radierstift (STAEDTLER®)

Rouge- oder Breitpinsel

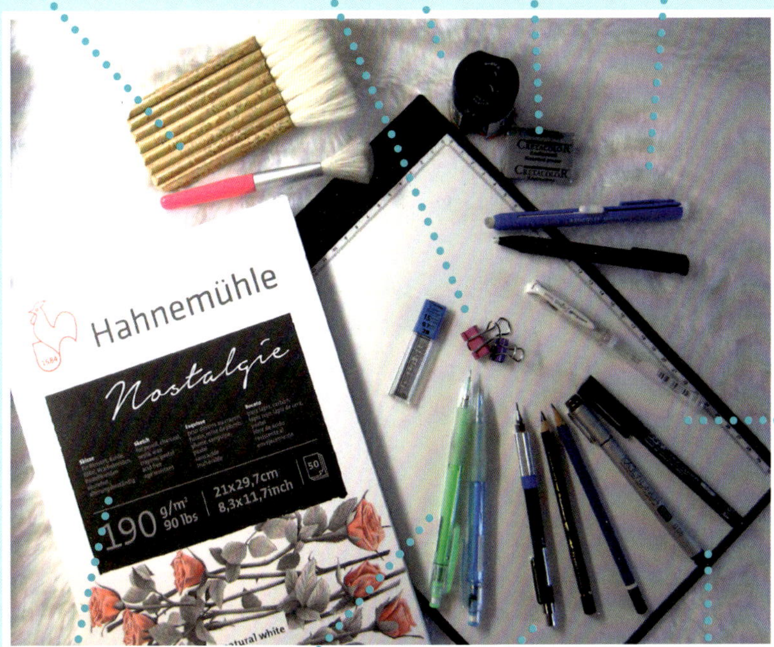

Block mit Nostalgie-Papier (Hahnemühle)

Copic Multiliner 0,05 und 0,1 mm zum Outlinen

Druckbleistift 0,7 mm mit 2B-Mine

uni-ball SIGNO Gelschreiber in Weiß

Druckbleistift (Pilot Color ENO)

DIE BLEISTIFTSTÄRKE

Bleistifte werden nach Härtegraden eingeteilt. Am härtesten sind Stifte mit 8H, die fast nichts mehr vom Grafit-Ton-Gemisch auf dem Papier hinterlassen (mit ihnen sind wir meistens versucht, stärker aufzudrücken). Mittlere Stärke ist HB, diese Bleistifte sind quasi Standard (Give-away-Bleistifte sind auch meistens HB). Das andere Extrem ist 8B für einen sehr weichen Bleistift, der viel Zeichnung auf dem Papier hinterlässt. Er erzeugt eine besonders dunkle, fast schwarze Linie.

Jeder hat eine andere Hand und eigene Vorlieben. Beobachtet mal, womit ihr euch wohlfühlt. Wichtig ist, dass ihr eure eigenen Linien noch erkennen könnt, aber auch nicht das Blatt durchlöchert, statt es zu bemalen. Wer also für eine dunkle Linie fest aufdrücken muss, ist wohl mit einem B2-Bleistift besser beraten als mit einem der H-Serie. Wer aber ganz leichte Linien liebt und den Bleistift sanft übers Papier gleiten lässt, der ist mit einem H oder HB sicher zufrieden. Der Bleistift soll sich gut in der Hand anfühlen. Achtet darauf, dass der Bleistift immer spitz ist. Deshalb bevorzuge ich persönlich einen Druckbleistift.

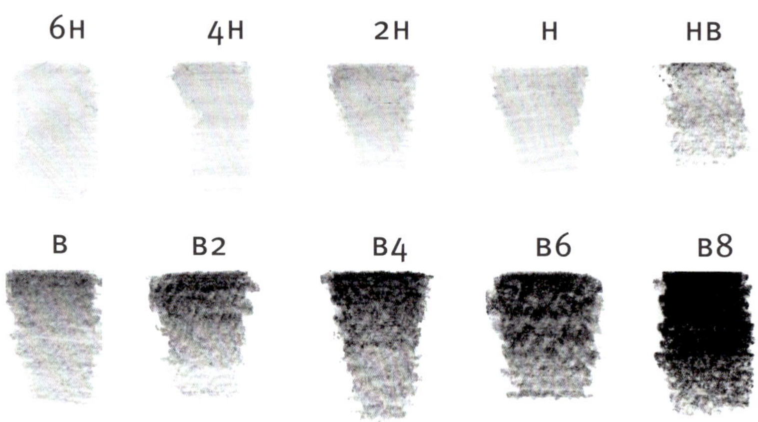

DAS GESICHT

SCHRITT 1

Bevor ich mit einer Zeichnung vom Gesicht beginne, muss ich mir überlegen, in welche Richtung es blicken soll. Dementsprechend wird die Mittellinie des Gesichts gesetzt und das Oval des Kopfes gezeichnet. Dazu kann ich mir auch gleich die Augenhöhe überlegen. Sieht mich das Gesicht gerade von vorn an, ist diese in der oberen Hälfte meines Ovals. Mittellinie und Augenlinie müssen immer einen rechten Winkel bilden! Unsere Augenlinie ist nicht flexibel und kann sich deshalb nicht schräg zur Mittellinie und zum Oval unseres Gesichts bewegen. Allerdings werden Mittellinie sowie Augenlinie perspektivisch gebogen. Da sie sich beide sozusagen auf einem Ei befinden, stehen sie nur mittig, wenn das Gesicht geradeaus schaut. Sonst biegt sich die Mittellinie nach links, wenn der Charakter mit dem Gesicht nach links schaut, nach rechts umgekehrt. Wenn der Charakter nach unten schaut und ich dadurch mehr Haar sehe, verlagert sich die Augenlinie nach unten und wird deswegen auch weiter unten platziert.

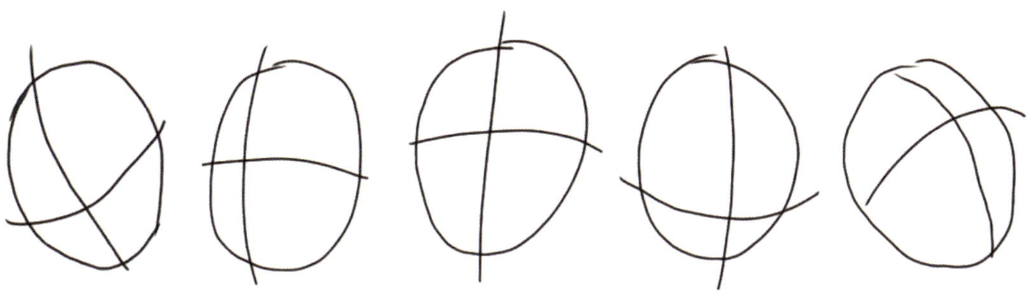

Abb. 1
Richtig: Augen- und Mittellinie liegen im rechten Winkel!

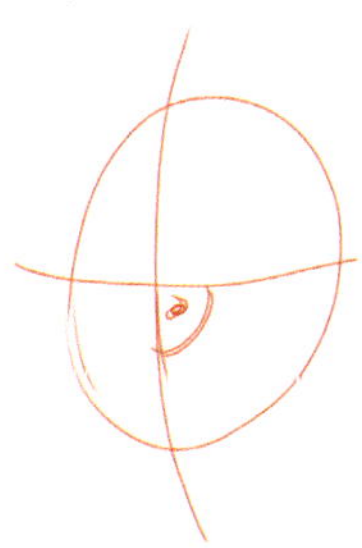

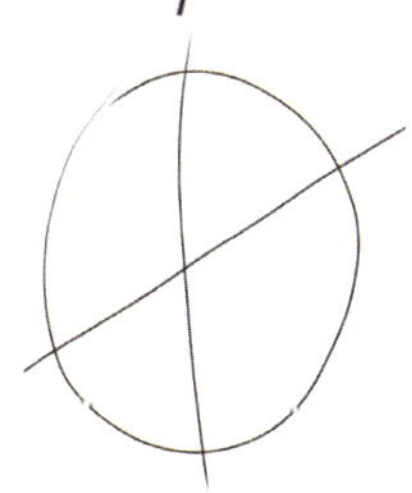

Abb. 2
SO NICHT! Augen- und Mittellinie liegen nicht im rechten Winkel.

SCHRITT 2

Nun haben wir ein Oval gezeichnet, mit Mittel- und Augenlinie. Jetzt folgt die weitere Einteilung. Genau in der Mitte zwischen Augenlinie und dem unteren Ende unseres Ovals (also dem Kinn) befindet sich die Nase. Danach auf der Hälfte zwischen Nase und Kinn leicht oberhalb (also Richtung Nase) den Strich für die Mundmitte setzen. Es ist ganz wichtig, dass diese Linien alle parallel zur Augenlinie sind, sonst sind die Proportionen falsch. Das ist durch unsere Schädelform vorgegeben. Alle Teile unseres Gesichts, also Augen, Nase, Mund und Kinn, liegen parallel zueinander.

Achtet darauf, dass die Linien parallel zueinander liegen!

Auf halber Höhe, zwischen Augen und Kinn, liegt die Nase.

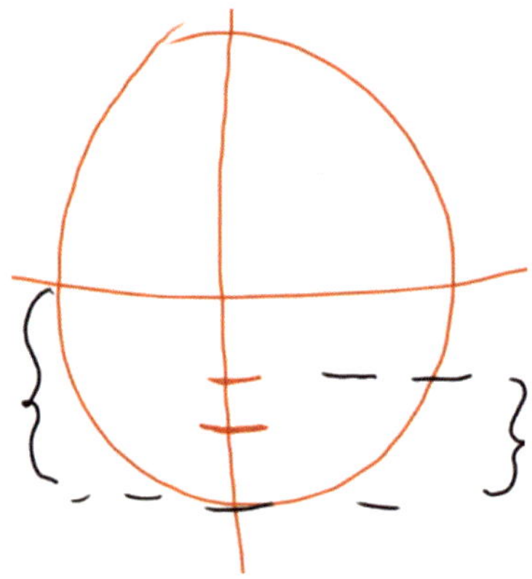

Zwischen Nase und Kinn, leicht nach oben Richtung Nase versetzt, liegt der Mund.

SCHRITT 3

Zwischen den Augen muss immer Platz für mindestens eine weitere Augenbreite sein! Etwas mehr Abstand ist möglich, jedoch auf keinen Fall weniger. Ausnahmen: stilistische Charaktere, wenn etwa nur zwei Punkte die Augen darstellen. Der Betrachter spürt intuitiv, wenn diese Grundregel nicht eingehalten wird. Man denkt sich dann: »Da stimmt doch etwas nicht.« In der Vorderansicht rechnet man ½–1 Augenbreite Platz bis zum Gesichtsrand und den Ohren. Meine Augenlinie teile ich nach diesen Vorgaben ein.

Die Augenlinie wird in 4 Abschnitte (jeweils Augenbreite) geteilt. Ich rechne: ½ Augenbreite vom linken Gesichtsrand zum linken Auge, dann 1 Augenbreite bis zum rechten Auge und erneut ½ Augenbreite zum rechten Gesichtsrand.

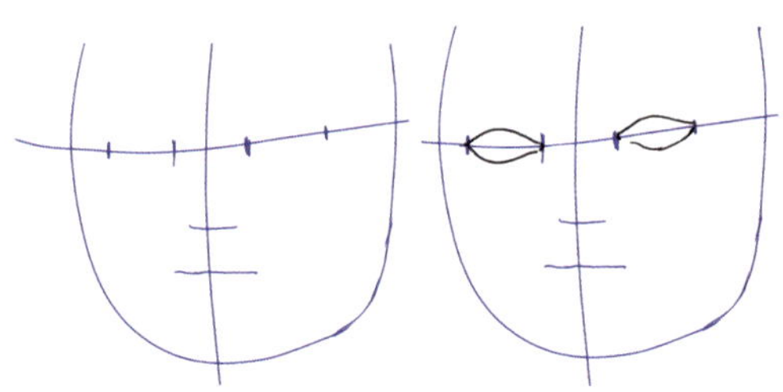

DAS AUGE

Es gibt viele verschiedene Möglichkeiten, ein Auge zu zeichnen. Das Gesicht erscheint lebendiger, wenn das linke und das rechte Auge gleich aussehen. Dazu gibt es leider nur den Rat: Üben, üben, üben! Aber ein kleiner Tipp von mir: Als Rechtshänder sollte man mit dem linken Auge beginnen und umgekehrt. So verdeckt man sich das erste Auge nicht mit der eigenen Hand und kann sehen, was man gezeichnet hat. Auch weitere Hilfslinien können hilfreich sein, die das obere und das untere Ende des Auges markieren. Zuerst wird mit zarten Querstrichen **(rote Striche)** die Größe des Auges festgelegt und eingezeichnet. Dabei ist auf den richtigen Abstand zwischen den Augen zu achten (1 Augenbreite). Danach wählt man seine Augenform. Ich habe für das Beispiel unten eine semirealistische Form gewählt.

Das Auge besteht hier fast nur aus **Geraden**. Praktischerweise stehen sich diese Striche parallel gegenüber. Ich beginne links oben und ziehe zuerst eine Gerade, die etwa $1/3$ Augenbreite misst. Dann gehe ich in einer leichten Biegung, wie für einen Hügel, nach oben. Danach ziehe ich das letzte Drittel in einem Schwung hinunter zu meiner **Augenlinie**. Der zweite Strich wird rechts begonnen und nach unten parallel zur Geraden vom Oberlid geführt **(violetter Strich)**. Dieser Strich ist etwa $1/3$ der gesamten Augenbreite lang. Nun absetzen und von links eine leichte Biegung nach innen ins Auge setzen, bevor ich in einem Bogen nach außen zu meinem parallelen Strich am Unterlid zeichne. Die Augenbrauen befinden sich $1/2$–1 Augenbreite über dem Auge und beginnen und enden ein Stück vor und nach dem Auge (Beispiele: folgende Seite).

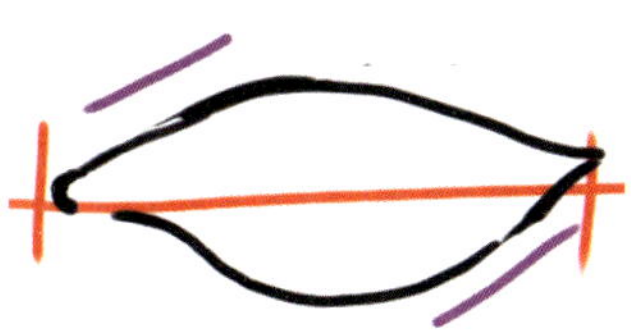

Abb. 1

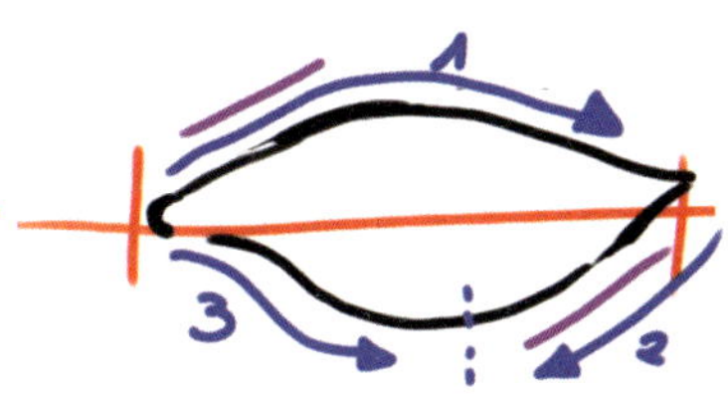

Abb. 2

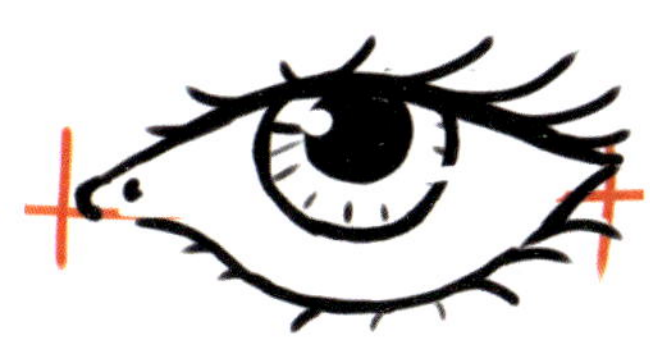

Abb. 3

Wichtig ist, dass die Iris immer so rund wie möglich gezeichnet wird. Ausnahme: sehr große, ovale Augenform. Die Pupille befindet sich immer in der Mitte der Iris! In Wirklichkeit ist die Iris in der Mitte unseres Auges, und weder der obere noch der untere Rand ist sichtbar. Im Comic dagegen wird die Iris oft versetzt, sodass der untere Rand sichtbar ist. Außerdem dient die Größe der Iris dazu, den Ausdruck bzw. die Emotion zu verstärken. Eine kleine Iris samt Pupille zeigt etwa Angst. Highlights im Auge (also die weißen Glanzpunkte) lassen das ganze Auge lebendiger erscheinen. Man sollte mindestens einen Glanzpunkt zwischen dem Augenweiß und der Iris setzen, damit die Iris durchbrochen wird. So sieht das Ganze noch natürlicher aus. Auch die Augen sollte man nicht ganz mit einem schwarzen Strich umranden, sondern immer an einer Stelle leicht offen lassen. Das verleiht dem Ganzen mehr Realität und Emotion.

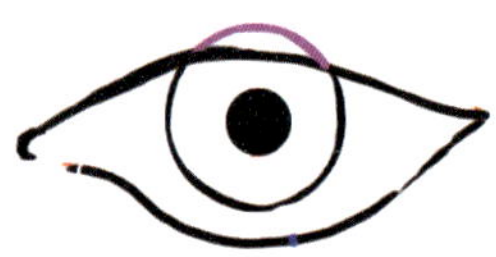

Abb. 1
Die Iris ist rund, und die Pupille ist genau mittig in die Iris gesetzt.

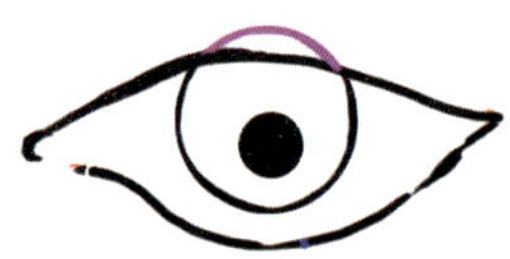

Abb. 2
FALSCH! Die Iris ist zwar rund, doch die Pupille steht nicht mittig. Mit Hilfslinien kann man die Mitte ganz leicht finden.

DIE WIMPERN

Hier ist nicht nur darauf zu achten, dass die Wimpern zu Beginn des Auges kürzer sind, sie biegen sich auch dynamisch. Siehe Abbildung:

Zeichnet mit dem Wimpernstrich immer erst ein Stück des Oberlids nach, bevor ihr sie mit einem Schwung hinaus ansetzt. Damit verhindert ihr, dass die Wimpern aufgesetzt aussehen.

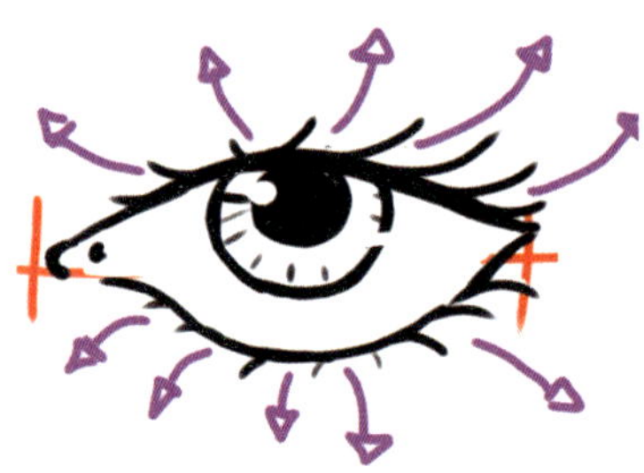

TIPP: Je runder und größer die Augen sind, desto weiblicher wirken sie. Wichtig: Männer haben eher schmale, eckige Augen. Auch ein böser Blick lässt sich durch ein schmales Auge, das vielleicht leicht nach innen gerundet ist, darstellen. Die Pupillen geben viel über den emotionalen Zustand der Figur preis, deshalb müssen Augen- und Pupillenform miteinander harmonieren.

VERSCHIEDENE AUGENFORMEN:

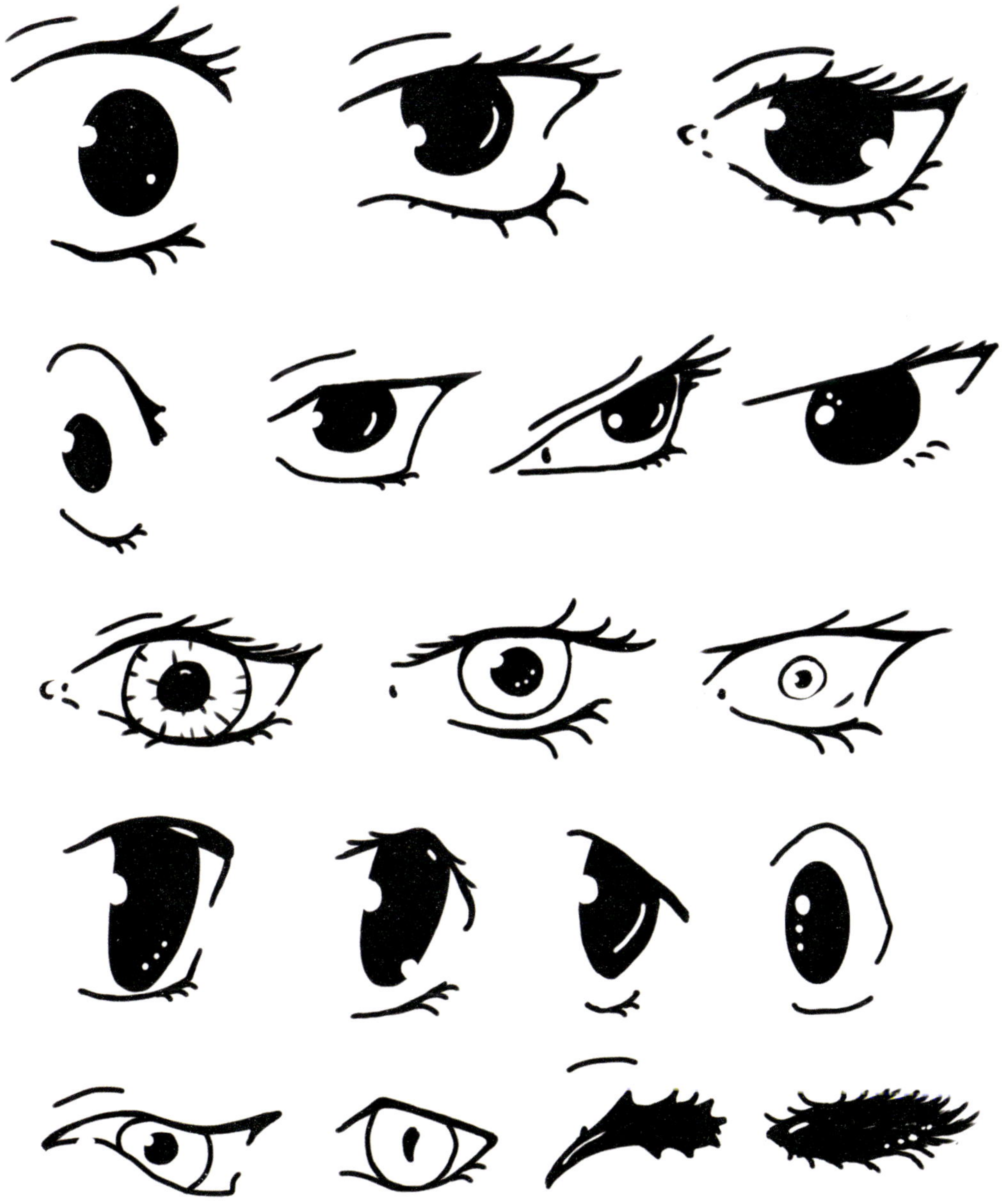

SCHRITT 4

Nun geht es an Nase und Mund. Wichtig ist zunächst, dass die **Nase zwischen zwei senkrechten Linien vom jeweiligen Augeninnenwinkel** liegt. Die Mitte des Mundes hingegen zieht sich je nach Zeichenstil **⅓–½ Augenbreite rechts und links** in das Gesicht hinein. Beim Mund muss man darauf achten, diesen nicht von oben bis unten zu umranden. Unterlippe sowie Oberlippe werden am Rand offen gelassen für ein realistischeres Aussehen.

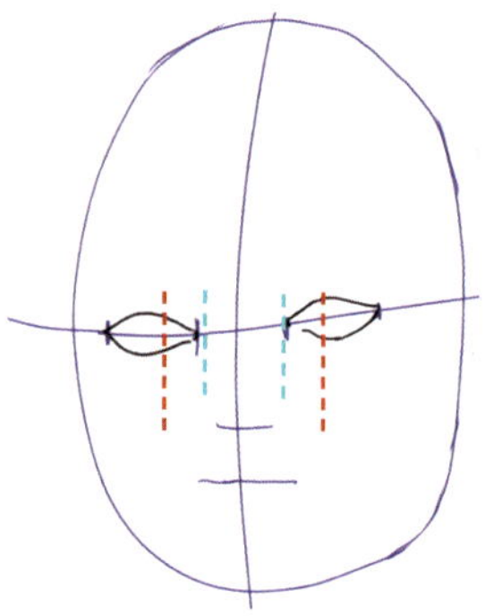

Abb. 1

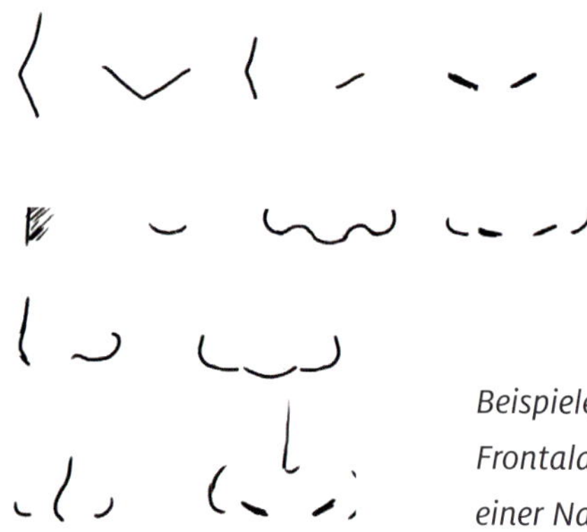

Beispiele für die Frontalansicht einer Nase

DER MUND

Abb. 2 Ich zeichne die Oberlippen immer wie einen weit entfernten Vogel.
Abb. 3 Danach zeichne ich links und rechts einen Schwung nach oben.
Abb. 4 Nun verstärke ich die Mundecken und die Mitte des Mundes.
Abb. 5 Ich setze die Unterlippe.
Abb. 6 Wenn es mir gefällt, kann ich nun auch eine Oberlippe setzen. Gerade im Manga-Stil ist es durchaus möglich, solange nicht koloriert wird, nur eine Unterlippe zu zeichnen und die Oberlippe wegzulassen. Dies ist jedoch Geschmackssache. Frauen = dickere, geschwungenere Lippen, Männer = dünne, recht gerade Lippen. Wichtig ist, dass die Lippen seitlich offen gelassen werden!

Abb. 2

Abb. 3

Abb. 4

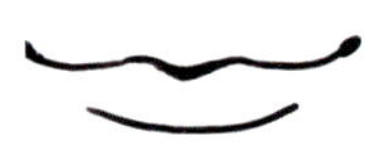

Abb. 5

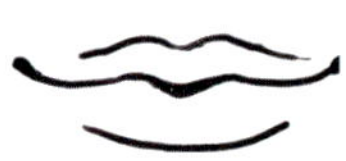

Abb. 6

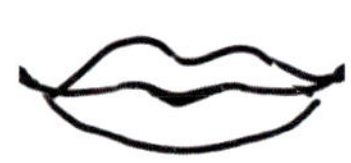

Abb. 7

SO NICHT!

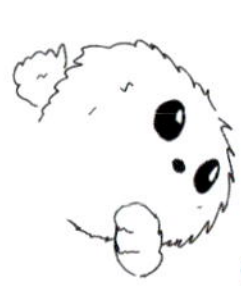

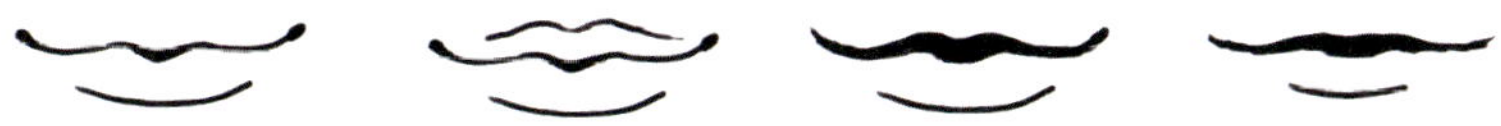

weibliche Lippen *männliche Lippen*

MUNDFORMEN, AUCH GEÖFFNETER MUND:

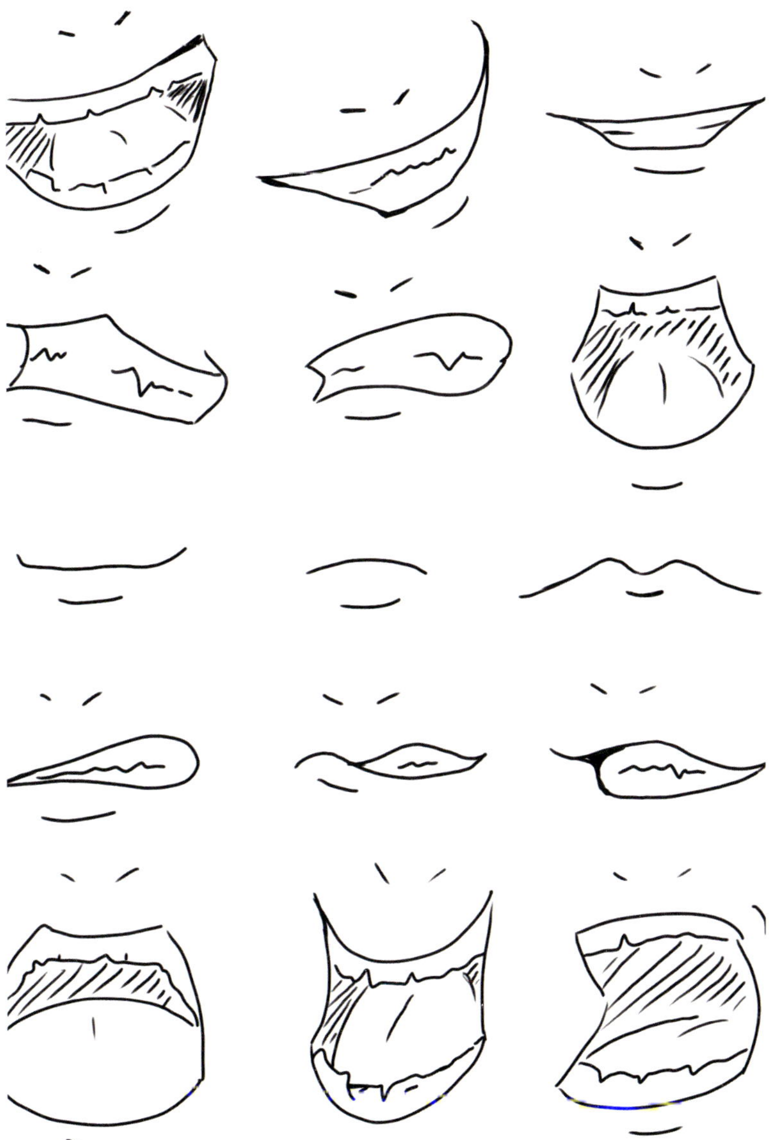

SCHRITT 5

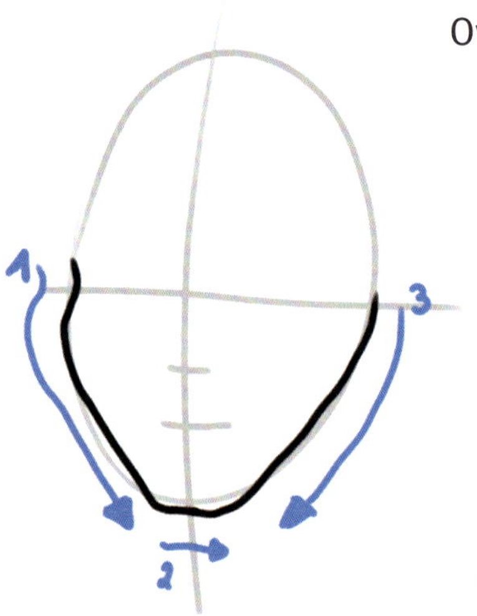

Abb. 1

Die Gesichtsform. Dabei halte ich mich in etwa an mein Oval, jedoch nicht zu strikt! Es gibt verschiedene Gesichtsformen und -typen, jeder hat seinen Favoriten. Ein paar mögliche Formen zeige ich in Abbildung 2.

Es ist leichter, das Gesicht bei der linken Augengrube links am Blatt zu beginnen (für Rechtshänder) und dann zum Kinn hinunter zu zeichnen.

Tipp: Solltet ihr beim Kinn immer zu breit werden, markiert euch vorher das Kinn mit einem Querstrich. Wichtig ist, dass der dritte Strich rechts von oben nach unten in Richtung Kinn gezeichnet wird, also dafür neu ansetzen. So entsteht eine schöne, einlaufende Kurve.

Abb. 2

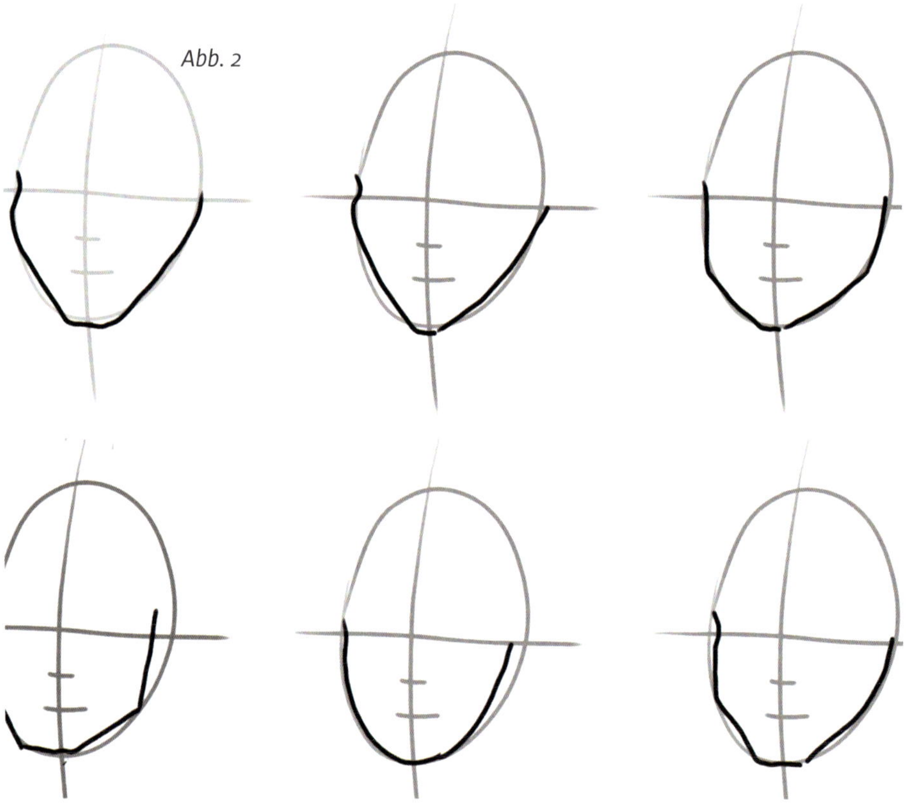

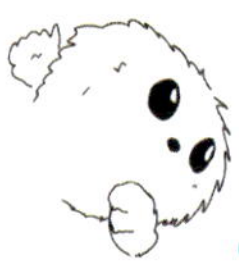

SCHRITT 6

Nun werden die Ohren gezeichnet, bevor der Hals kommt. Die Ohren beginnen bei der Augenlinie, schwingen dann im Bogen darüber hinaus und laufen in einer Schräge nach unten. Wichtig ist hier die gedachte Schräge (blaue Linie). Dann macht das Ohr eine Wölbung nach unten, bevor es wieder leicht hinauf- und in Höhe der Nasenlinie einläuft. Danach zeichne ich vom Ohr abgehend den Hals. Dieser verläuft ein kurzes Stück entlang des Gesichts, bevor er in einer Kurve herausläuft. (Damit die Halslinie nicht wie angesetzt wirkt, beginnt man sie wirklich schon am Ende des Ohres.) Danach ermittelt man eine passende Breite und zeichnet den zweiten Strich; auch dieser wird bei der Gesichtskurve begonnen und läuft dann aus. Männer haben einen breiteren Hals als Frauen!

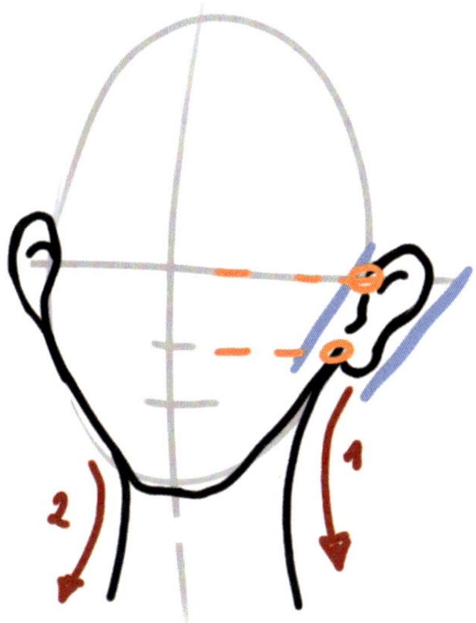

Abb. 1
Das Ohr in Frontalansicht hat zwar dieselbe Form, jedoch wirkt es durch die Perspektive leicht gequetscht.

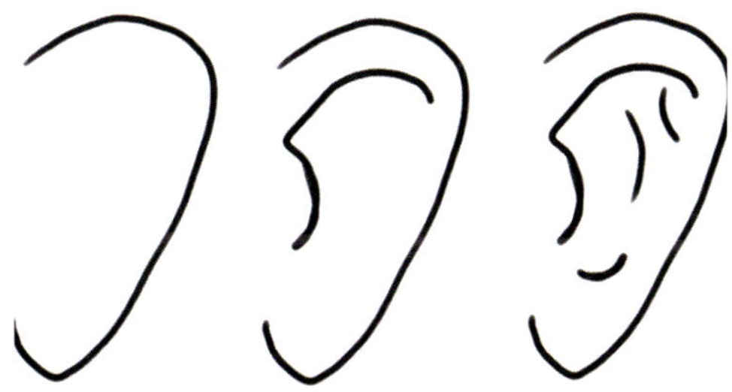

Abb. 2
Macht euch mit dem Ohr vertraut und übt es. Hier die Frontalansicht eines Ohres in drei Schritten. Beginnend mit der Außenform. Danach zeichne ich das Innere des Ohres.

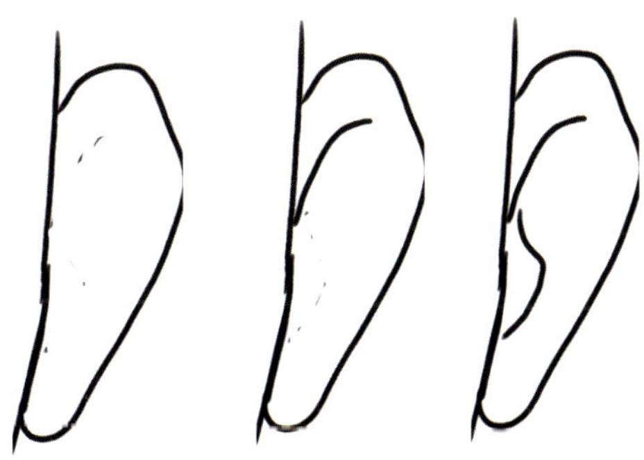

Abb. 3
Bei einer Dreiviertelansicht wie in Abb. 1 entscheidet man sich für eine teilweise Ansicht des eher verdeckten Ohres.

SCHRITT 7

Nun wird es Zeit, dem Gesicht Haare zu verpassen. Vorher muss man herausfinden, wo der Haaransatz liegt. Das ist recht einfach: Die Länge von der Augenlinie zum unteren Ende der Nase entspricht genau der Länge von der Augenlinie zum Haaransatz **(rote Linie)**. Wäre das geschafft, muss man sich jetzt noch eine Frisur überlegen. Lasst euch von Frisurheften inspirieren.

Ich lege erst mal fest, ob ich glattes oder gewelltes Haar zeichnen möchte. Dann überlege ich mir den Punkt, von dem die Haare ausgehen sollen, also den Wirbel oder den Scheitel. Jetzt heißt es, darauf zu achten, dass man die Haare im natürlichen Strich zeichnet. Also einheitlich von links nach rechts und umgekehrt. Andererseits können die Haare gerade oben am Kopf nicht zu glatt sein, da sie sich ja an der Kopfform entlang anlegen. Wenn die Haare länger sind, wirkt es lebendiger, diese auch mit Schwung um die Schultern zu zeichnen.

Haare haben Volumen, deshalb zeichnet man sie etwas über die Kopfform hinaus. Achtet darauf, dass die Strähnen unterschiedlich dick sind und nicht zu ordentlich/gleichmäßig werden.

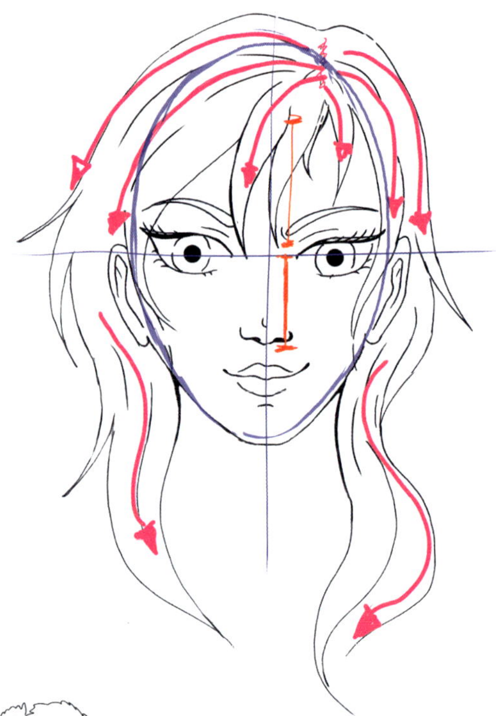

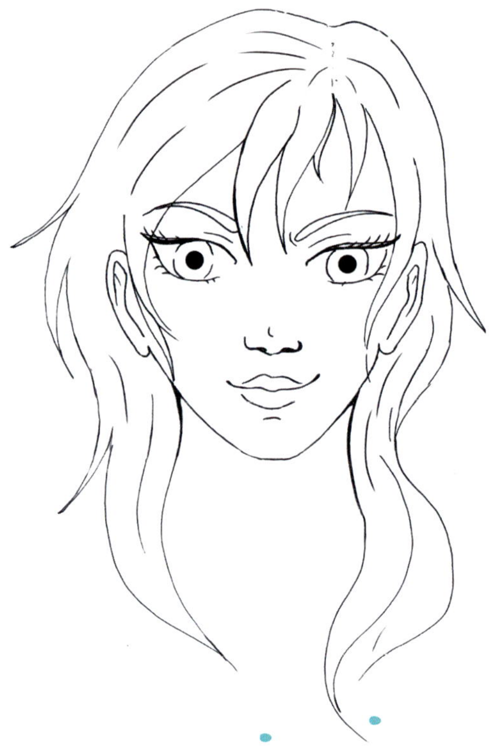

PROPORTIONEN GESICHT

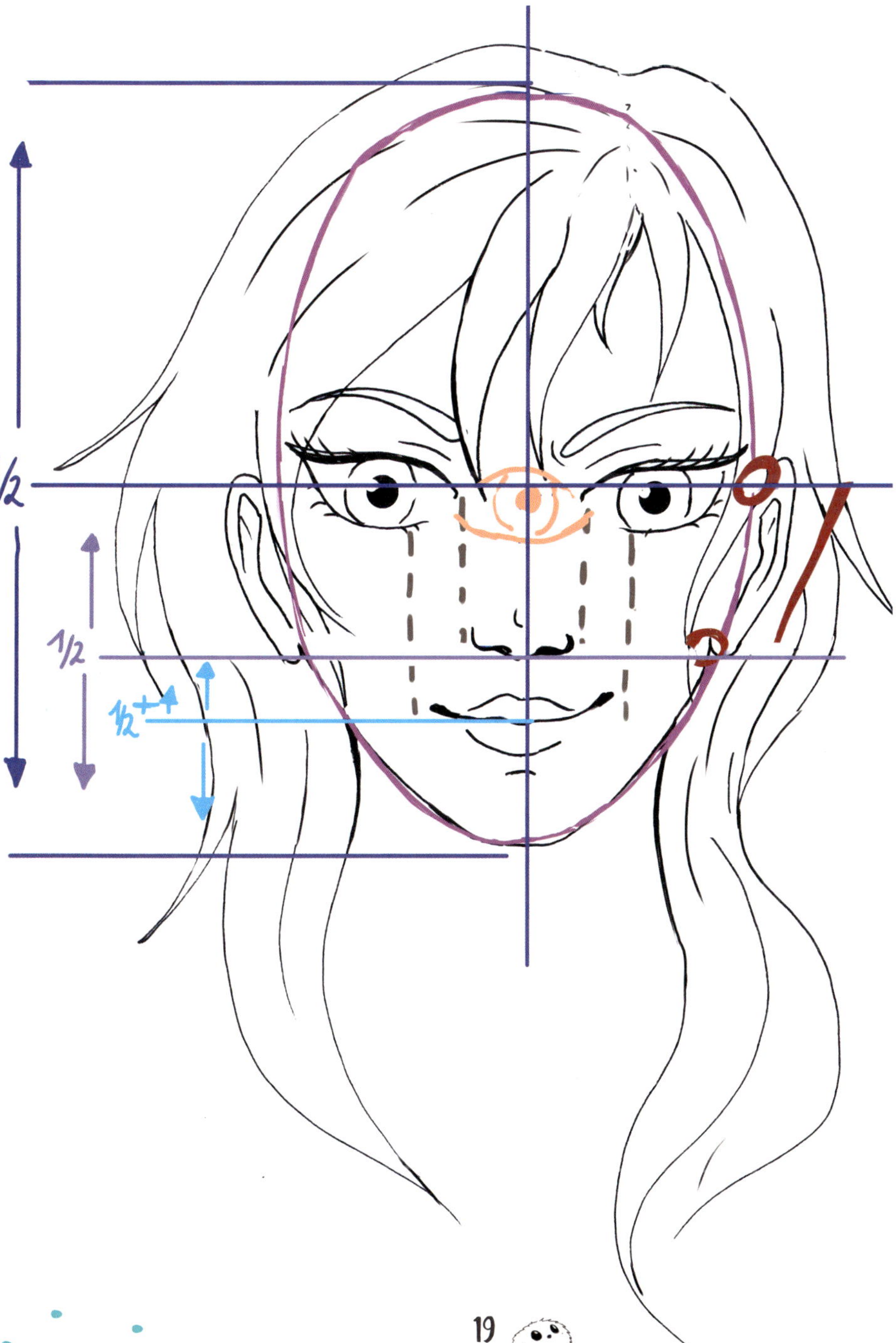

WEIBLICH | MÄNNLICH

Rot: Outlines weiblich

Schwarz: Outlines männlich

Männlich:

- *Nase weniger geschwungen*
- *dicke Augenbrauen*
- *Augen schmaler*

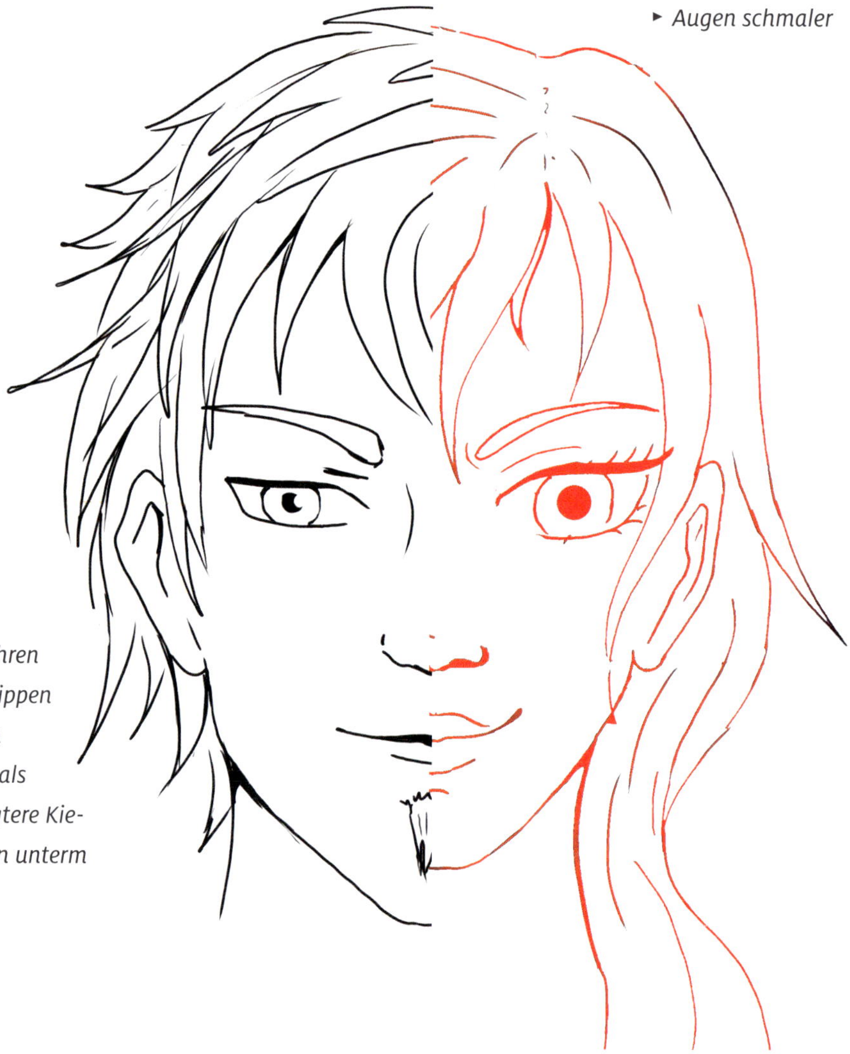

Männlich:

- *größere Ohren*
- *schmale Lippen*
- *mehr Kinn*
- *dickerer Hals*
- *ausgeprägtere Kieferknochen unterm Ohr*

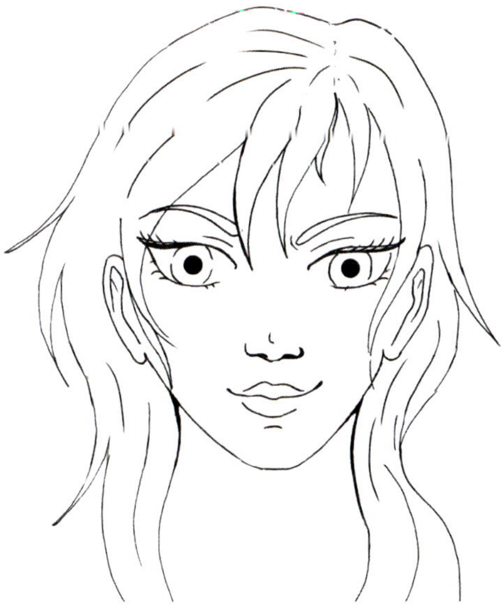 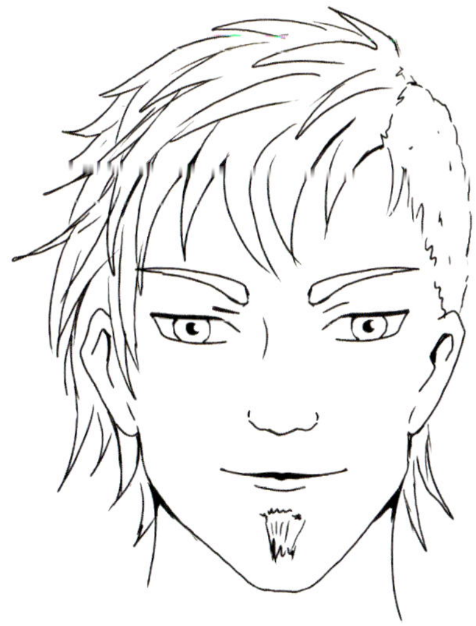

Ja, Männer und Frauen sind unterschiedlich, auch im Gesicht. Grundlegende Vorüberlegungen bleiben zwar gleich, aber es gibt kleine Unterschiede in der Ausführung. Im Großen und Ganzen kann man sagen, dass Männer einfach weniger gerundet sind und mehr Ecken und Kanten haben.

- Die Augen von Männern sind schmaler, spitzer und haben weniger Kurven. Da Wimpern den männlichen Eindruck oft zerstören, zeichnet man eigentlich nur ein dickeres Oberlid. Die Augenbrauen sollten bei Männern doppelt so dick sein wie bei Frauen.
- Die Nase kann an den Seiten ruhig weniger gerundet werden.
- Die Mittellinie der Lippen ist weniger geschwungen, die Unterlippe ist sehr dünn, und die Oberlippe ist nur ein leichter Schatten.
- Die Ohren können etwas größer gezeichnet werden.
- Der letzte wichtige Unterschied: Männer haben mehr Kinn und einen breiteren Hals. Unter den Ohren zeichnet man bei Männern noch ein Stück gerade herunter (unter diesem Strich beginnt der breitere Hals), bevor man die Linie zum Kinn erarbeitet. Während bei Frauen das Kinn direkt am Oval liegt, setze ich es bei Männern noch weiter herunter. Doch um meine Einteilung richtig zu gestalten, mache ich das erst, nachdem ich die Hilfslinien erstellt habe. Der Mund liegt bei beiden an derselben Stelle; nur das Kinn wird länger!

SEITENANSICHT

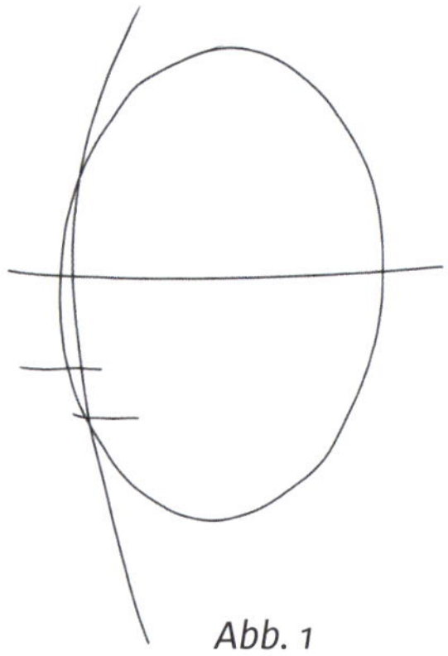

Abb. 1

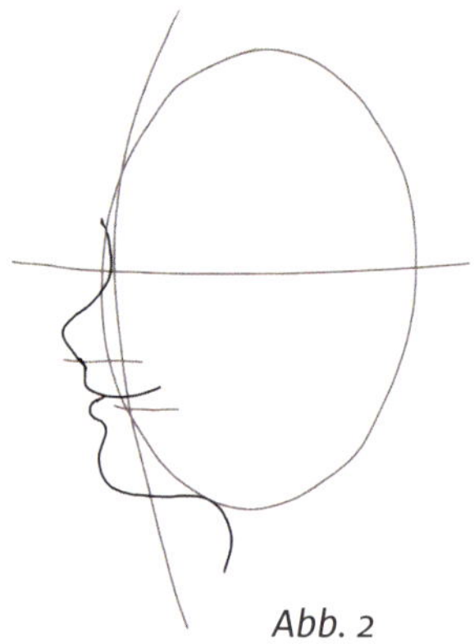

Abb. 2

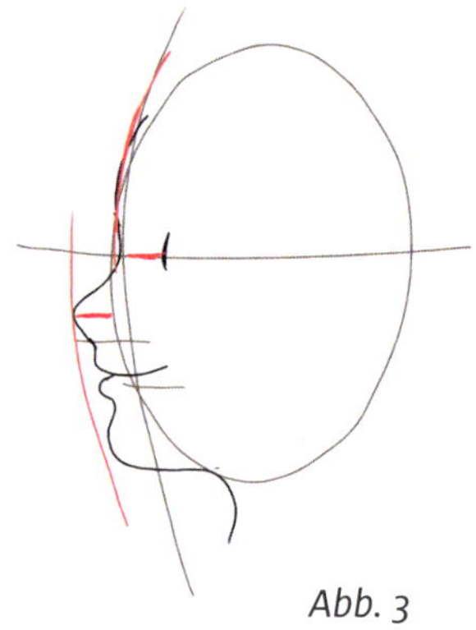

Abb. 3

Abb. 1 Bei einer Seitenansicht zeichne ich mein Oval wie gehabt und teile mir auch alle Markierungen, wie auf den vorigen Seiten erklärt, ein. Mit dem Unterschied, dass die Mittellinie am seitlichen Rand des Ovals liegt.

Abb. 2+3 Nun zeichne ich den Gesichtsumriss ein. Wichtig ist, dass die Nase einen schönen Haken ergibt. Ich beginne bei der Augenlinie mit einem Bogen nach innen und zeichne dann die Nase. Der untere Teil der Nase läuft in die Linie der Oberlippe aus. Wie man an Abb. 3 erkennen kann, liegt die Stirn auf der Mittellinie, doch Nase und Mund ragen darüber hinaus. Wenn ich den Abstand der Nasenspitze zur Mittellinie ermittle, weiß ich, welchen Abstand das Auge von der Mittellinie haben muss.

Mund und Kinn werden zwischen den Hilfslinien eingefügt. Dazu zeichne ich zuerst vom Nasenende, das etwa in der Hälfte zwischen den vertikalen Linien aufhört, eine leicht gebogene Linie nach innen, bevor diese wieder leicht nach außen und nach unten gebeugt in die Lippenlinie einläuft. Um das Volumen der Lippen darzustellen, wird vorn am Mundeingang eine Öffnung gelassen. Dann endet die Unterlippe mit einem angeschlossenen Halbkreis als Kinn.

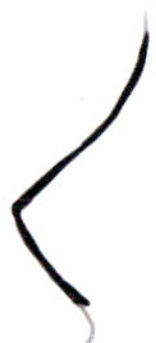

Abb. 4
Ideale Nase in der Seitenansicht

Abb. 5
SO NICHT! Die Nasenunterlinie sollte nicht im rechten Winkel auf das Gesicht zu laufen.

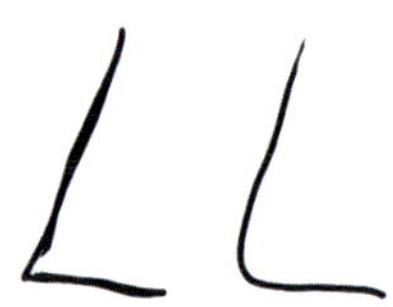

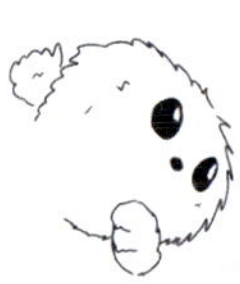

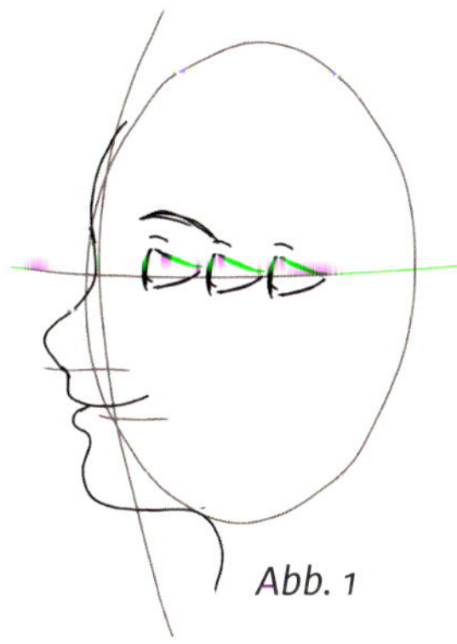

Abb. 1

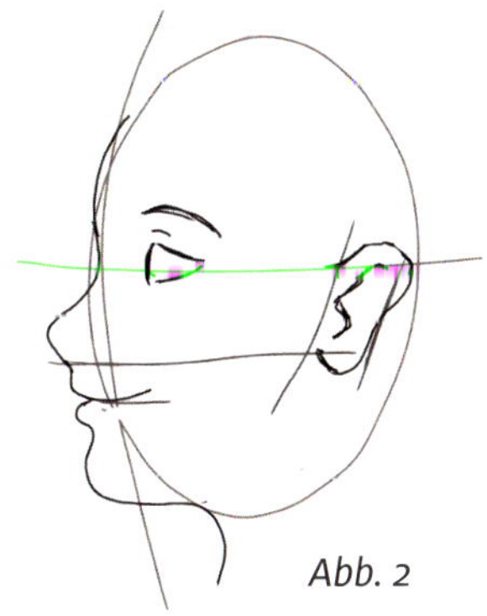

Abb. 2

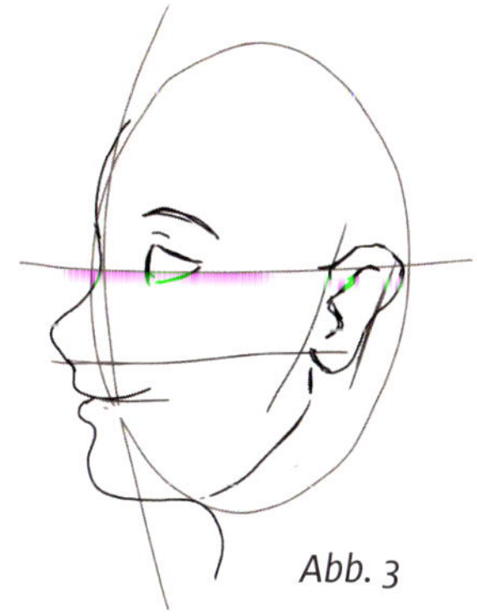

Abb. 3

Abb. 1 + 2 Die Augen ähneln in der Seitenansicht einem Dreieck, das vorn eine gebogene Kante hat. Dabei ist das Auge leicht größer als der Abstand von Mittellinie zu Auge. Als Nächstes wird das Ohr eingezeichnet. Die richtige Position hat es, wenn (theoretisch) 2 Augenbreiten zwischen Auge und Ohranfang passen. Das Ohr muss schräg gezeichnet werden. Es beginnt bei der Augenlinie und geht nach oben über diese hinaus, bevor die Linie schräg nach unten in die Nasenlinie einfließt.
Abb. 3 Nach dem Ohr zeichne ich einen kurzen geraden Strich hinunter Richtung Kinn und verbinde dann diesen Strich mit dem Kinn in einer Schräge.

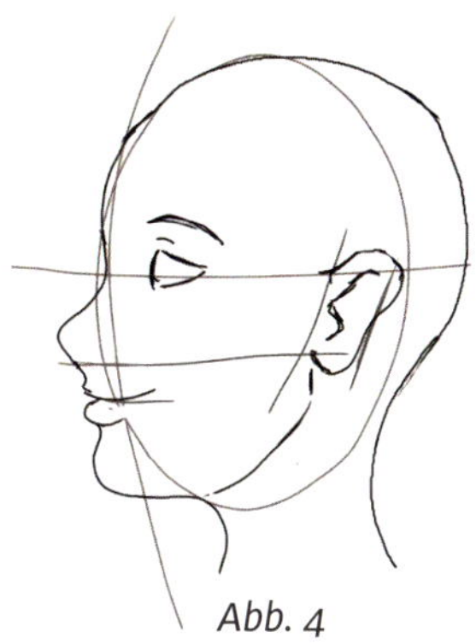

Abb. 4

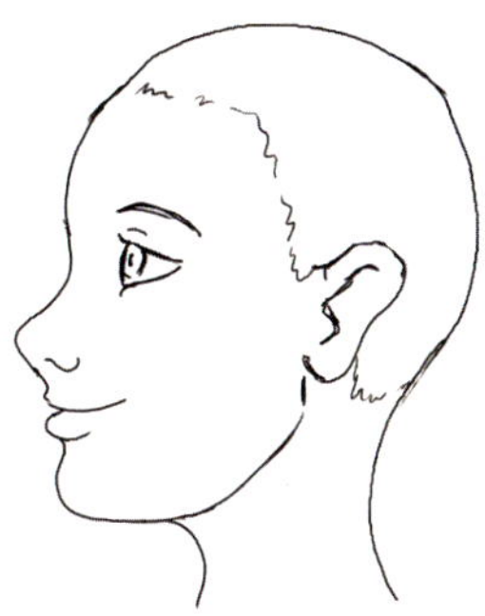

Abb. 5

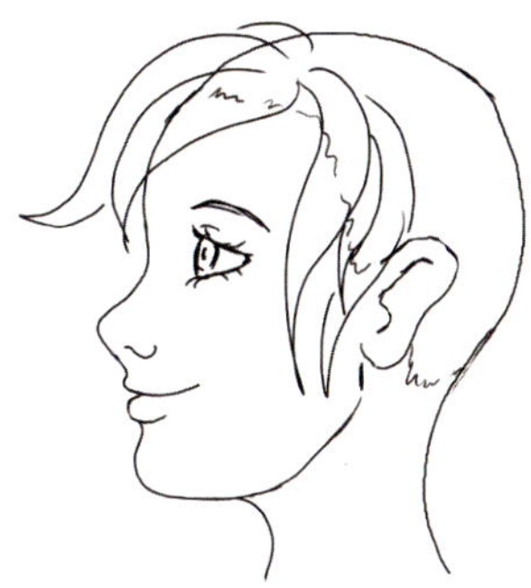

Abb. 6

Abb. 4 Dann zeichne ich die Kopfform. Dabei ist es wichtig, der Figur ein »Gehirn« zu geben. Ich vergrößere den Hinterkopf also, wie auf der Abbildung zu sehen, und sobald das Ohr beginnt, beginne ich mich wieder dem Oval anzunähern, um dann in einer Kurve nach innen den Hals auslaufen zu lassen.
Abb. 5 Haaransatz einzeichnen
Abb. 6 Scheitel markieren und die vorderen Haare einzeichnen

Nun zeichne ich die Haare am Hinterkopf ein und achte dabei auf deren Strich und Schwung. In diesem Beispiel sollen sie natürlich gewellt wirken und sich mit den Haarspitzen auch über die Schultern legen. Danach radiere ich alle Hilfslinien des Kopfes und den Haaransatz weg und verbessere noch ein paar Details.

Es wirkt immer dynamischer, wenn man den Haaren an manchen Stellen noch einen stärkeren Strich verpasst oder wenn man unter das Kinn noch einen Schatten legt.

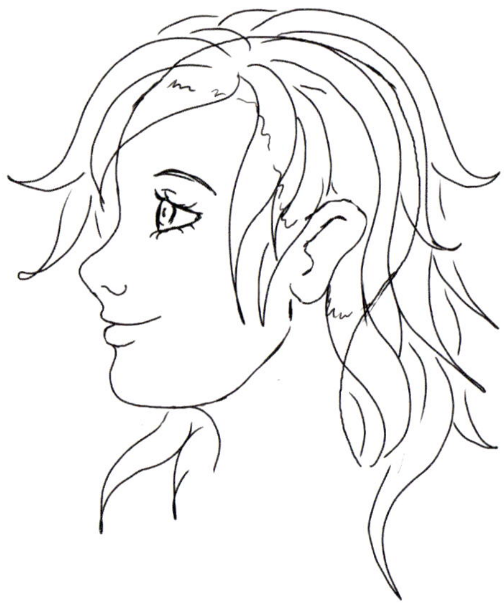

Abb. 1

Abb. 2

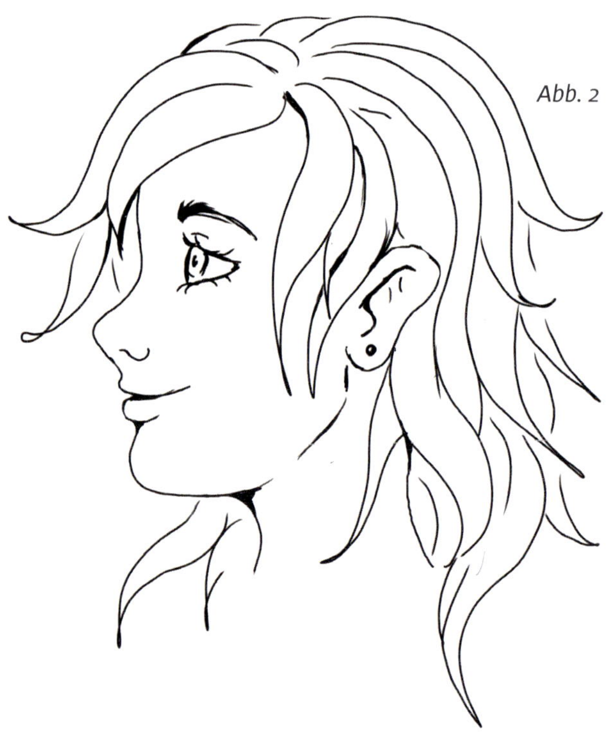

Tipp: Bei den Pupillen darauf achten, dass sie in der Seitenansicht oval sind und nicht rund!

DREIVIERTELANSICHT

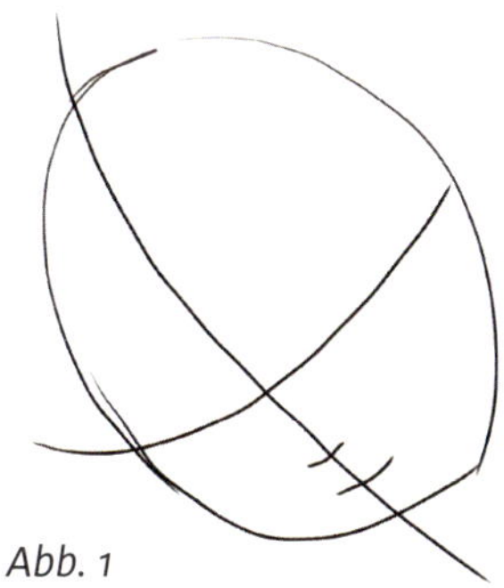

Abb. 1

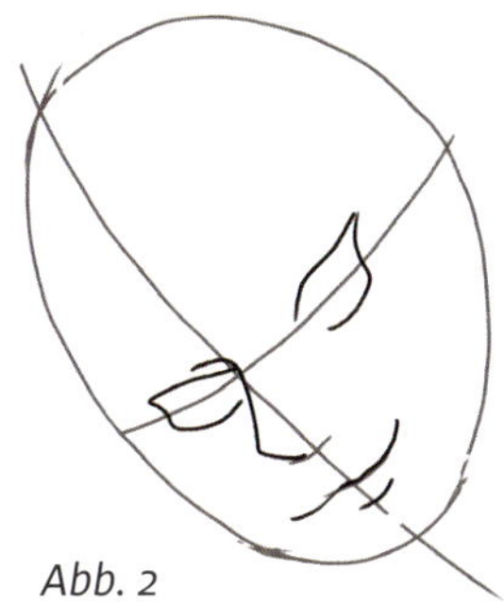

Abb. 2

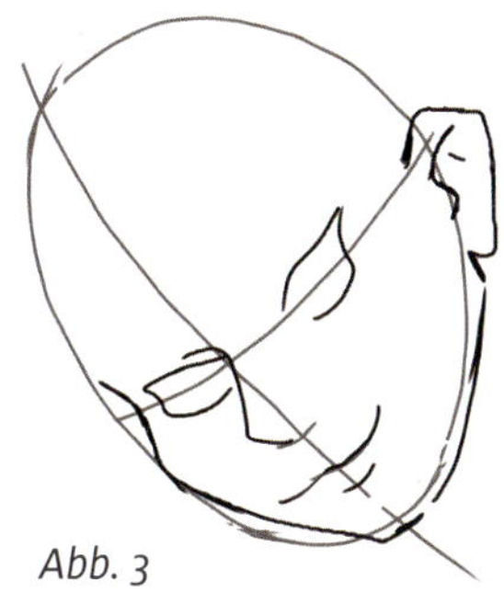

Abb. 3

Abb. 1 Auch in der Dreiviertelansicht überlege ich mir zuerst, wie der Kopf geneigt sein soll. Dann zeichne ich die Mittellinie ein. Ich versetze sie seitlich zur realen Mitte des Ovals: Je mehr, desto gedrehter erscheint die Perspektive. Im Beispiel oben ergibt sich eine Relation von 1:3, die Mittellinie teilt hier das Oval der Länge nach in $\frac{1}{3}$ und $\frac{2}{3}$.

Abb. 2 Ich zeichne zuerst den Nasenrücken und die Nase ein, da das linke Auge in dieser Ansicht leicht vom Nasenrücken verdeckt wird. Dann zeichne ich das linke Auge, das mit dem Augeninnenwinkel im Nasenrücken beginnt und etwas kleiner wird als das rechte Auge. Ich lasse wieder 1 Augenbreite Abstand vom Nasenrücken, bevor ich das rechte Auge zeichne. Den Mund lege ich ebenfalls schon an.

Abb. 3 Die Gesichtsform wird mit einer stärkeren Biegung nach innen beim Auge begonnen, bevor ich mit einer leichten Kante nach außen den Backenknochen darstelle und eine schräge Linie zum Kinn zeichne. Danach zeichne ich das Ohr ein, das $1-1\frac{1}{2}$ Augenbreiten vom Auge entfernt ist. Auch dieses wird schräg gezeichnet, sogar noch schräger als in der Frontalansicht, weil das Gesicht geneigt ist. Jetzt setze ich einen kleinen Strich unter dem Ohr für den Kiefer und verbinde diesen in einer leichten Biegung mit dem Kinn.

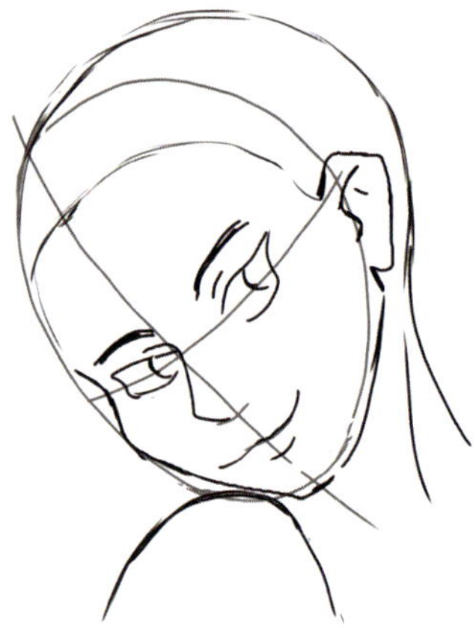

Abb. 1

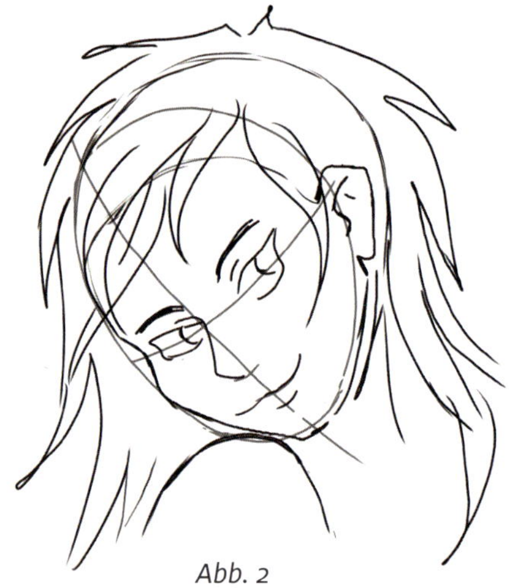

Abb. 2

Abb. 1 Jetzt zeichne ich wieder die Kopfform und den Haaransatz ein. Wie gehabt, muss ich auch hier auf das »Gehirn« achten. Deshalb ziehe ich eine Rundung ein und lasse diese hinter dem Ohr auslaufen. Ab der Höhe des Kiefers geht dieser Strich dann in den Hals über.

Abb. 2 Auch hier haben die Haare viel Volumen, ich zeichne sie über die Kopfform hinaus, nachdem ich mich für einen Scheitel entschieden habe.

Abb. 3 Ich füge den Haaren noch einzelne Strähnen hinzu und verfeinere meine Skizze noch mit stärkeren sowie schwächeren Strichen.

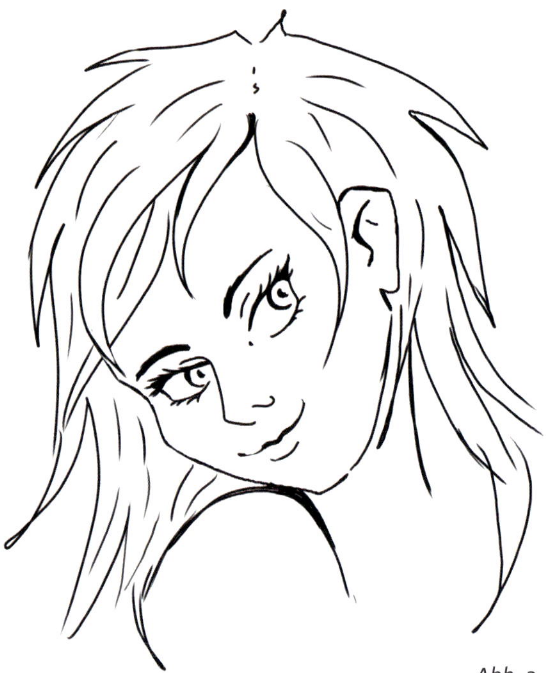

Abb. 3

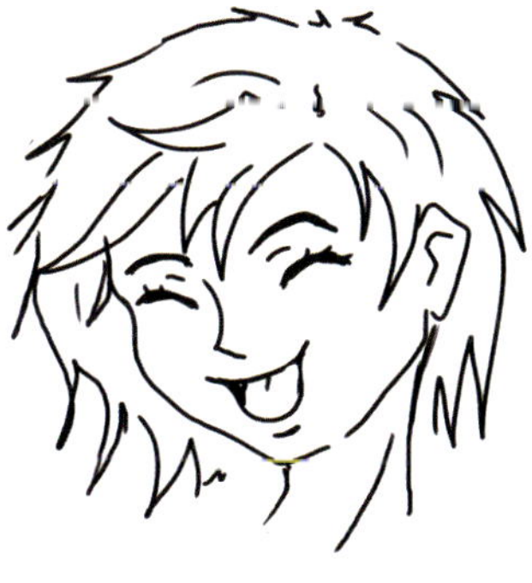
Freude/Glück

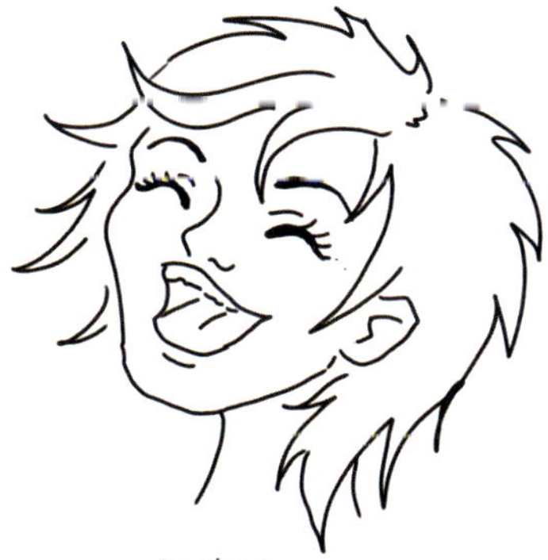
Lachen

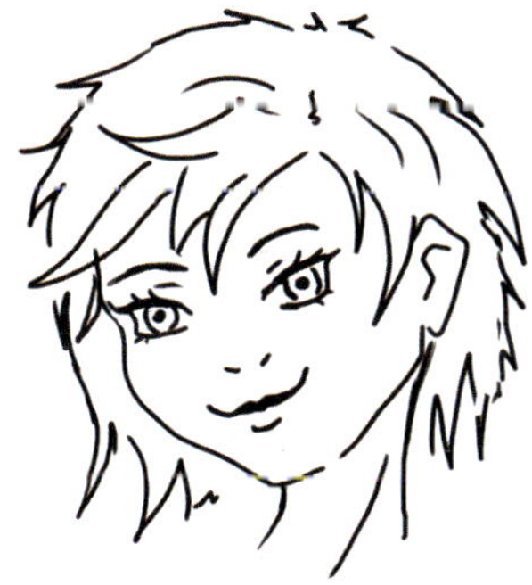
freundlich

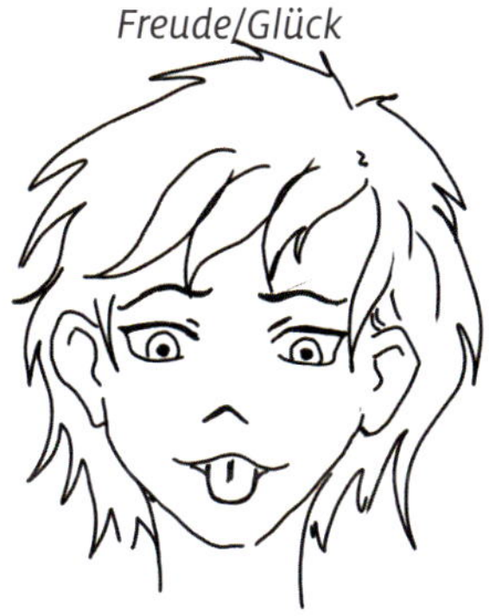
Quatsch machen

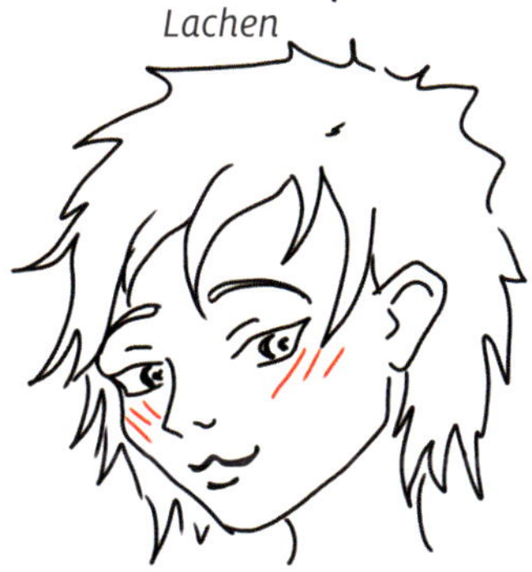
schüchtern, verlegen

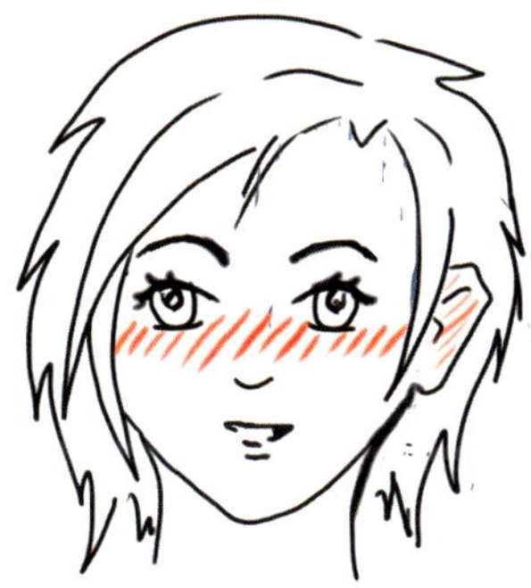
peinlich berührt, rot anlaufend

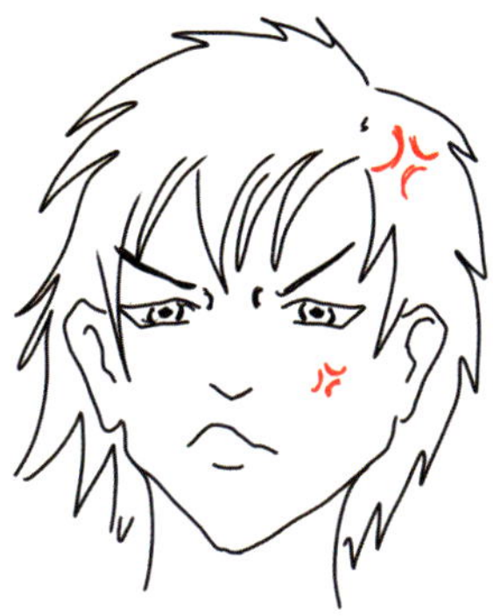
verärgert

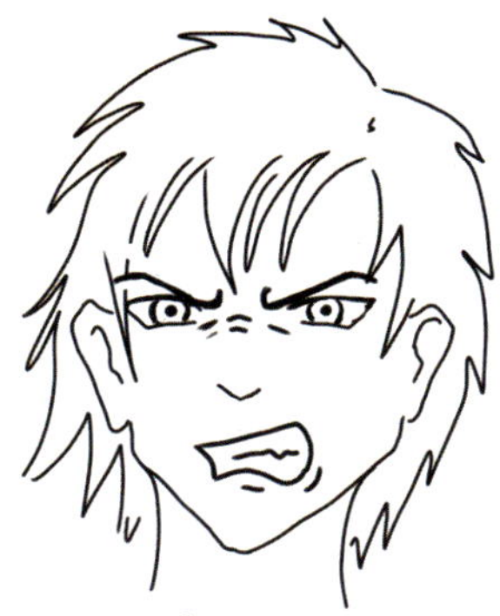
wütend

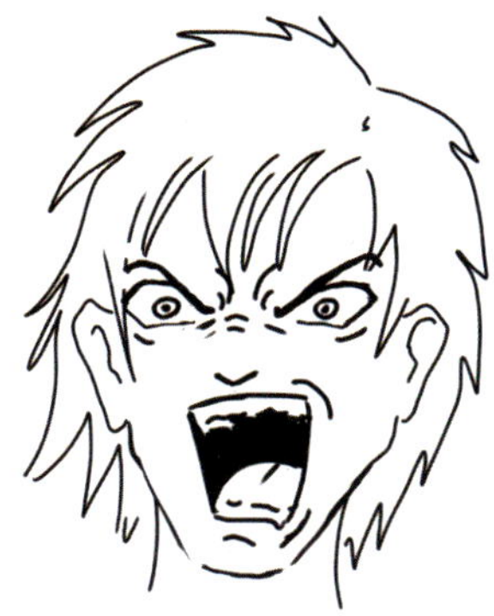
zornig, in Rage

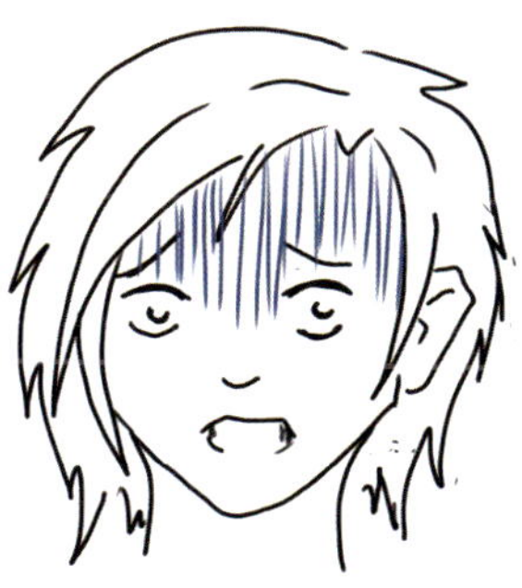
erschrocken, gegruselt

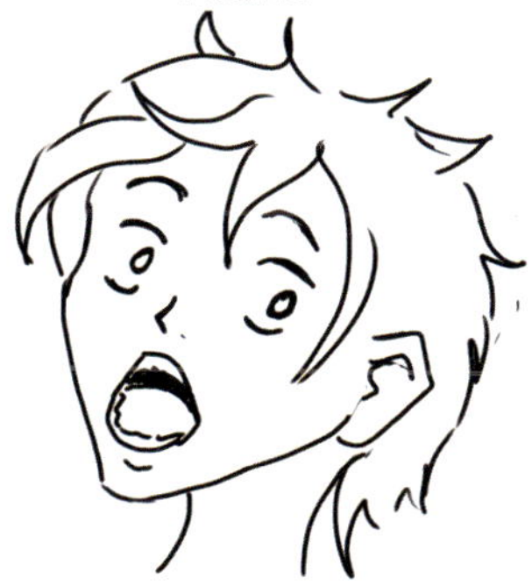
überrascht

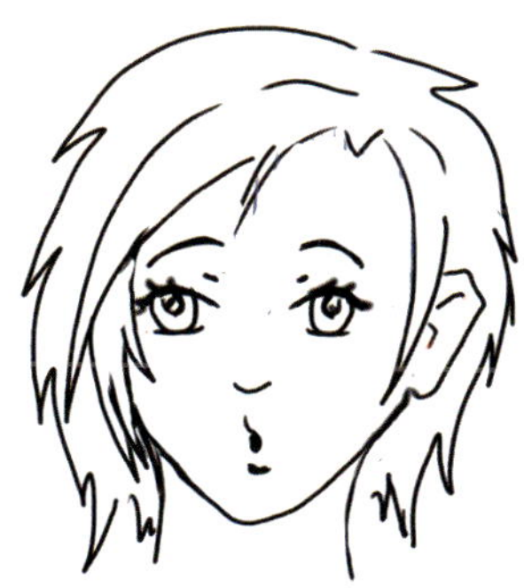
fragend

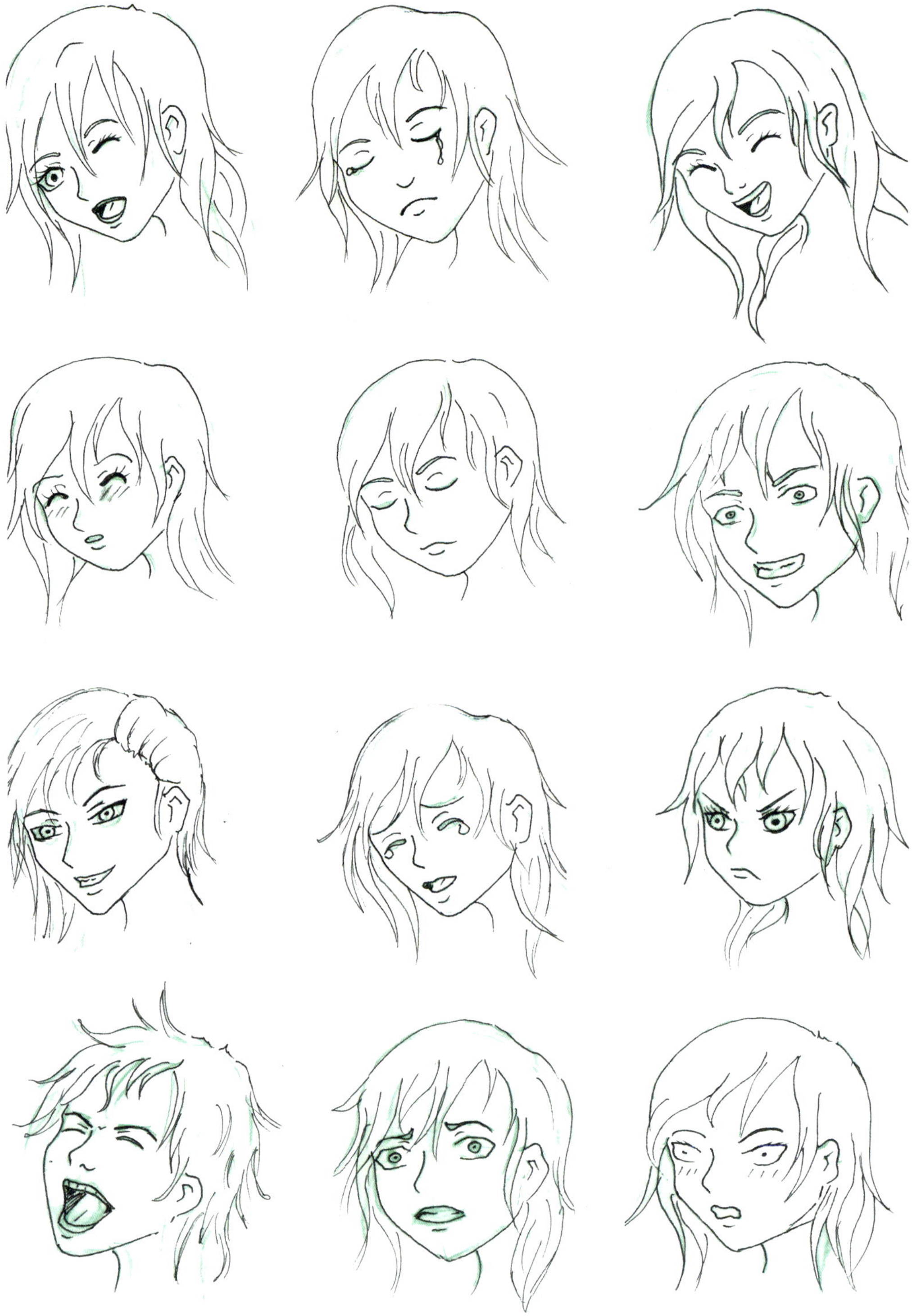

HÄNDE UND FÜSSE

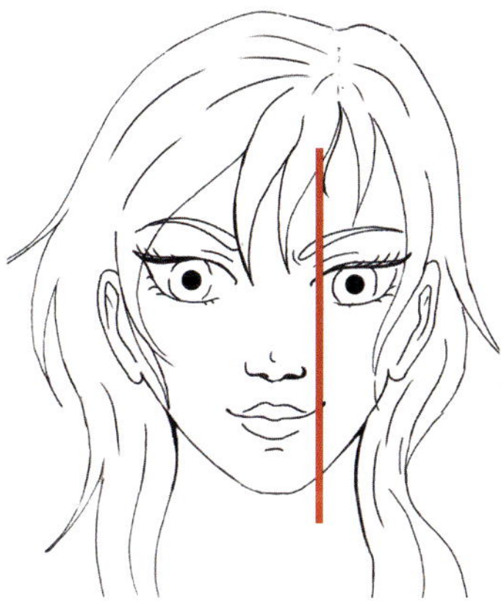

Die Hände, oft verflucht und so beweglich ... Es dauert meist lang, bis man sie mühelos zeichnen kann. Aber was macht so eine Hand aus, und wie groß ist sie überhaupt? Die Größe einer Hand reicht etwa **vom Kinn bis zum Haaransatz**. Das ist schon mal ein guter Anhaltspunkt, denn selten zeichnet man eine Hand ohne ein Gesicht. Somit werden die Hände proportional korrekt, wenn ich mich am Gesicht orientiere.

Der zweite Trick ist, dass sich die Handgröße gut teilen lässt. Bei den meisten Menschen ist der Mittelfinger so lang wie die Handfläche.

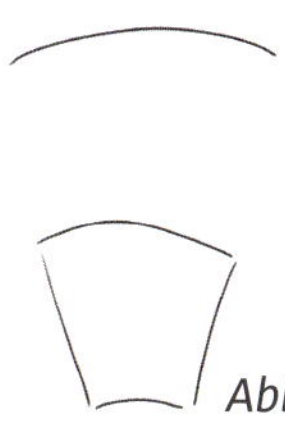

Abb. 1

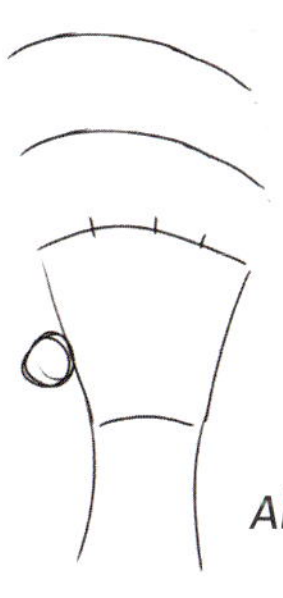

Abb. 2

Wie beginnt man nun? Ich überlege mir, wie meine Hand liegen soll, eventuell mache ich ein Foto von meiner eigenen Hand, wenn ich komplizierte Posen habe. Fangen wir mit der Grundform einer Hand an, von vorn und von hinten.

Abb. 1 Ich zeichne meine Handfläche trapezförmig und übertrage die Länge meines Trapezes mit einem geschwungenen Strich nach oben.

Abb. 2 Nun zeichne ich bei $\frac{1}{3}$ der Höhe des Trapezes eine Kugel ein und teile das Trapez, wo die Finger entstehen sollen, in 4 Teile. Auf halber Höhe zwischen Trapez und oberer Hilfslinie befinden sich die Mittelknochen der Finger.

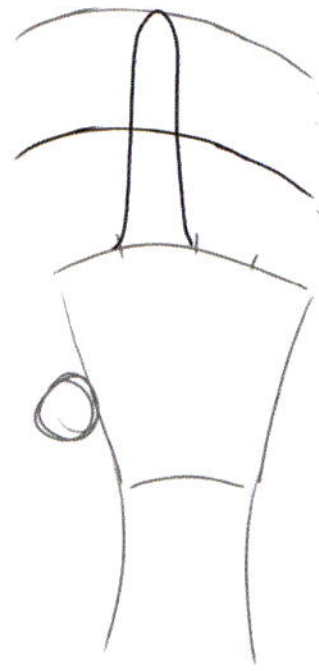

Abb. 3

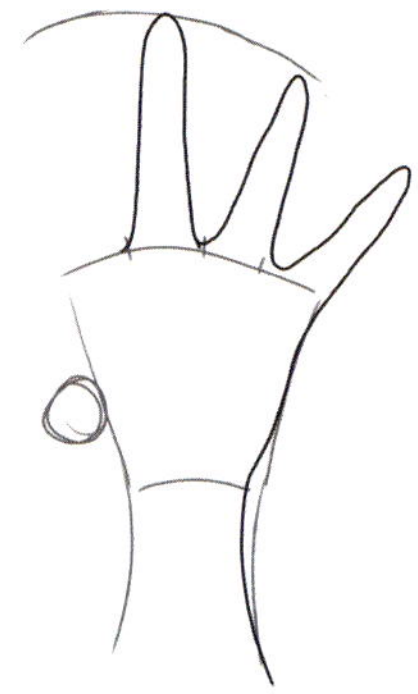

Abb. 4

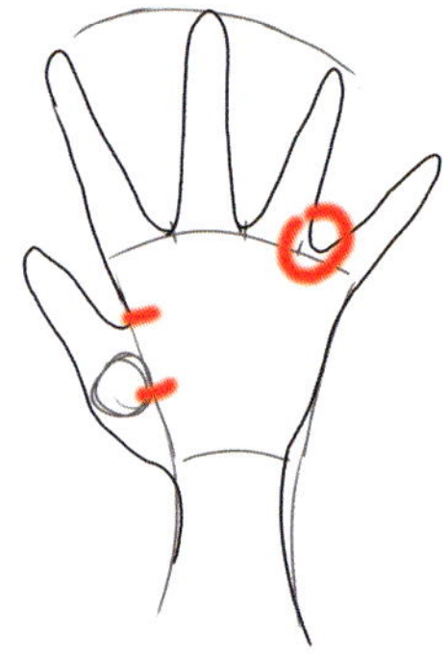

Abb. 5

Abb. 3 Jetzt zeichne ich den ersten Finger ein. In diesem Fall entscheide ich mich für den Mittelfinger. Dieser ist, wenn wir unsere Finger spreizen, der längste Finger an unserer Hand. Er läuft in dieser Ansicht als gerade Verlängerung des Armes.

Abb. 4 Ich beginne, die restlichen Finger nacheinander zu zeichnen, und halte mich dabei an meine geschwungene Hilfslinie. Der Handfläche gebe ich im selben Schritt auf der rechten Seite den richtigen Schwung.

Abb. 5 Nun beginne ich links unten am Handgelenk und zeichne um meine Kugel herum das Daumengelenk ein. Da ich weiß, dass der Daumen etwas über den Ansatzpunkt des Zeigefingers hinausgeht, zeichne ich diesen bis über die Handflächenlinie. Danach führe ich die Daumenlinie wieder zur Handfläche zurück und lasse sie im oberen Drittel einlaufen. Der Zeigefinger wird dazugezeichnet. Die Grundhand ist fertig. In diesem Fall kann ich mir jetzt überlegen, ob ich eine rechte oder linke Hand daraus mache. Je nachdem, ob ich das Innere der Hand oder die Außenseite zeichne.

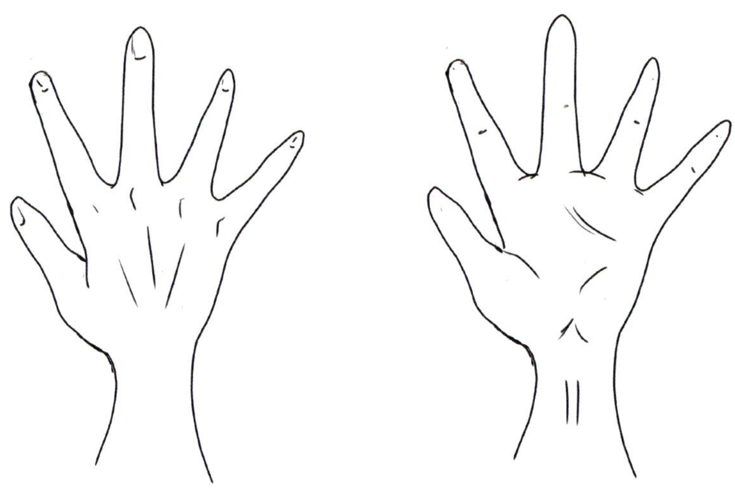

Die Vorgehensweise beim Zeichnen einer Hand ist immer ähnlich. Allerdings muss man sich das Trapez als einen Körper vorstellen, der auch eine schmale Seitenansicht hat, wie in diesem Beispiel:

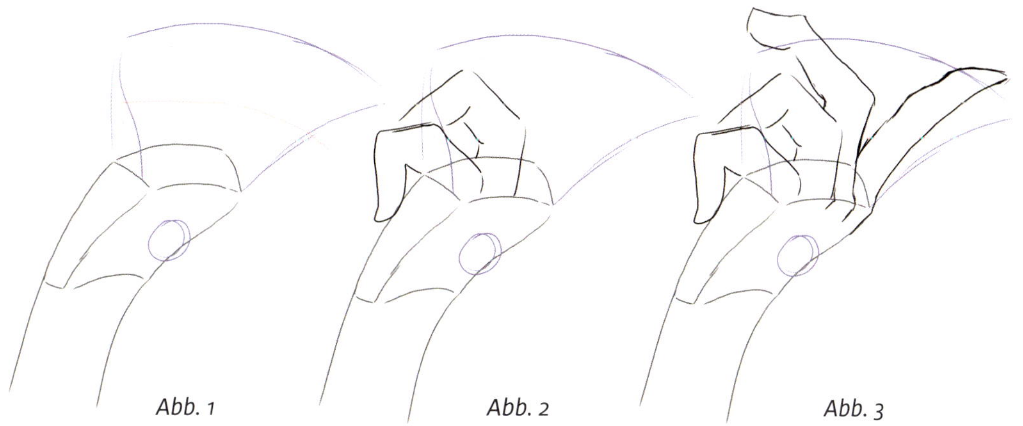

Abb. 1 *Abb. 2* *Abb. 3*

Abb. 1 Als Hilfslinie zeichne ich ein Trapez, mit Seitenansicht und Aufsicht. Zusätzlich stelle ich mir vor, wo das Daumengelenk liegen würde, wäre das Trapez durchsichtig. Dann zeichne ich dieses mit einem Kreis beim unteren Drittel ein. Als Nächstes skizziere ich eine Hilfslinie für die Länge der Finger. In der Mitte zwischen dieser und der oberen Linie des Trapezes liegt die Linie mit den Fingerknöcheln.
Abb. 2 Weil der kleine Finger als Einziger von keinem anderen Finger verdeckt wird, zeichne ich ihn zuerst. Die Hilfslinie für die Fingerknöchel zeigt an, wie lang der erste Teil des Fingers sein muss, bevor er abknickt. Dieses Maß übertrage ich in die Schräge. Als Nächstes wird der Ringfinger angelegt, er bleibt teilweise vom kleinen Finger verdeckt. Hier kann man sich helfen, indem man sich an der mittleren Hilfslinie orientiert und alle drei Glieder des Fingers zeichnet. Denkt daran, dass alle Glieder des Ringfingers ein kleines bisschen länger sind als die des kleinen Fingers. Orientiert euch jeweils an den zuvor gezeichneten Fingern.
Abb. 3 Beim Mittelfinger ebenso vorgehen. Er wird hier noch mehr verdeckt. Der Zeigefinger wird hingegen etwas einfacher, da man nun der Hilfslinie folgen kann.

Tipp: Hände können sehr schwer sein, macht Fotos von euren eigenen und zeichnet sie nach, um die Positionen und Perspektiven nachzuvollziehen!

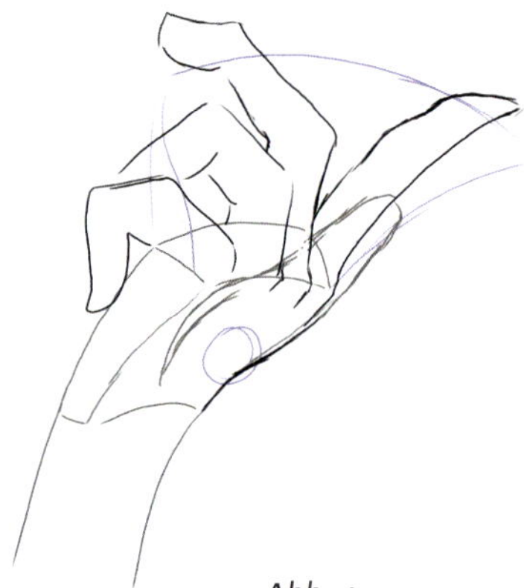

Abb. 4

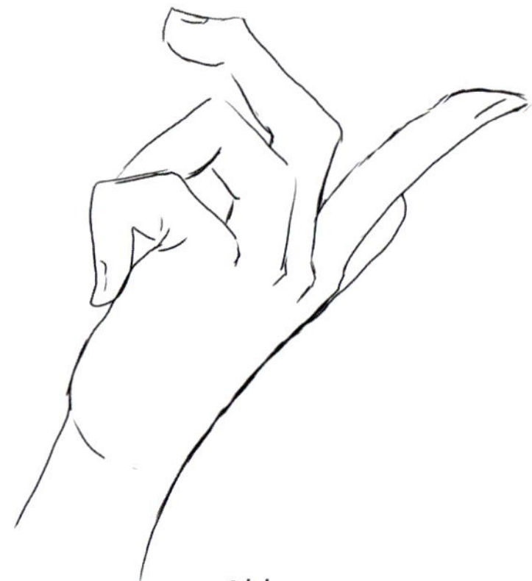

Abb. 5

Abb. 4 Die Hand ist fast geschafft. Jetzt zeichne ich mir noch eine Hilfslinie für den Daumen ein. Dadurch erkenne ich, wie viel man noch vom Daumen sieht.
Abb. 5 Zum Schluss radiere ich die Hilfslinien aus und zeichne ein paar Falten und Nägel sowie die innere Handfläche ein, die in einem Bogen zum Unterarm verläuft.

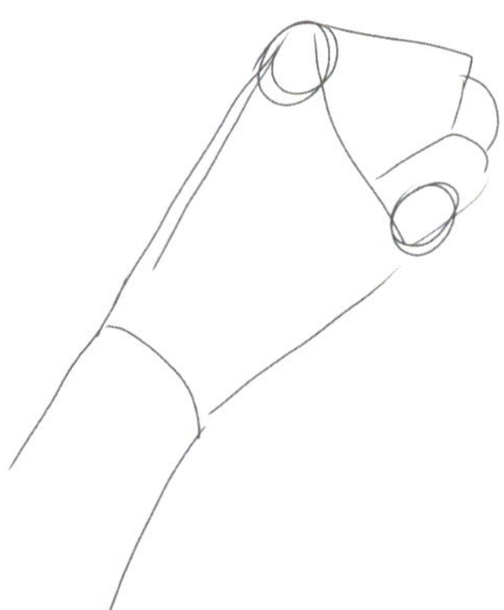

Abb. 1

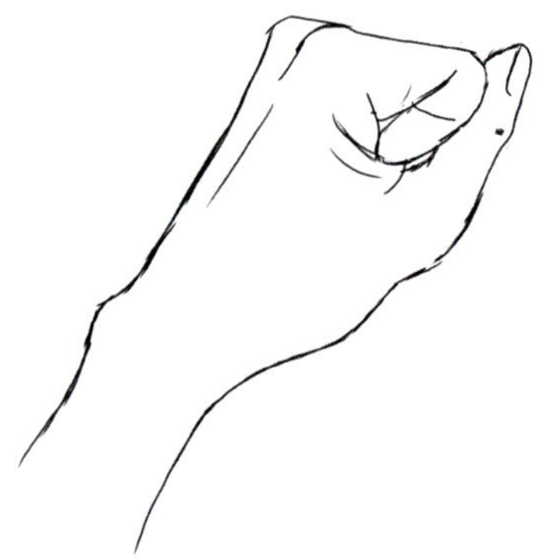

Abb. 2

Abb. 1 Bei einer Faust zeichne ich das Trapez so, dass der Daumenknochen vor dem Knochen des Zeigefingers liegt. Dann zeichne ich die halbe Länge des Trapezes nach oben nochmals ein, um die Länge der Mittelknochen zu ermitteln.
Abb. 2 Hier die fertigen Linien. Ich gebe dem Ganzen noch Rundung und Schwung. Da ich weiß bzw. auf meiner eigenen Faust nachsehen kann, dass der Daumen über den Zeigefinger geht, zeichne ich dies auch.

Tipp: Hilfslinien können sehr hilfreich sein, keine Angst vor dem Radieren! »Übersetzt« eure Motive in geometrische Formen und dreht sie in die gewünschte Ansicht.

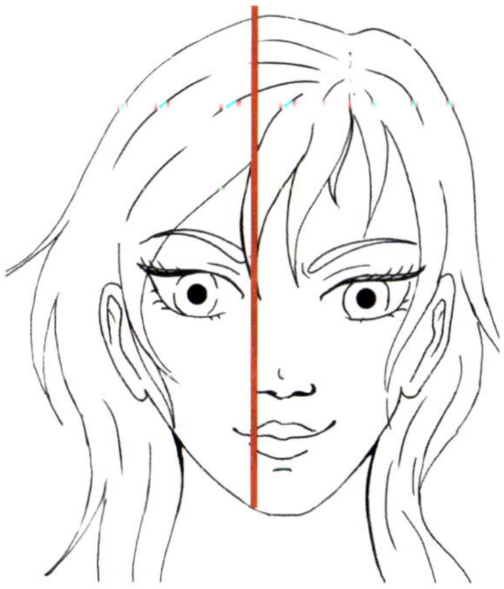

DER FUSS

Der Fuß einer Figut ist meist so groß wie **der Kopf im Ganzen, samt Haarvolumen**. Man kann aber auch sagen, dass der Fuß so lang ist wie der Unterarm ohne Ellbogen und Handgelenk. Füße sind meist grob als Dreieck darstellbar.

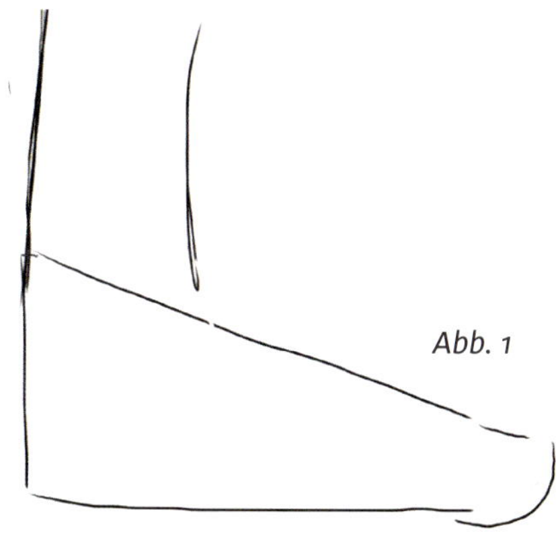

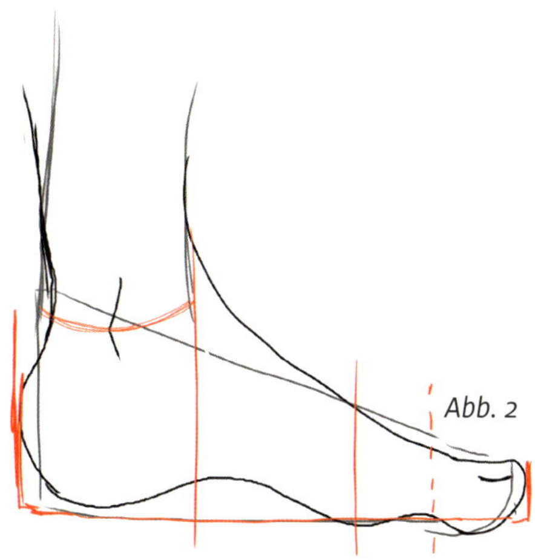

Abb. 1 Fuß in der Seitenansicht: ein Dreieck, das Richtung Zehen spitz zuläuft. Wenn ich dieses Dreieck drittele, dann erkenne ich die korrekte Position für den Ansatz des Unterschenkels.

Abb. 2 Das Dreieck senkrecht in Drittel zu teilen kann am Anfang ungemein helfen. Zu erkennen ist dann auch, dass die Ferse das erste Drittel fast ausfüllt. Das zweite Drittel bildet den Spann, das dritte den Fußballen mit Zehen. Wenn ich das vordere Drittel halbiere, kann ich die perfekte Position für den Beginn der Zehen ermitteln.

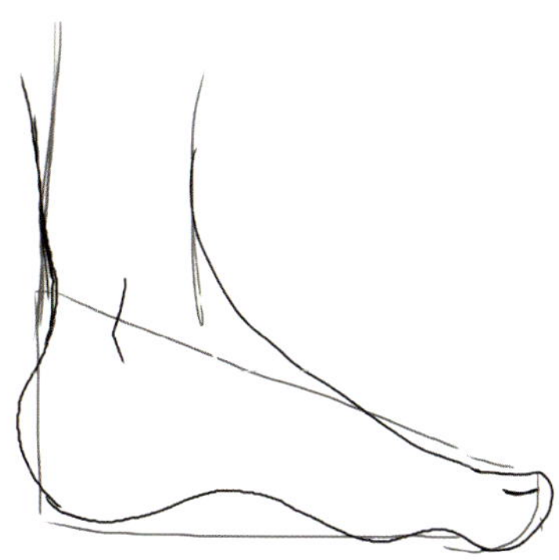

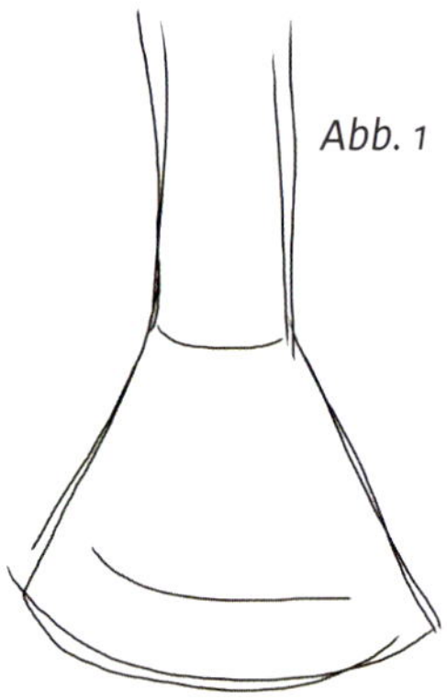

Abb. 1

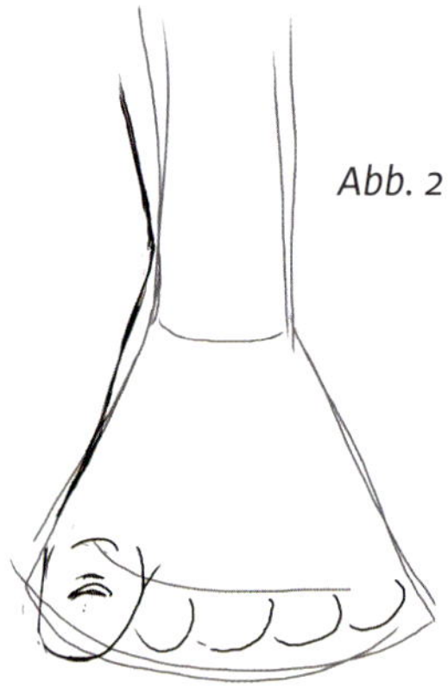

Abb. 2

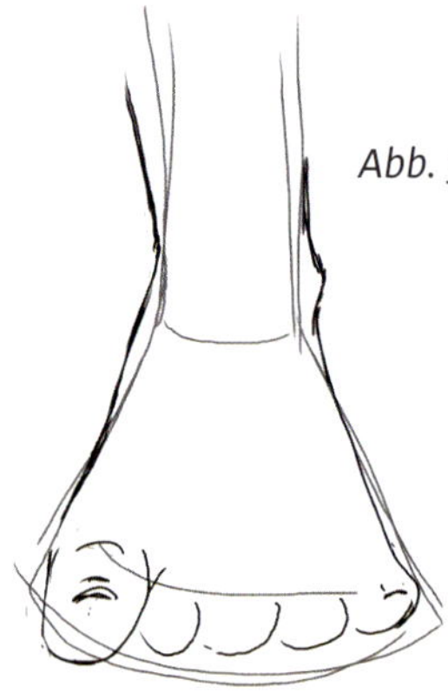

Abb. 3

Der Fuß in Frontalansicht: Diese Zeichnung ist anfangs schwer, weil man sich noch nicht mit der perspektivischen Verkürzung vertraut gemacht hat.

Abb. 1 Die Hilfslinien erinnern an ein Trapez oder einen Entenfuß.
Abb. 2 Nun zeichne ich die Zehen samt Hilfslinien ein und die linke Linie bis hinauf zum Unterschenkel. Zu Beginn, wenn noch keine Zehennägel eingezeichnet sind und keine kleinen Querstriche bei den Zehen, sieht das komisch aus.
Abb. 3 Da ich jetzt weiß, dass alle Zehen ausreichend Platz haben, zeichne ich den rechten Rand vom Fuß bis hinauf zum Unterschenkel. Dabei gestalte ich auch den Fußknöchel.
Abb. 4 Der fertige Fuß. Dann flache ich die Zehen, die am Boden stehen, unten leicht ab und verleihe ihnen verkürzte Zehennägel. Dazu wird der Zeh in Drittel geteilt. Der Nagel gehört auf die mittlere Linie. Beim dritten und vierten Zeh setze ich einen kleinen gebogenen Querstrich am Fußansatz.
Auch dem großen Zeh gebe ich nach außen noch etwas mehr Rundung und setze mittig am oberen Ende in Richtung Fuß einen gebogenen Strich. So kann ich die Verkürzung andeuten und gleichzeitig dem Betrachter klarmachen, dass die Zehen eigenständig sind.

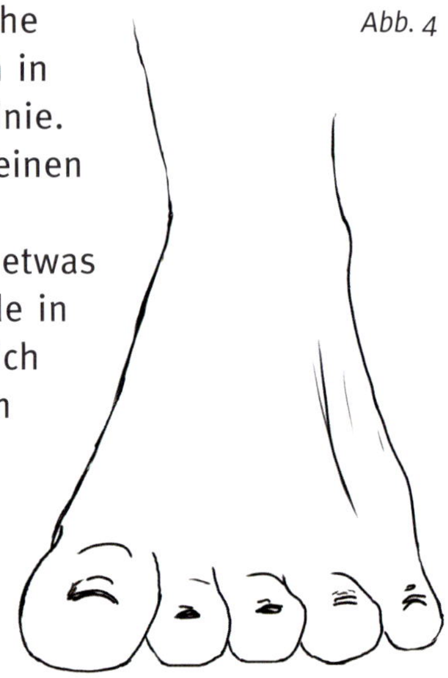

Abb. 4

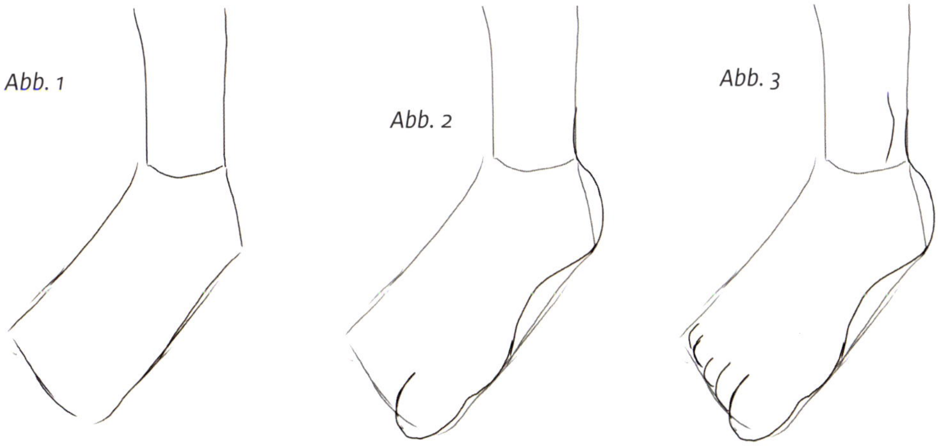

Abb. 1 Für die Halbansicht eines Fußes zeichne ich zuerst Hilfslinien. Es sollte schon feststehen, auf welcher Seite der große Zeh gezeichnet wird. Diese Seite wird länger als die andere.

Abb. 2 Durch die Einteilung in Drittel wird klar, wo die Ferse liegt und wo der große Zeh beginnt. Diesen zeichne ich als Erstes ein, da nur er komplett sichtbar ist, während alle anderen leicht verdeckt sind.

Abb. 3 Nun zeichne ich einen kleineren Zeh nach dem anderen; dabei darauf achten, dass man immer ein bisschen weniger vom nächsten Zeh sieht.

Abb. 4 Ich zeichne die Nägel ein und achte darauf, dass diese genauso schräg werden wie die Linien der Zehen. Ich schräge den großen Zeh Richtung Boden noch leicht ab und begradige ihn.

Abb. 5 Jetzt zeichne ich vom kleinen Zeh einen Strich hinauf **(1+2)**, damit der Zeh optisch abknickt. Mit einem leichten Bogen nach außen **(2+3)** verbinde ich diese Linie nun mit dem Unterschenkel.

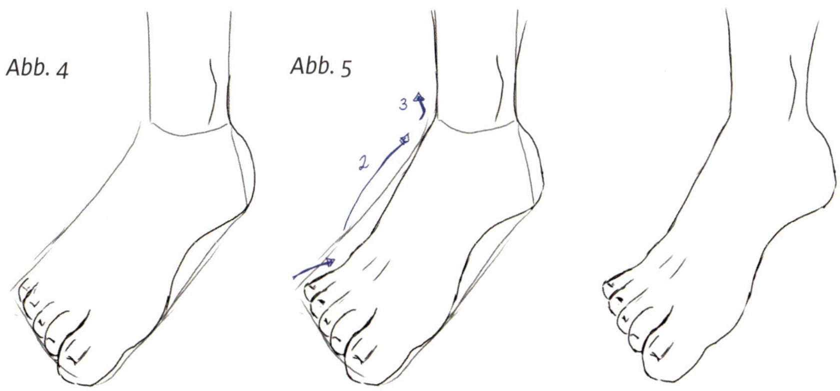

DER WEIBLICHE KÖRPER

Anfänger sollten zunächst Körper üben, die dem 1+7-Schema folgen. Dabei passt der Kopf der Länge nach weitere 7x in den Körper. Bei dem nebenstehenden Schema kann man auf den ersten Blick erkennen, dass von Scheitel bis Hüfte 4 Kopflängen hineinpassen. Die Beine sind also 4 Köpfe lang. Nachdem die Knie recht mittig liegen, zeichne ich dort gleich eine Hilfslinie ein. Mit diesen Maßen habe ich meine Figuren gut unter Kontrolle.

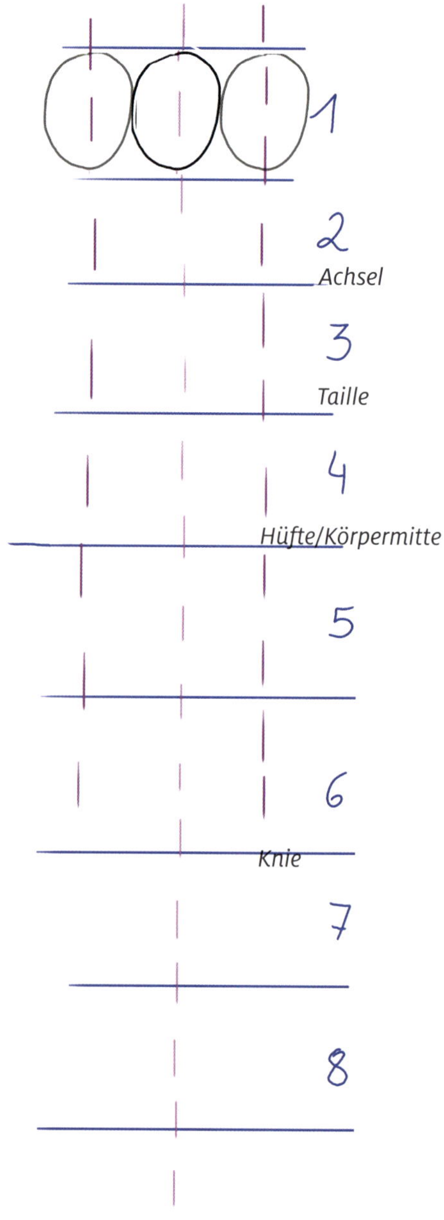

Tipp: 4 Kopflängen bis zur Hüfte und 2 Kopflängen jeweils für Unter- wie auch Oberschenkel!

Ich beginne mit dem Oval für den Kopf und dem Einzeichnen von 8 Querstrichen. Dadurch erkenne ich gleich, ob meine Figur überhaupt auf das Blatt passt oder ob der Kopf versetzt oder kleiner werden muss.

Anschließend zeichne ich noch je ein Oval links und rechts neben den Kopf. Frauen haben schmalere Schultern als Männer, und ein gutes Richtmaß ist, dass Schultern von Frauen so breit sind wie der ½ Kopf. Männerschultern sind etwa 1 Kopf breit.

Tipp: Die zweite Linie von oben sind die Achseln! Anfangs wird diese Linie oft mit der Brustlinie verwechselt. An dieser Linie beginnt zwar die Brust, aber die Brust selbst befindet sich unterhalb dieser Linie!

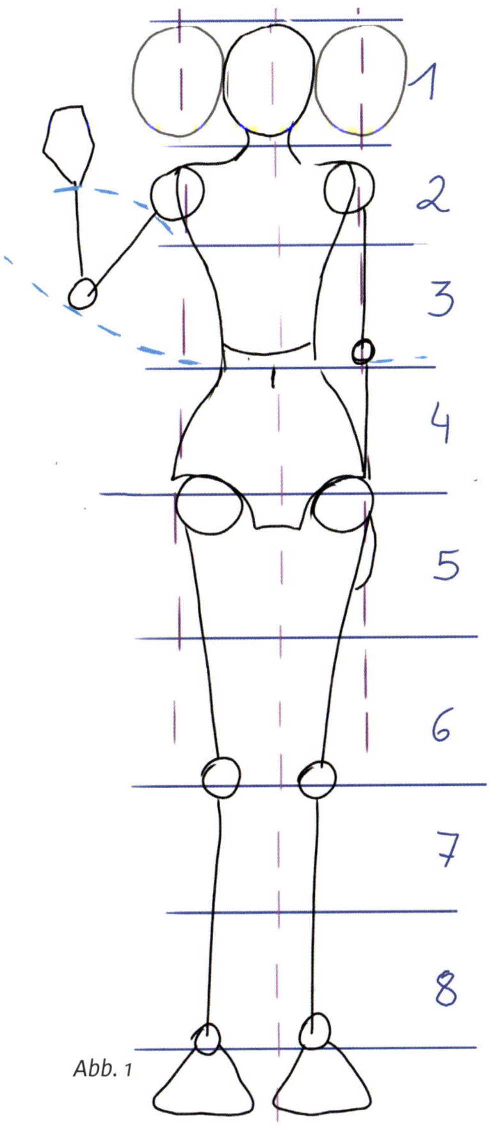

Abb. 1

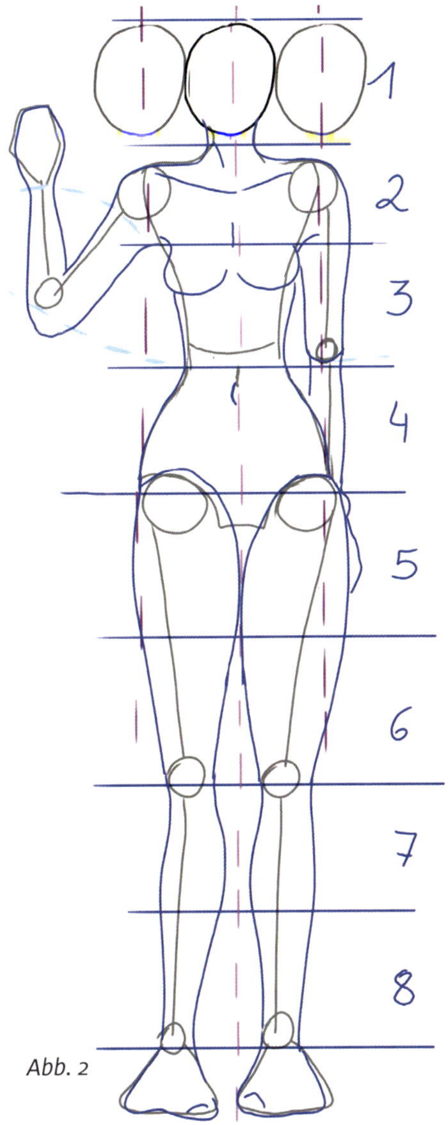

Abb. 2

Abb. 1 Zuerst die Grundlinien, ich beginne dann mit dem Hals. Es folgt der Torso bis zur Taille. Die Schulterbreite ist die Hälfte der Kopfbreite. Von der Taille aus zeichne ich die Hüfte, die so breit wird wie die Schultern. Die Hüfte bekommt die typische Beckenform, damit die Gelenke für den Oberschenkel hineinpassen. Gelenke stelle ich mit Kugeln dar.

Abb. 2 Ich zeichne über meine Grundlinien die ersten Rundungen.

Tipp: Der Ellbogen reicht genau bis zur Taille. Der Unterarm hat die Länge des Oberarms ohne Schulterkugel.

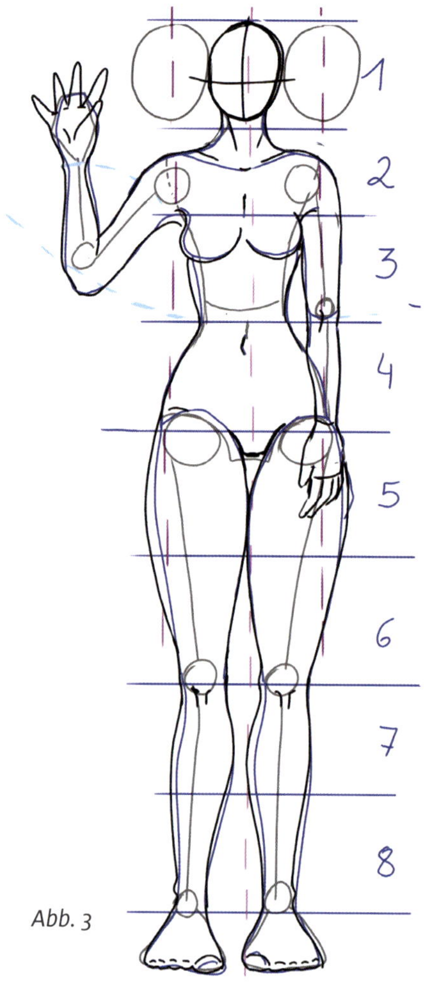

Abb. 3

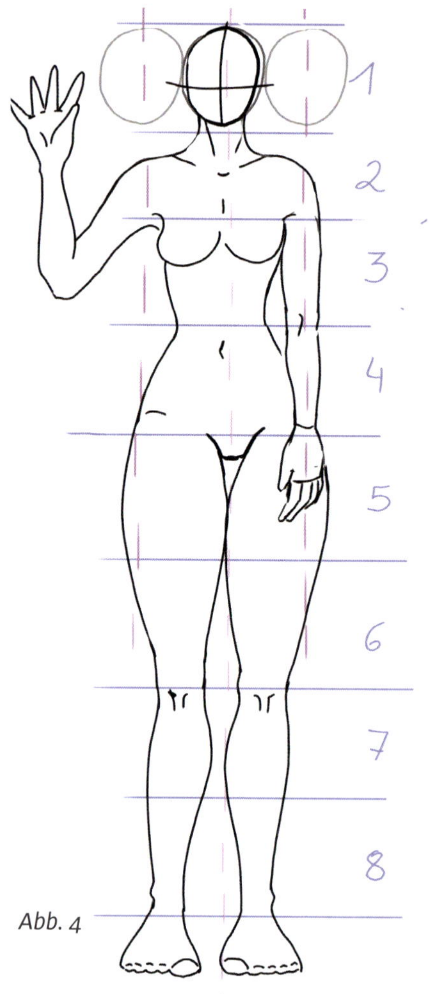

Abb. 4

Abb. 3 Meine ersten Hilfslinien bieten schon einen guten Anhaltspunkt, nun werden diese noch verbessert und stärker gerundet. Bei Figuren ist kein Strich wirklich gerade. Dies ist nun der letzte Schritt, bevor die Figur fertig zum Ankleiden und Verzieren ist. Ich habe beschlossen, einen Arm der Figur nach vorn zu zeichnen. Die Finger und Füße arbeite ich besser aus. Hierbei kommen die Größenverhältnisse von Hand zu Gesicht zum Einsatz, die ab Seite 31 erklärt wurden.

Abb. 4 Fertige Figurine: Die Grundlinien wurden ausradiert.

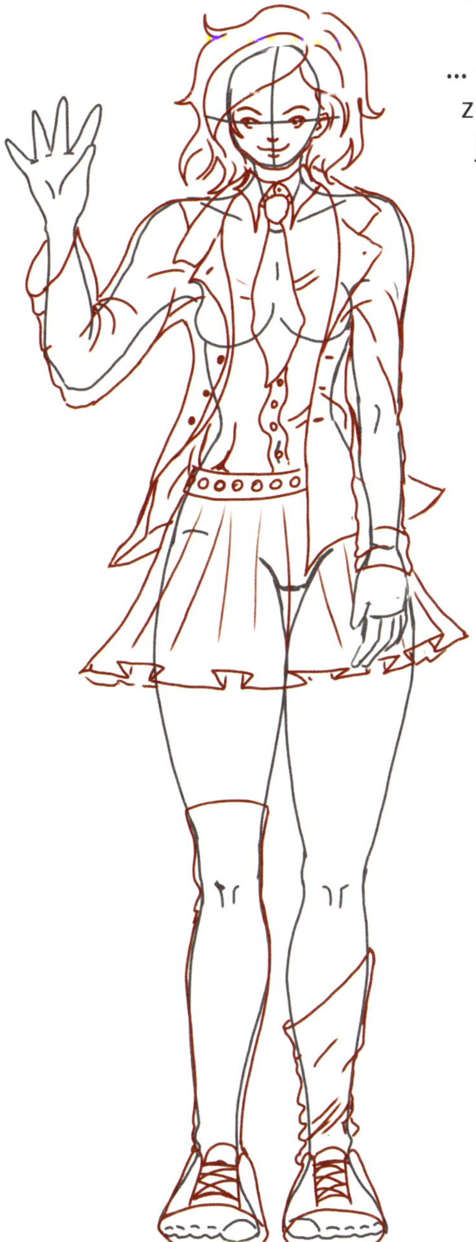

WARUM SO VIEL AUFWAND?

... weil nun die Kleidung über die Figur gezeichnet werden kann, sodass sie passt. Jede Figur sollte zuerst nackt gezeichnet werden, bevor ihr sie ankleidet.

Der Grund dafür ist sehr einfach. Einerseits können so Fehler vermieden werden, wie etwa, dass Linien nicht logisch unterm Rock hervorkommen. Andererseits kann der Kleidung mehr Schwung gegeben werden. Ihr könnt sie direkt an den Körper »modellieren«, was auf alle Fälle einfacher ist, wenn es ein sehr leichter Stoff sein soll oder wenn die Kleidung nass geworden ist.

Aber auch die Faltensetzung fällt wesentlich leichter, wenn man die Kleidung über den Körper zeichnet. So bekommt man mehr Gefühl für den Schwung. Kleidung hat Volumen und muss dementsprechend einen Abstand zum Körper aufweisen.

Natürlich ist das mehr Aufwand, aber gerade am Anfang lohnt es sich, und man lernt dadurch viel schneller.

DER MÄNNLICHE KÖRPER

Auch Männer werden im soeben erklärten 1 + 7-Schema gezeichnet. Sie werden größer als Frauen, weil ihr Kopf größer ist und damit auch die darauffolgenden Hilfslinien anders gesetzt werden.

Männer haben insgesamt weniger Rundungen. Ihre Taille ist weniger ausgeprägt. Auch die Hüfte ist viel gerader als bei Frauen. Die männlichen Schultern sind breiter, die Schulterbreite ergibt sich wie bei weiblichen Figuren durch die Kopfbreite.

Nachdem ich einen Kopf gezeichnet und die Hilfslinieneinteilung gemacht habe, beginne ich mit dem Hals. Dieser ist ebenfalls breiter als bei weiblichen Figuren. Danach zeichne ich den Torso bis zur Taille. Von der Taille ab zeichne ich, nur wenig ausgestellt, die Hüfte hinunter. Die Gelenke von Beinen und Armen lege ich wieder als Kreise an.

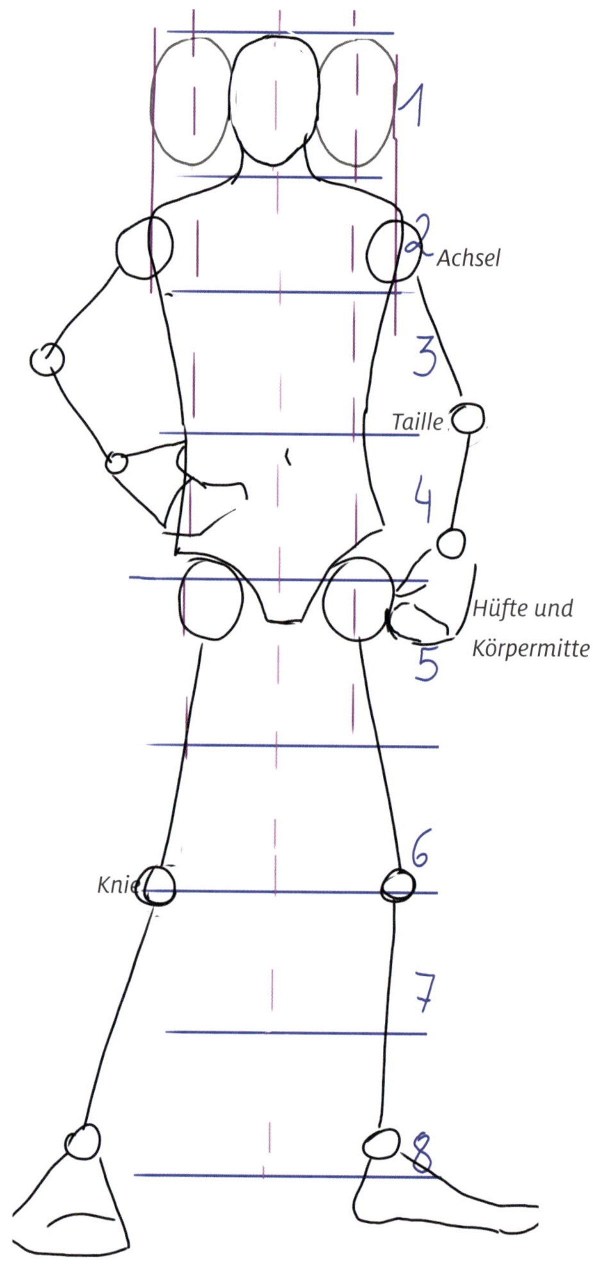

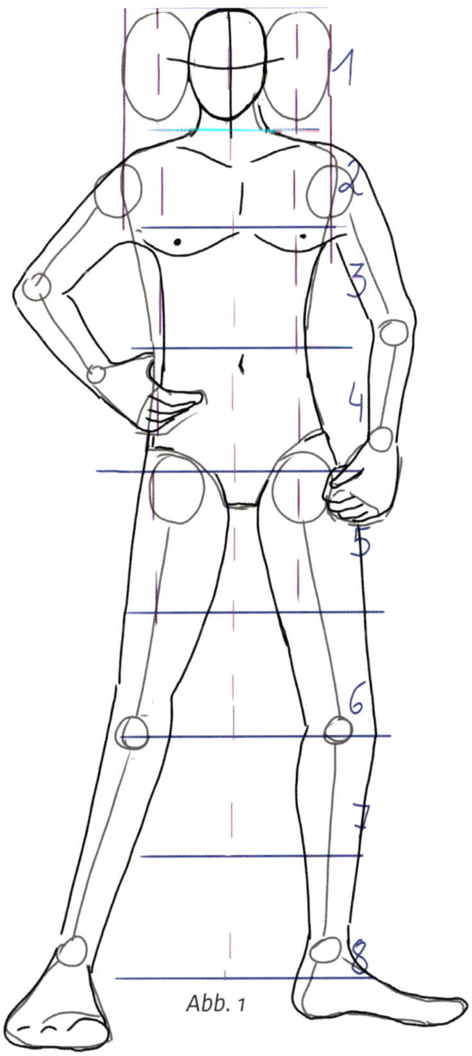

Abb. 1

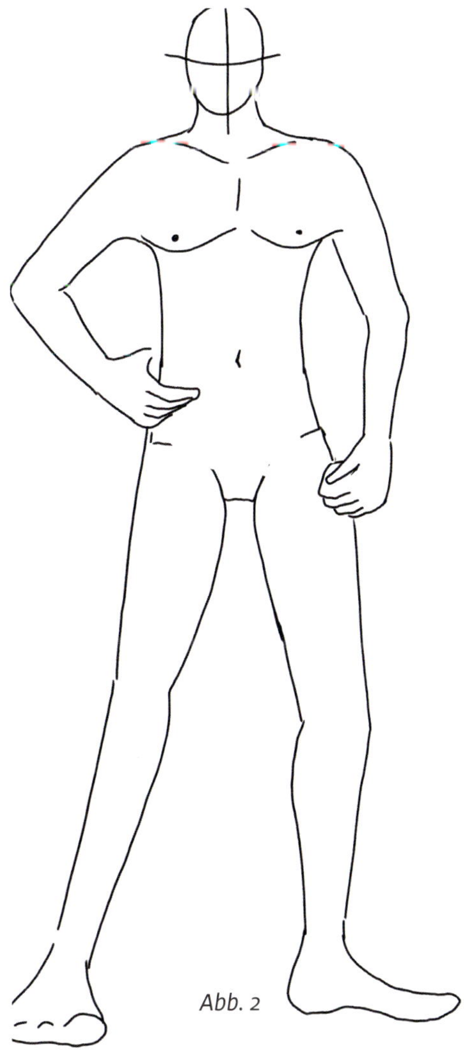

Abb. 2

Abb. 1 Wie schon bei der Frau zeichne ich nun über meine Hilfslinien die Grundlinien und gebe somit dem Körper seine Form. In der Abbildung seht ihr einen Durchschnittstyp: ohne viel Muskeln, aber auch nicht zu dünn. Schon in diesem Stadium kann man sehen, dass weniger Rundungen eingesetzt werden. Hüfte und Oberschenkel sind nur wenig ausgestellt und gerundet. Auch die Unterschenkel haben einen geraderen und vor allem länger gezogenen Schwung.
Abb. 2 Fertiger Körper ohne Hilfslinien: Das ist unser »Normaltyp«, von dem aus wir alle weiteren Figurtypen zeichnen.

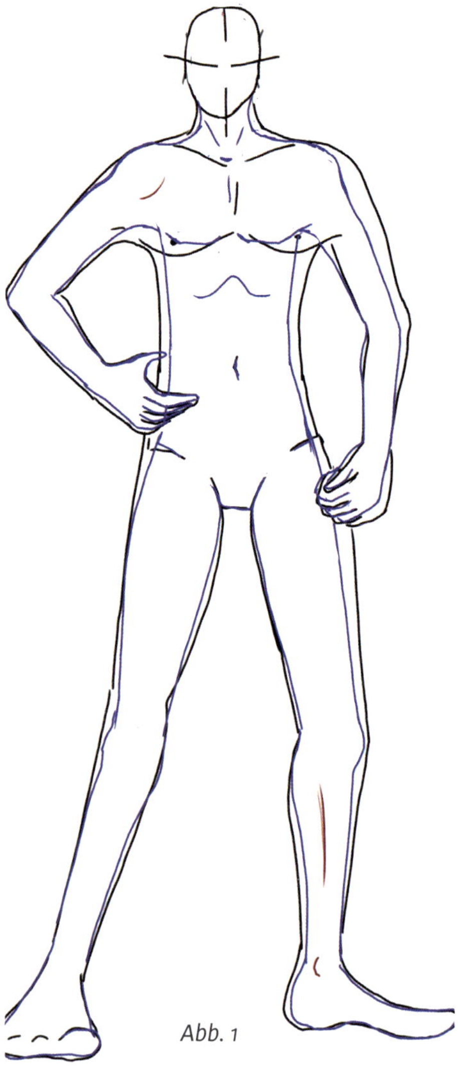

Abb. 1

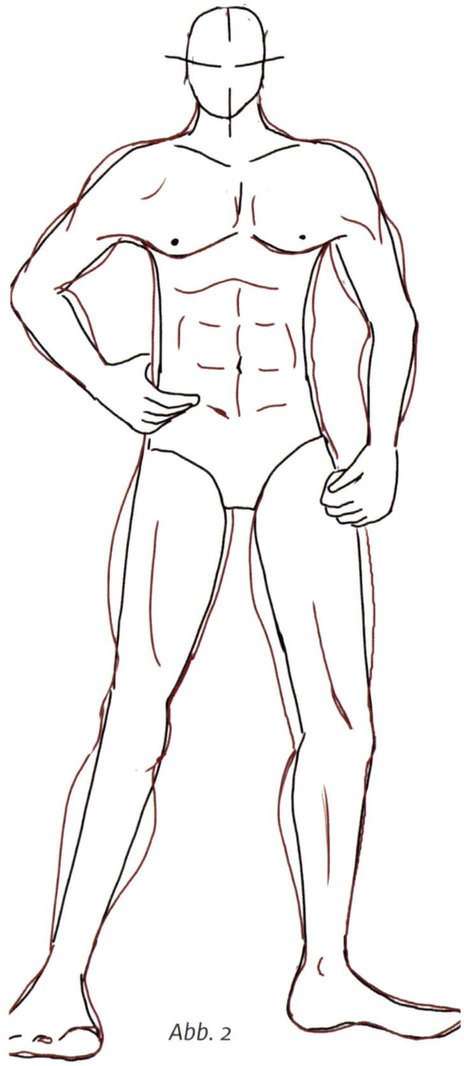

Abb. 2

WENIGER ODER LIEBER ETWAS MEHR?

Abb. 1 Die schwarze Linie zeigt unseren »Normaltypen«. **Die blaue Linie** zeigt, wie man ihn zeichnen würde, wenn er ein paar Kilogramm weniger wiegen würde.
Abb. 2 Natürlich können wir den Kerl auch ins Fitnessstudio schicken. Die **rote Linie** zeigt, was passiert, wenn er viel trainiert und fast zum Superhelden wird.

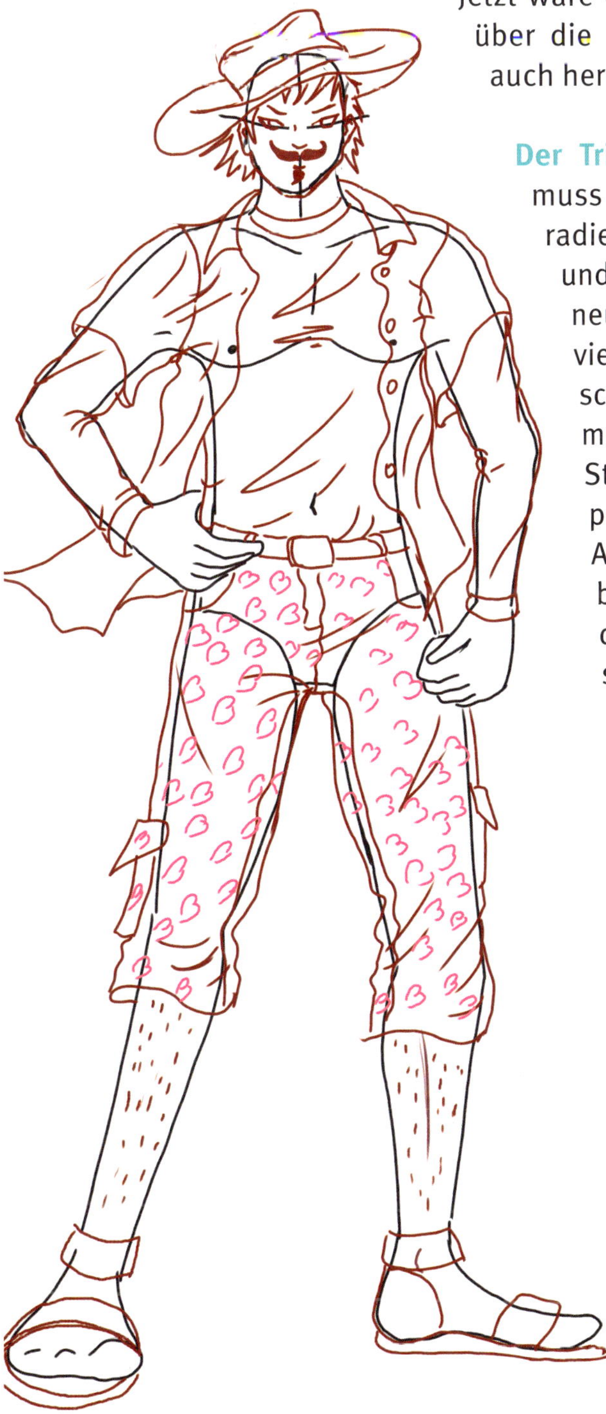

Jetzt wäre der Zeitpunkt gekommen, Kleidung über die Figur zu legen. Das geht natürlich auch hervorragend auf einem Leuchttisch.

Der Trick: Wer mit Leuchttisch arbeitet, muss nicht mühsam die Hilfslinien wegradieren, sondern kann einfach Kleidung und die sichtbaren Körperteile auf ein neues Blatt zeichnen. Damit nicht zu viele Linien am Leuchttisch durchscheinen, zeichnet die Hilfslinien immer mit hellblauem oder hellgrünem Stift vor und die Außenlinien der Körper gestaltet ihr lieber mit Bleistift. Am Leuchttisch sieht man die hellblauen Linien nur ganz leicht durch, der Bleistift erscheint jedoch wesentlich stärker.

Häufiger kann es vorkommen, dass die Bilder so kompliziert werden, dass mehrere Farben hilfreich sein können. Wie auch immer, ihr solltet nie den Überblick über die Linien im (fertigen) Bild verlieren!

Tipp: Den Muskeln nicht zu viel Schwung geben, das wirkt ganz schnell zu weiblich.

ÜBERSICHT PROPORTIONEN

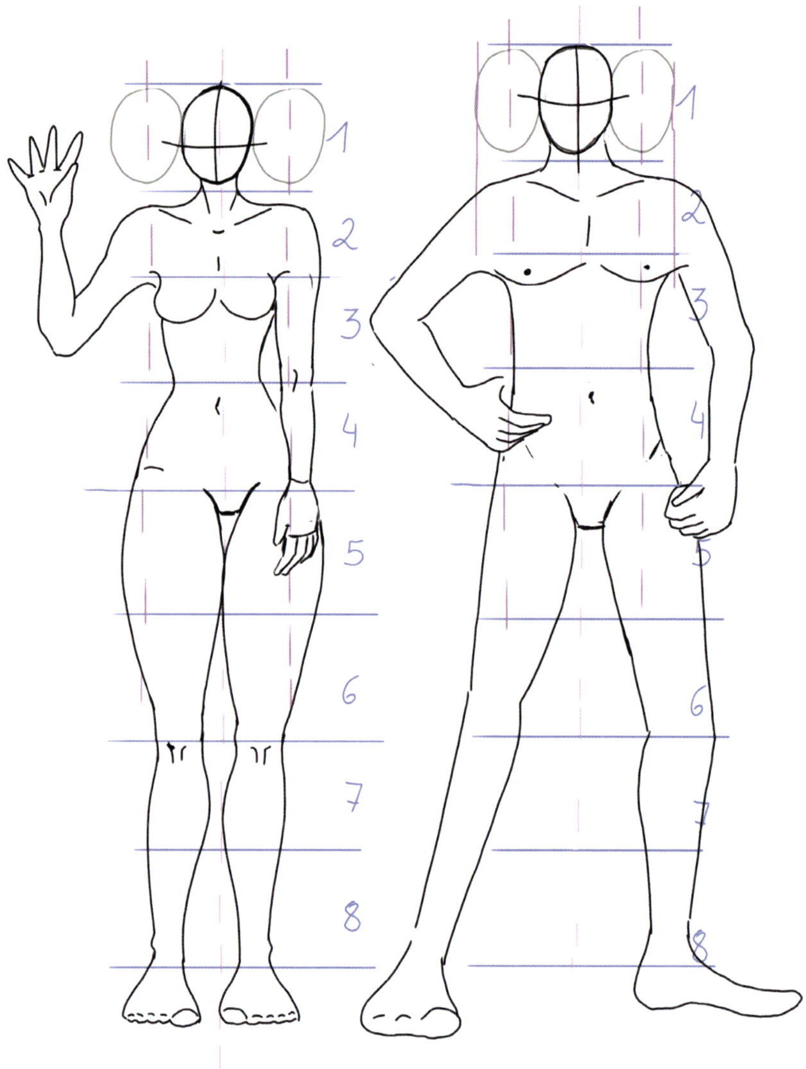

Mann und Frau (Erwachsene) werden beide im 1+7-Schema gezeichnet, sind aber unterschiedlich groß. Das liegt daran, dass Männer einen größeren Kopf haben und dass sich dementsprechend die Abstände zwischen den Hilfslinien verändern. Außerdem seht ihr im Vergleich noch einmal den Unterschied der Rundungen bei Männern und Frauen.

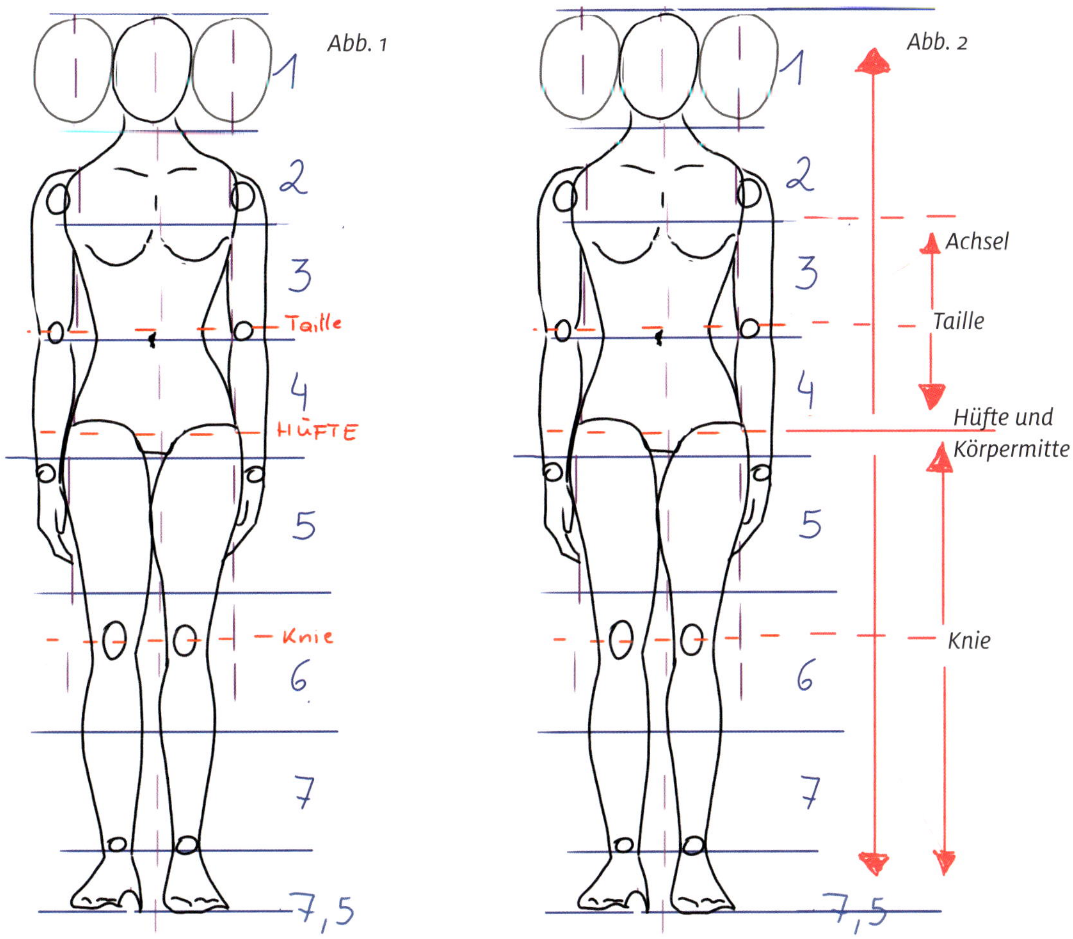

Abb. 1 Frauen werden auch häufig nach einem 1 + 6½-Schema gezeichnet. Das wäre typisch für eine 16-Jährige. Es ist dabei hilfreich, die Hüftlinie als Körpermitte anzulegen, damit die Einteilung besser gelingt.

Abb. 2 Wenn ich nicht nach dem 1 + 7-Schema (also Erwachsene) zeichne, verwende ich die Querstriche der Kopflängen nur noch als Gesamtangabe für die Länge der Person. Das bedeutet, dass die Querstriche nur noch die Gesamtgröße der Figur angeben, aber nicht mehr die Positionen für Hüfte oder Taille! Ich bestimme also die Größe der Figur mithilfe der Kopflängen, zeichne aber dann nach Augenmaß die Körpermitte ein. Dann markiere ich die Hälfte zwischen der Hüfte zu den Füßen, um die Position der Knie zu ermitteln. Für die Position der Taille markiere ich die Hälfte zwischen der Achsellinie und Körpermitte. Das funktioniert allerdings nicht für Kinder unter vier Jahren!

Abb. 1 Ein klein wenig anders sieht es aus, wenn man ein Kind um die sechs Jahre zeichnen möchte. Die Hüfte kann auch hier als Mittelpunkt genommen werden. Der Körper ist noch sehr gerade und wenig geformt. Je jünger der Mensch, desto mehr »Babyspeck« hat die Figur. In diesem Alter zeichnet man ein 1+5-Schema. Unter dem Kopf endet die zweite Kopflänge wieder in der Achselhöhle. Hier kann ich mir schon die Gesamtlänge markieren und wie zuvor beschrieben die Länge halbieren, um die Hüfte sowie alle weiteren Hilfslinien zu bestimmen. Wie man sehen kann, liegt die Taille wieder zwischen Körpermitte und Achselhöhle. Die Knie befinden sich wie üblich zwischen Hüfte und Füßen.

Abb. 2 Bei Kindern unter vier Jahren ist der Körper noch ganz anders proportioniert. In dieser Abbildung sieht man ein Kleinkind (über ein Jahr alt). Der Kopf ist noch sehr rund und erinnert mehr an einen Kreis als an ein Oval. Die Beine sind kürzer als der restliche Körper.

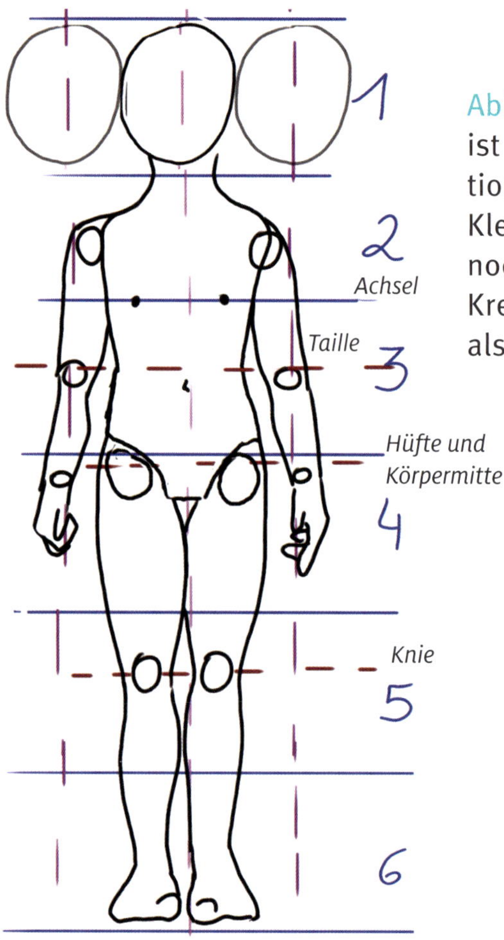

Abb. 1

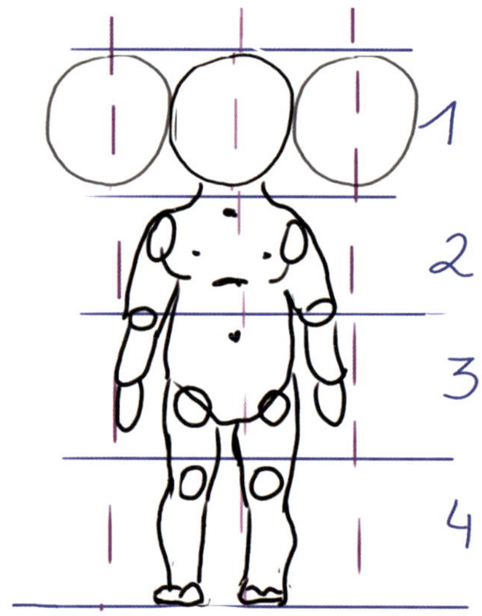

Abb. 2

IN BEWEGUNG

Top-Tipp: Zeichnet euch die Bewegung als Strichmännchen vor, so bekommt ihr ein Gefühl für den Ablauf! Übrigens ist das auch eine tolle Methode, um Menschen aus dem TV-Programm abzuzeichnen. Oder Freunde oder Passanten. Je mehr man sich auf Bewegung einlässt, desto schneller wird sie euch in Fleisch und Blut übergehen. Also keine Angst vor Strichmännchen, die müssen nicht proportional perfekt sein, sondern nur den Ablauf einfangen. Und nur ihr müsst die Bewegung zunächst erkennen können, niemand anderes.

Abb. 1 Ein Basketballspieler im Sprung beim Dunking. Durch die Vorskizze erkenne ich, dass der Torso noch zu gerade und zu wenig im Schwung ist.
Abb. 2 Ich gebe meiner Figur mehr Schwung, dadurch wirkt die Bewegung realistischer.

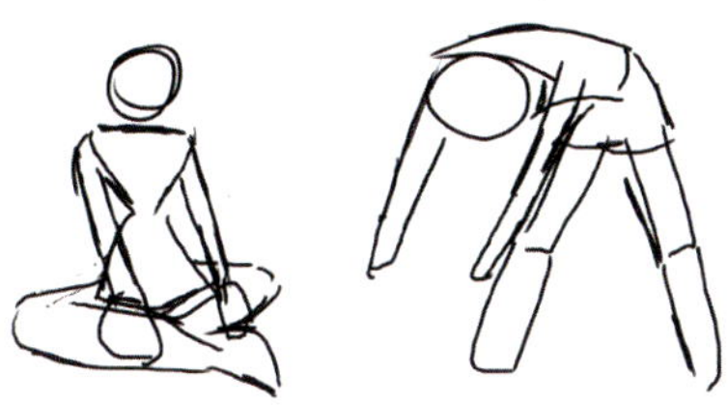

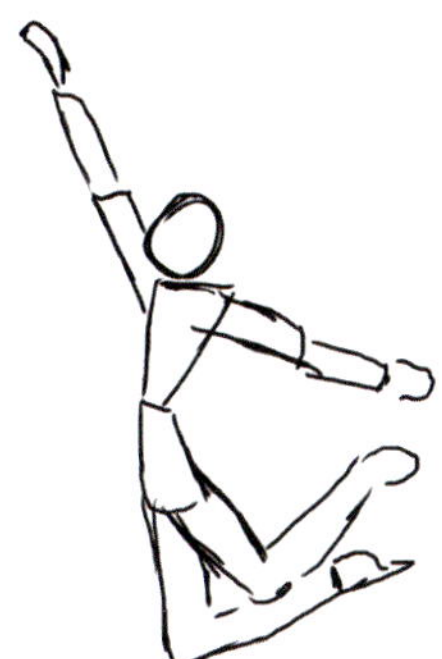

Abb. 1

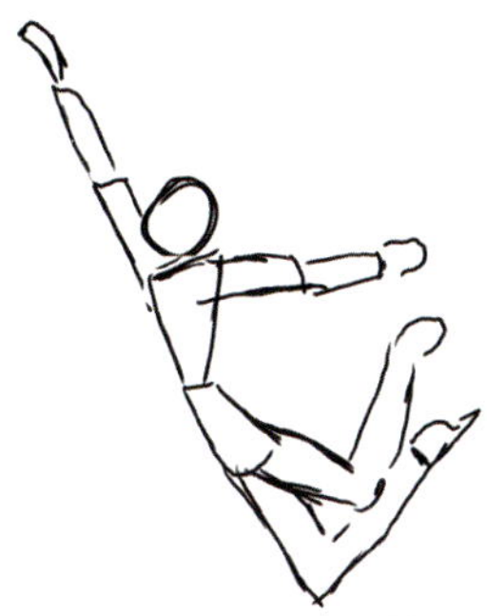

Abb. 2

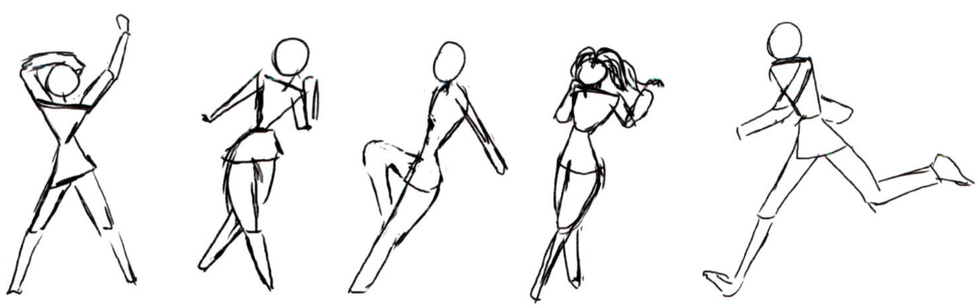

Wenn ihr die Proportionen verinnerlicht habt, könnt ihr Bewegung in eure Figuren bringen. Einfache Bewegungen lassen sich nun durch das Proportionswissen zeichnen. Bei aufwendigeren Bewegungen empfehle ich, immer mit Referenzmaterial zu arbeiten. Sei es mit einer Puppe oder einem Foto.

Nun aber wieder zurück zur einfachen Bewegung. Ich beginne, indem ich den Kopf zeichne. Als Hilfe kann ich mir ein 1+7-Schema mit Kopflängen neben die Figur zeichnen. Dann markiere ich auf der Hälfte die Körpermitte. Da ich mir gleich überlege, dass ich eine laufende Figur zeichnen möchte, skizziere ich einen schrägen Mittelstrich, an dem ich mich orientieren kann, um die Figur nicht zu gerade zu gestalten. Diese Schräge ist eine optische Hilfe.
So kann man genauer abschätzen, wie viel von jeder Seite der Figur zu sehen sein muss.

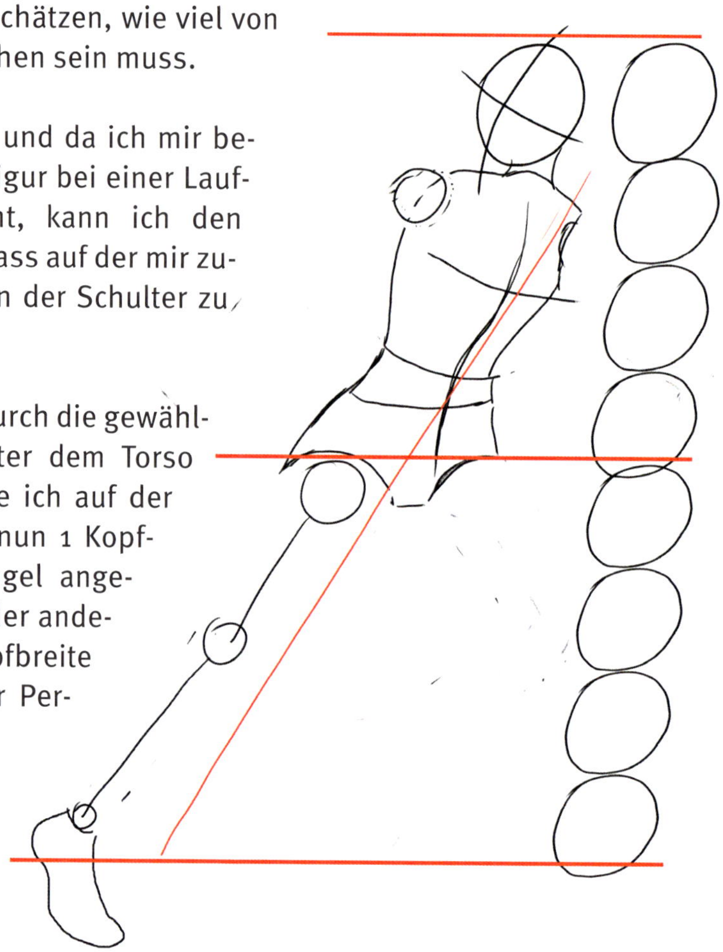

Ich zeichne den Hals ein, und da ich mir bewusst bin, dass sich die Figur bei einer Laufbewegung leicht aufdreht, kann ich den Torso schon so anlegen, dass auf der mir zugewandten Seite mehr von der Schulter zu sehen ist.

Die zweite Schulter wird durch die gewählte Perspektive leicht hinter dem Torso verschwinden. Somit habe ich auf der einen Seite der Schulter nun 1 Kopfbreite bis zur Schulterkugel angelegt; wohingegen ich auf der anderen Seite nur mehr ¼ Kopfbreite zeichnen kann, um in der Perspektive zu bleiben.

Nachdem ich das Sprungbein eingezeichnet habe, das den Boden berührt und mit dem gerade der Laufabstoß erfolgt ist, zeichne ich das andere Bein dazu. Hier ist zu beachten, dass dieser Unterschenkel durch die verkürzte Sicht der Perspektive ein wenig kürzer gezeichnet werden muss als der andere.

Wenn ich mir bei einem Bewegungsablauf unsicher bin, dann mache ich das selbst mal nach, wenn möglich. Ich überprüfe zuerst, wie sich mein zweites Bein verhält, wenn ich mich abstoße. Schnell stelle ich fest, dass das zweite Bein aufgrund der Bewegung immer nach vorn schauen muss. Ob aber der Unterschenkel nach hinten zeigt oder nach vorn **(rote Linien)**, ist abhängig davon, wie schnell die Figur sich in der Darstellung bewegen soll.

Die Positionen mit abgeknicktem Unterschenkel veranschaulichen eine laufende Figur, während die andere Position nur eine schnell gehende Bewegung darstellt. Man erkennt in dieser Abbildung deutlich, was nur ein paar kleine Striche ausmachen können. Auch deshalb ist es hilfreich, nicht immer den Erstentwurf zu verwenden, sondern ruhig einmal mit der Bewegung der Figur zu spielen.

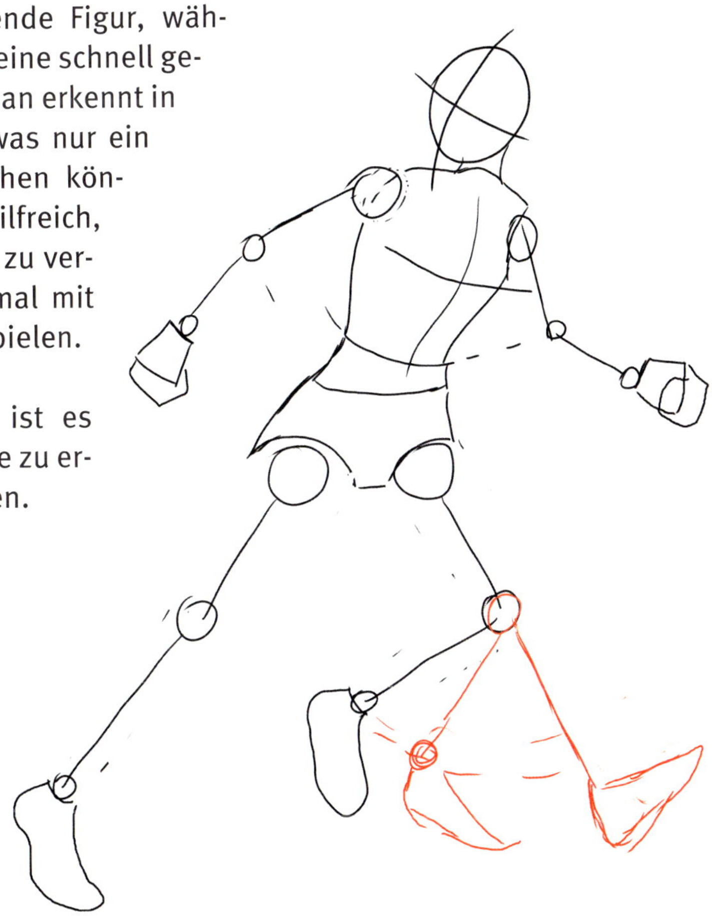

Tipp: Gerade für Anfänger ist es wichtig, Fehler zu machen, sie zu erkennen und auch zu verstehen.

BEWEGUNG »SEHEN«

Wenn ich die Bewegung meiner Figur nachmache, stelle ich rasch fest, dass die Schulter beim abspringenden Bein ganz automatisch zurückgeht. Somit ist es bei dieser Bewegung wichtig, die Schulter aufzudrehen. Denn erst im nächsten Schritt wird der Arm wieder nach vorn gezogen, um für den nächsten Absprung bereit zu sein ... Das ist euch jetzt zu kompliziert geschrieben? Dann schafft euch etwas Platz im Raum und macht es einfach mal nach! Beobachtet dabei langsam die Abläufe, um die Bewegung vollständig nachzuvollziehen. Ein Zeichner sitzt nicht stur nur am Zeichenbrett, er muss unbedingt Bewegung verstehen und »sehen« lernen.

Nachdem die Position der Arme nun auch mit dem Bewegungsablauf übereinstimmt, überprüfe ich nochmals, ob die bewegte Figur auch in das gewählte Schema der Kopflängen passt. Beim angewinkelten Unterschenkel kann man gut erkennen, dass er keine 2 Kopflängen einnimmt (vergleicht es mit dem ausgestreckten!).

Das ist auch gut und gewollt: Der Unterschenkel ist weiter weg vom Betrachter und wird außerdem durch die Bewegung verkürzt.

Mit solchen Tricks könnt ihr euch am Anfang immer wieder selber kontrollieren.

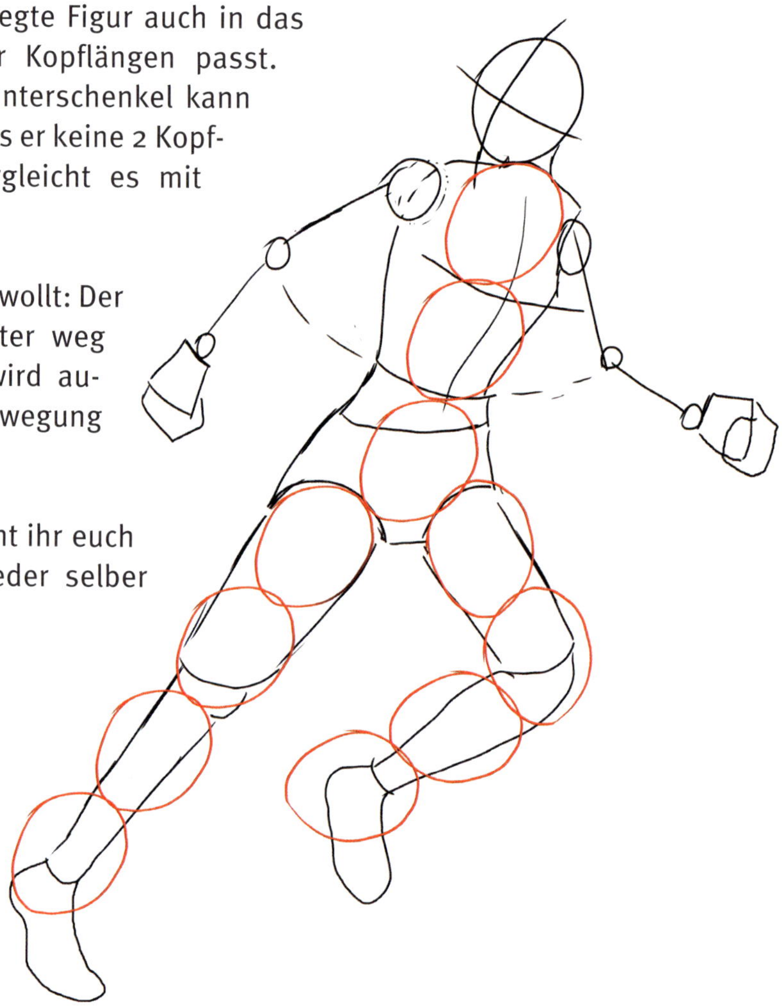

Alle Proportionen stimmen nun, deshalb geht es ans Zeichnen der genaueren Umrisse. Ich gebe nun dem Körper seine Rundungen und arbeite Finger und Füße aus, um ein Gefühl dafür zu bekommen, ob die Proportionen stimmen und ob sich die Figur auch stimmig anfühlt. Ich mag schmale Taillen, deshalb wird bei mir die Taille immer etwas dünner sein als notwendig.

Eigentlich fehlen jetzt nur noch die Details des Kopfes. Alles andere ist gut genug ausgearbeitet, damit die Figur eingekleidet werden kann. Es ist natürlich nicht notwendig, die Füße ganz genau zu zeichnen, wenn die Figur sowieso Schuhe erhält. Aber die groben Umrisse müssen passen, damit ich den Stoff der Kleidung in der richtigen Faltenlage darüber drapieren kann.

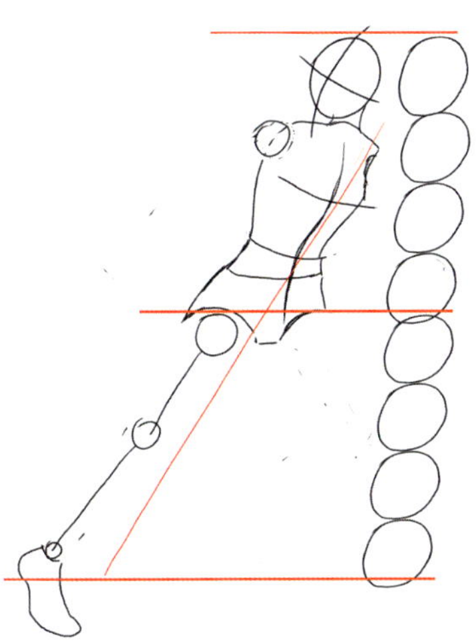

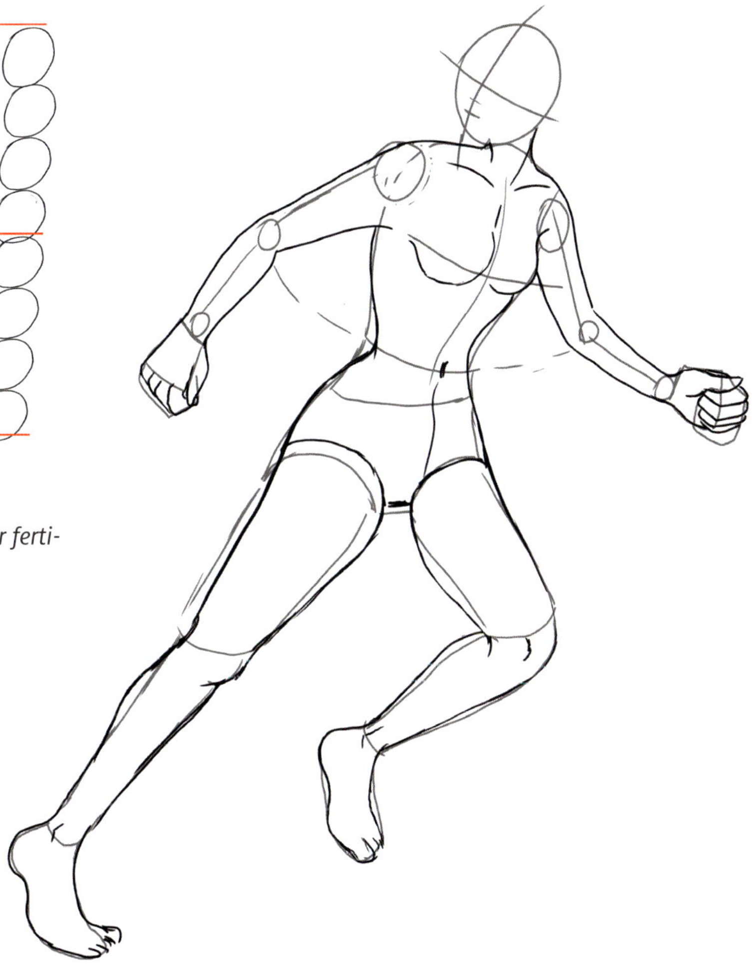

Vom Beginn unserer Skizze zur fertigen Figurine

SICH IN DIE FIGUREN HINEINVERSETZEN

Unten ein gutes Beispiel, wie der Gesichtsausdruck zur Gesamtsituation beitragen kann. Ein und dieselbe Figur vermittelt uns, lachend gezeichnet, dass sie mit jemandem Fangen spielt oder vor ihrer großen Liebe neckisch davonläuft. In der zweiten Skizze ist sie dagegen mit aufgerissenen Augen, kleinen Pupillen und einem verzerrten Mund dargestellt. Sofort ist uns klar, dass die Figur von jemandem verfolgt wird und Angst verspürt.

Deshalb ist es so wichtig, sich bewusst zu machen, was eine Figur gerade tut und fühlt. Wenn man einfach nur draufloszeichnet, entsteht oft ein eher fades, ausdrucksloses Bild. Wollt ihr mehr von euren Bildern, dann lebt mit der Figur. Fragt euch ständig: Wie bewegt sie sich, was fühlt sie gerade?

Achtet bei Bewegung nicht nur darauf, wie die Kleidung in der Bewegung schwingt, sondern auch auf die Haare der Figur. Wenn sie wie hier gerade läuft, muss natürlich die Seite der Frisur, die Gegenwind hat, nah an ihr Gesicht, während die andere Seite mit dem Wind mitschwingt.

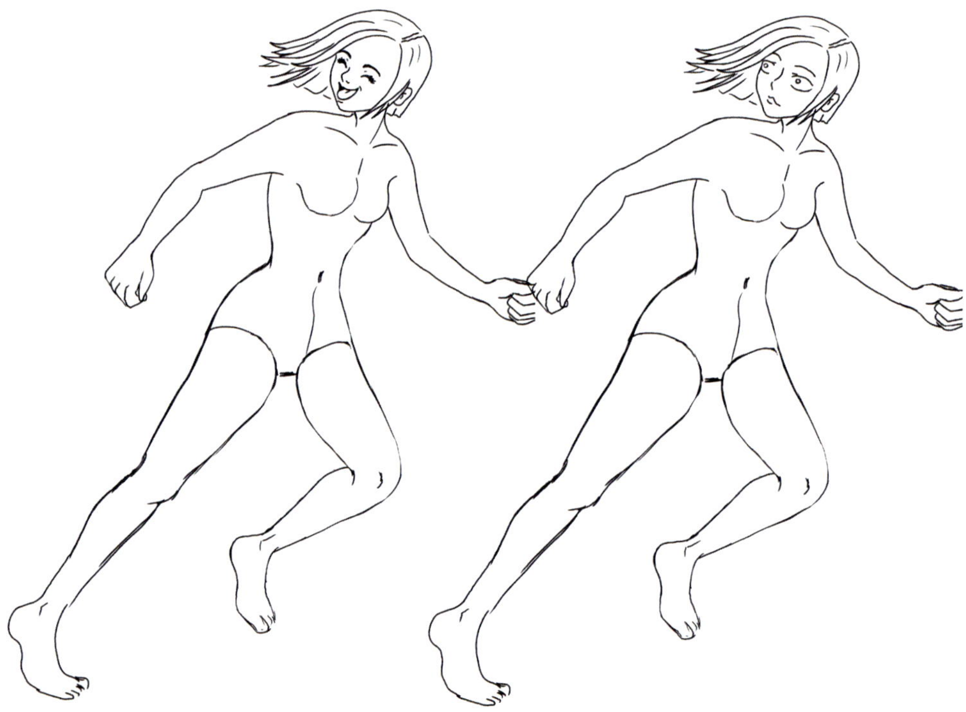

TÄNZERIN IM SCHNELLDURCHGANG

Um nochmals aufzuzeigen, wie einfach ihr alles mit dem Proportionswissen nachzeichnen könnt, hier noch eine bewegte Figur. Wieder habe ich mit dem Kopf begonnen. Dann bestimmt ihr mithilfe der Kopflänge die Gesamtgröße.

Die Körpermitte bestimmen, den Torso einzeichnen, das kennt ihr nun schon. Da die Figur leicht tanzend wirken soll, habe ich den Torso nach hinten gebogen **(orangefarbene Linie)**.

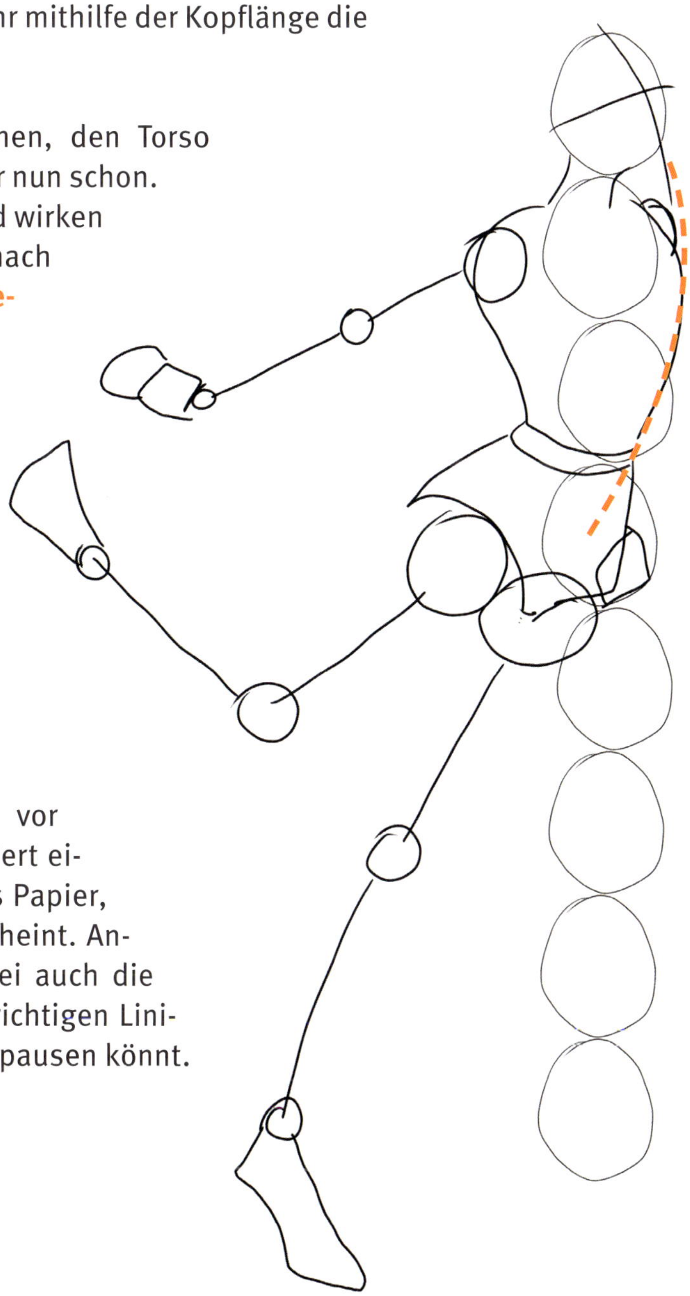

Der Standfuß musste nun so zurückgesetzt werden, dass die Figur tänzelnd wirkt, aber nicht gleich umfällt. Dies erfordert eine gewisse Spielerei am Anfang.

Tipp: Habt keine Scheu vor dem Ausprobieren! Skizziert einerseits auf ein einfaches Papier, das nicht zu wertvoll erscheint. Andererseits hilft euch dabei auch die Gewissheit, dass ihr die richtigen Linien am Ende einfach durchpausen könnt.

Nachdem ich wieder alles grob angelegt habe und weiß, dass die Proportionen passen, kann ich der Figur gleich die Außenlinien verpassen. Wenn man noch zu unsicher ist, kann man natürlich noch Vorlinien zeichnen, bevor man die richtigen Außenlinien skizziert.

Nicht vergessen: Keine Linie am menschlichen Körper ist gerade! Dementsprechend sollte man besonders darauf achten, die Linien richtig zu runden und ihnen einen leichten Schwung zu geben.

TIPP: Wenn eine Figur einmal trotz mehrerer Versuche nicht gelingt, gebt nicht auf. Legt die Zeichnung für ein paar Stunden auf die Seite, lenkt euch ab und versucht es später noch einmal.

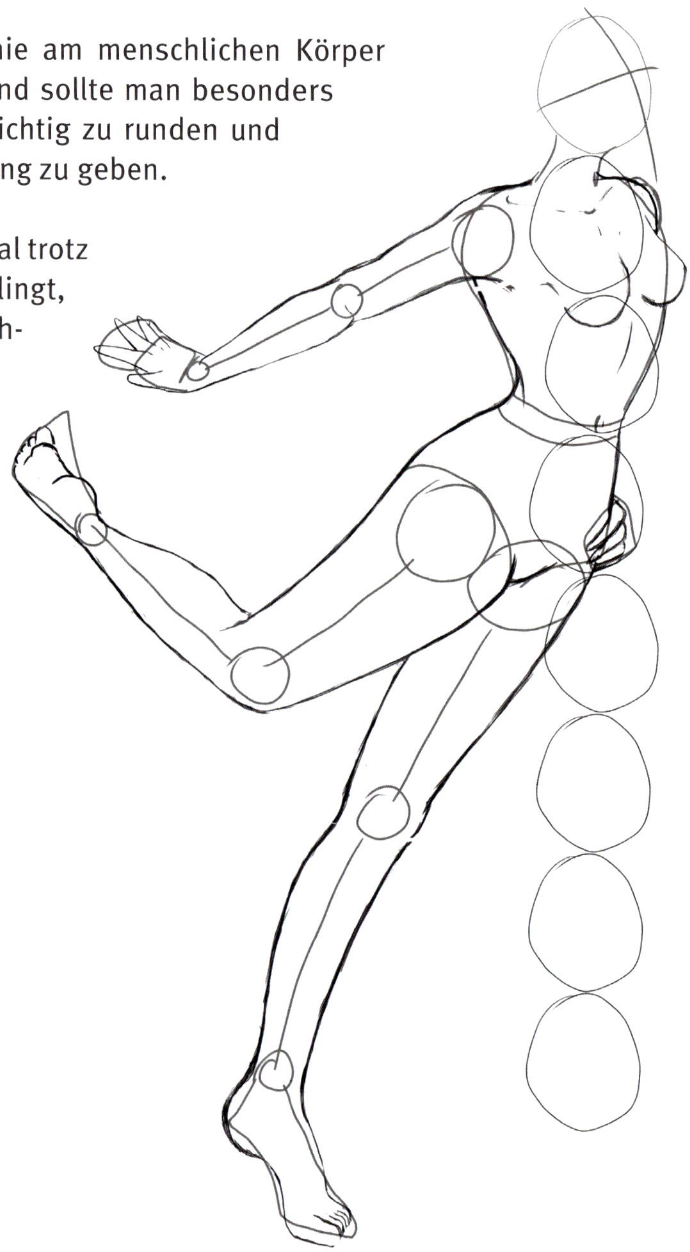

Bei unserer Tänzerin entstehen nun das Gesicht sowie die Haare. Dann ist es an der Zeit, die Hilfslinien wegzuradieren. Einfacher ist es natürlich, wenn ich bis auf die Außenlinie alles in Hellblau gezeichnet habe und die Hauptlinien nun mit einem Bleistift nachzeichne. So stechen nur diese heraus, und ich kann meine Zeichnung gleich ankleiden.

Je nach Vorliebe und zeichnerischer Sicherheit kann man die Figur entweder gleich auf der Skizze ankleiden oder man legt die Skizze auf einen Leuchttisch und zeichnet die Figur inklusive der Kleidung auf ein neues Blatt.

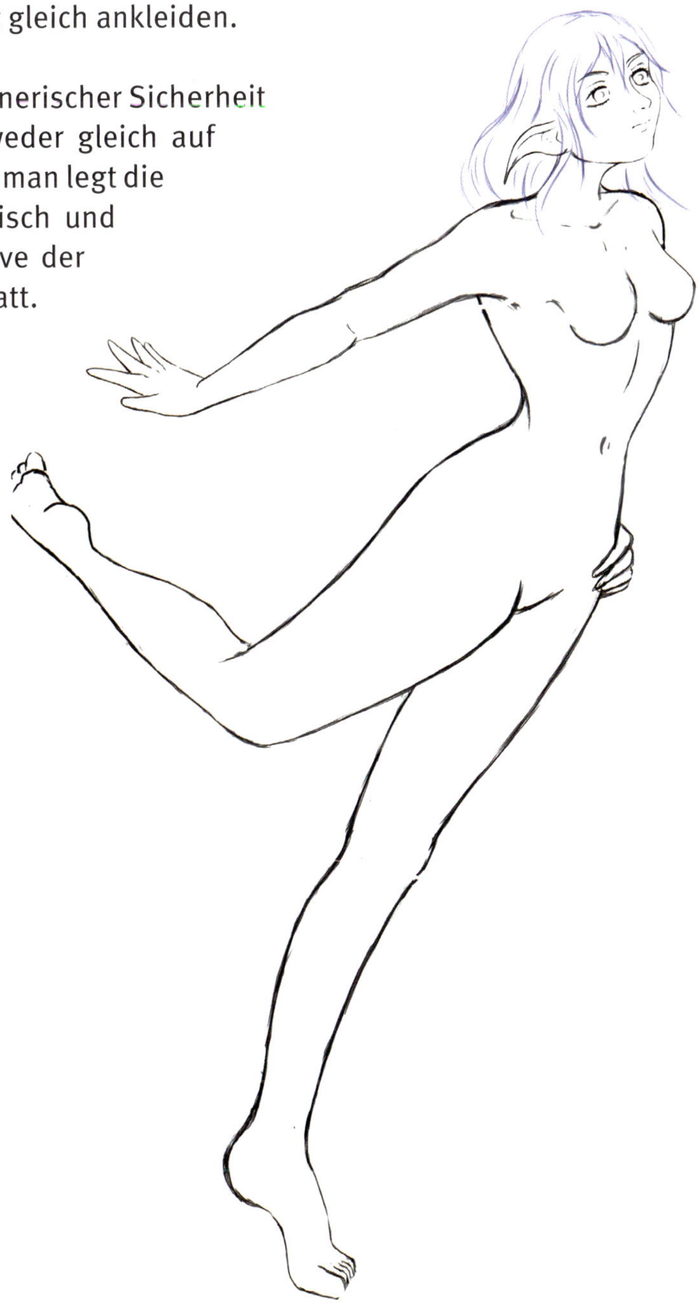

VARIANTE: SCHWEBENDE TÄNZERIN

Auch solch eine schwebende Tänzerin kann man ganz einfach mithilfe von proportionierten Hilfslinien (nach 1 + 7-Schema) zeichnen.

Ich beginne wieder mit dem Kopf. Dann lege ich eine Mittellinie (für den Schwung des Oberkörpers) mithilfe der **orangefarbenen Linie** fest. Der gesamte Oberkörper erhält 3 Kopflängen. Dann muss ich um die Mittellinie nur noch den Torso einzeichnen. Torso und Hüfte verändern sich in dieser gewählten Biegung nur wenig; der ausschlaggebende Punkt ist die Taille, die beide Körperteile beweglich (nichts sonst ist flexibel, man kann es nicht häufig genug wiederholen) miteinander verbindet.

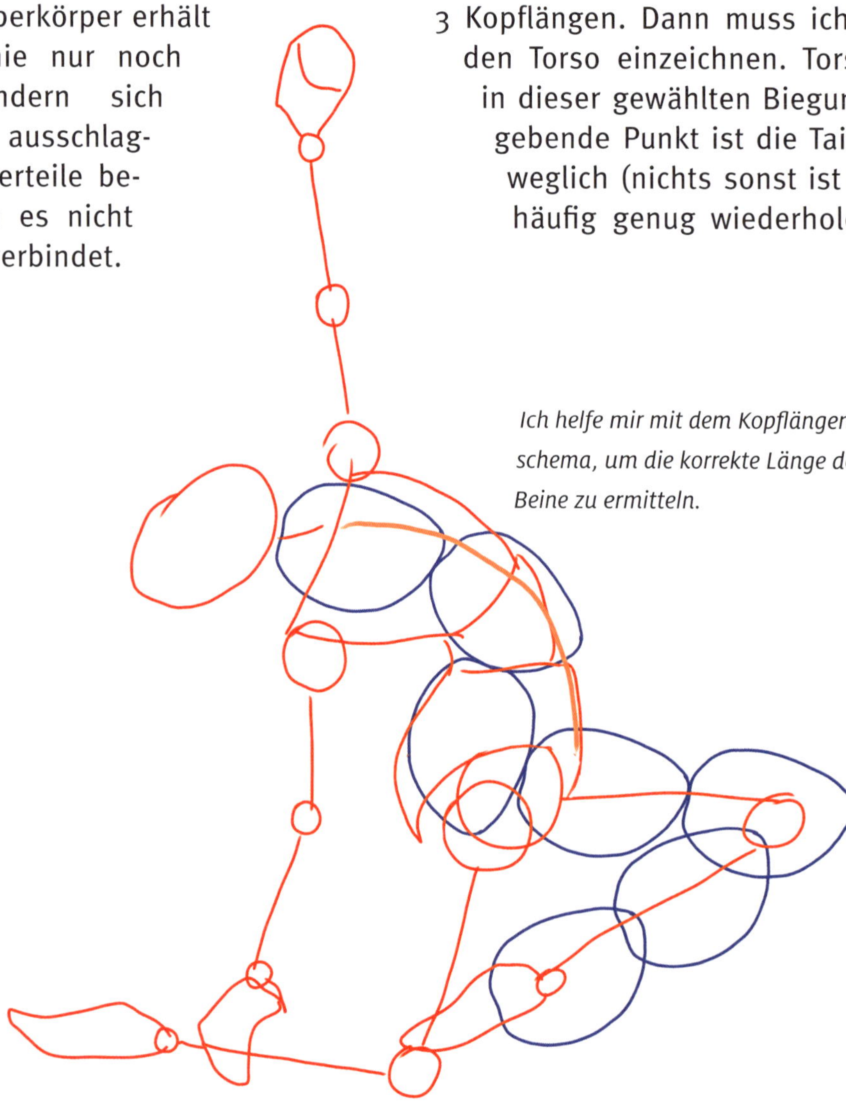

Ich helfe mir mit dem Kopflängenschema, um die korrekte Länge der Beine zu ermitteln.

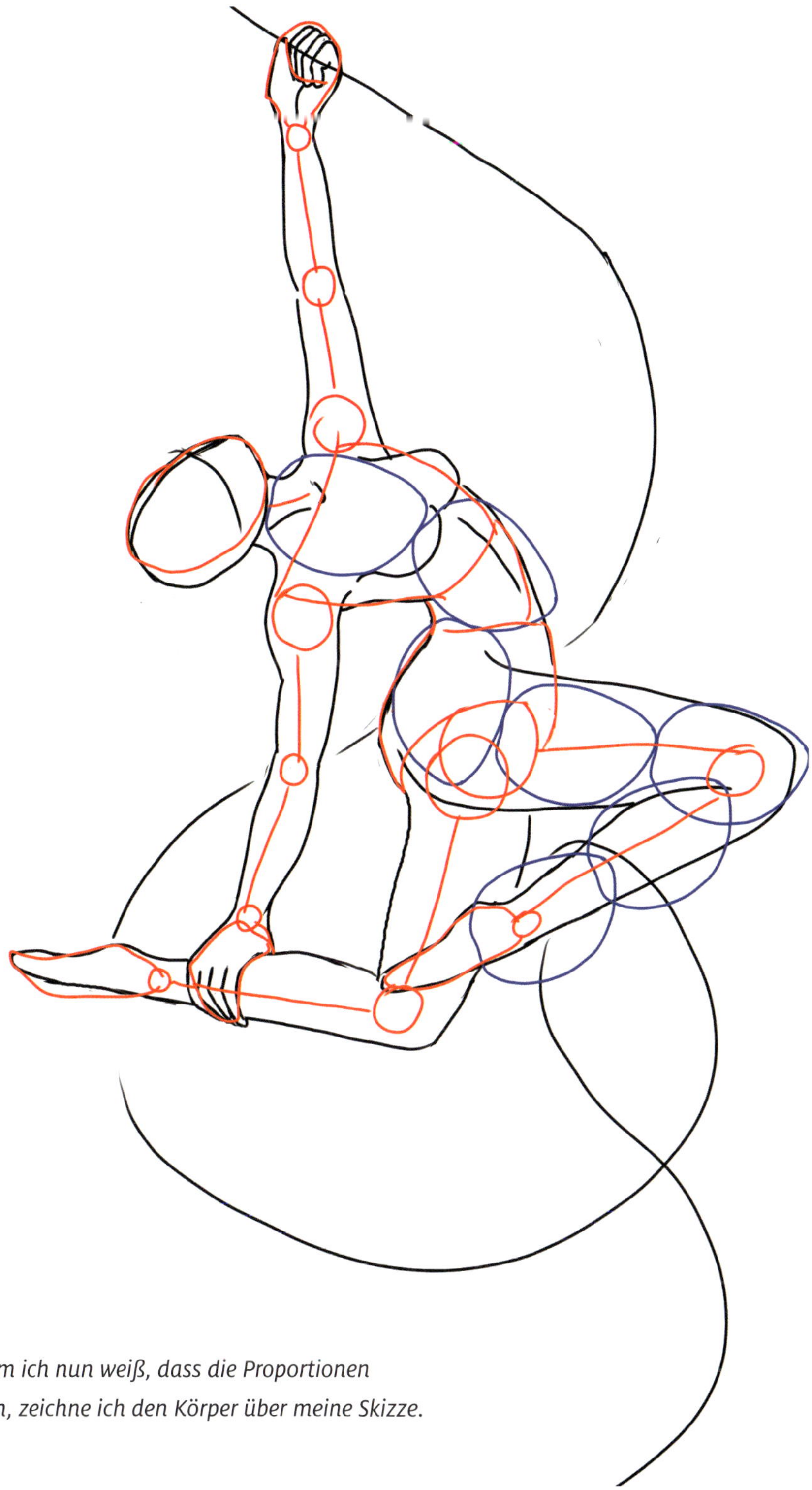

Nachdem ich nun weiß, dass die Proportionen stimmen, zeichne ich den Körper über meine Skizze.

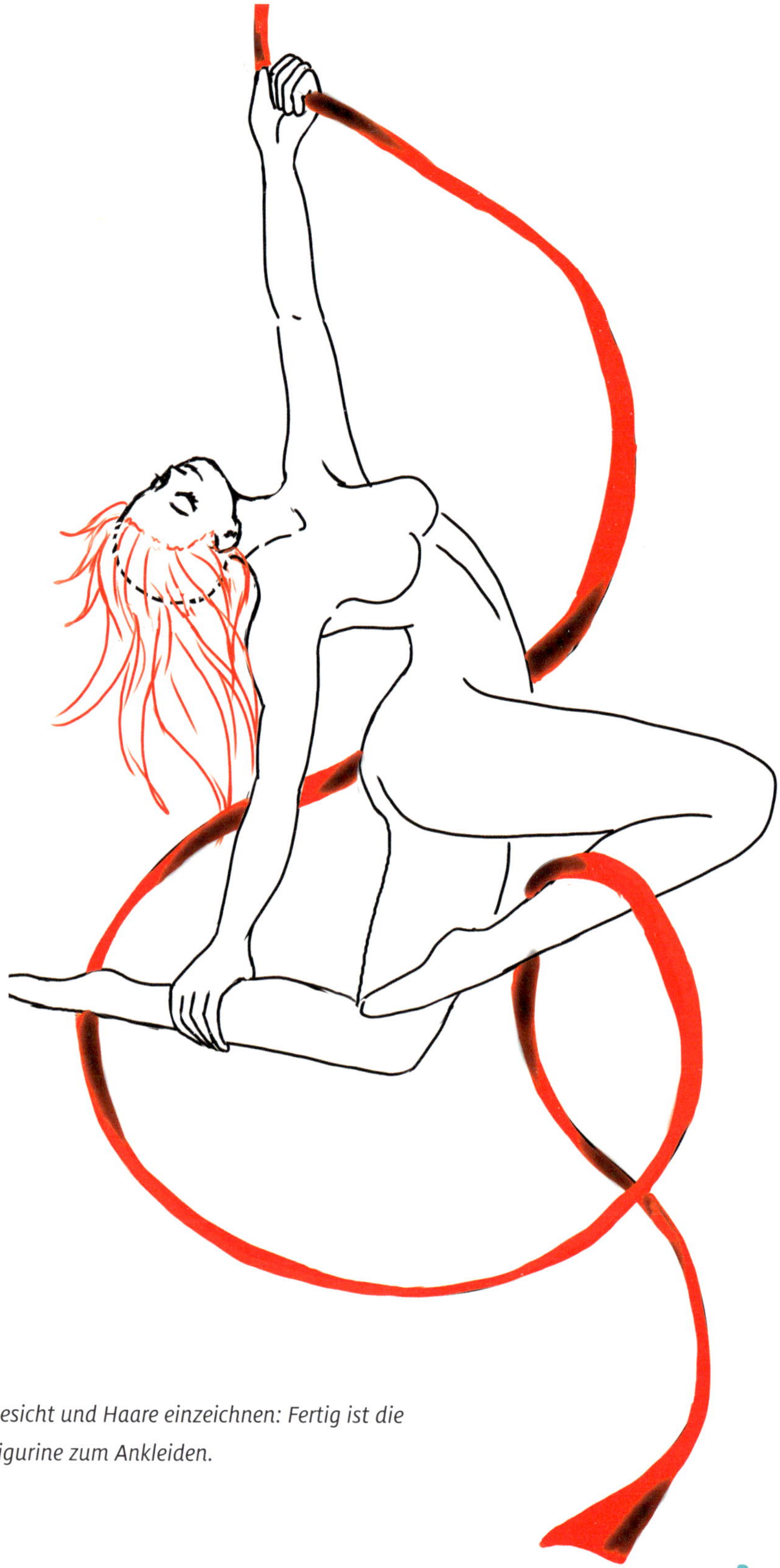

Gesicht und Haare einzeichnen: Fertig ist die Figurine zum Ankleiden.

VOM FOTO ZUR SKIZZE

Ich selbst habe damals mit einer Barbie®-Puppe angefangen, die ich als Modell vor mich hingesetzt und abgezeichnet habe. Die Holzpuppen, die man aus dem Künstlerbedarf kennt, haben mich schnell enttäuscht, da sie nur sehr eingeschränkt verwendbar sind.

Ich habe mir auch sehr viele Posen über Bücher und Kataloge angeeignet. Diese Referenzmaterialien sind super zum Üben und zum Drauflosзeichnen. Doch jedes Mal, wenn ich eine bestimmte Pose für mein geplantes Bild brauchte, fand ich auch nach stundenlangem Suchen nicht die richtige in meinem Posen-Fundus. Also musste ich entweder improvisieren und ein paar Posen miteinander kombinieren oder ich griff auf meine Puppen zurück. Tatsächlich finde ich persönlich das einfacher, das muss aber jeder für sich herausfinden.

Eine große Erleichterung war es, als die Figurinen von S. H. Figuarts® (Body-kun/Body-chan) herauskamen. Sie sind zwar eher teuer, aber so beweglich wie noch keine andere Puppe und somit vielseitiger einsetzbar als Barbie® und »Holzköpfchen«, die man teilweise stützen muss, damit sie in den Positionen bleiben.

In diesem Kapitel zeige ich euch nun, wie man die Puppen verwendet und in diesem Fall vom Foto zur Skizze arbeitet. Wenn man geübter ist, braucht man keine Fotos von den Puppen, sondern kann die Posen der Figuren einfach direkt auf das Blatt übertragen. Aber es ist auch nicht ehrenrührig, mithilfe eines Fotos zu starten. Ihr zeichnet es ja nicht 1:1 ab, sondern verwendet es nur als Referenz, die euch unterstützt.

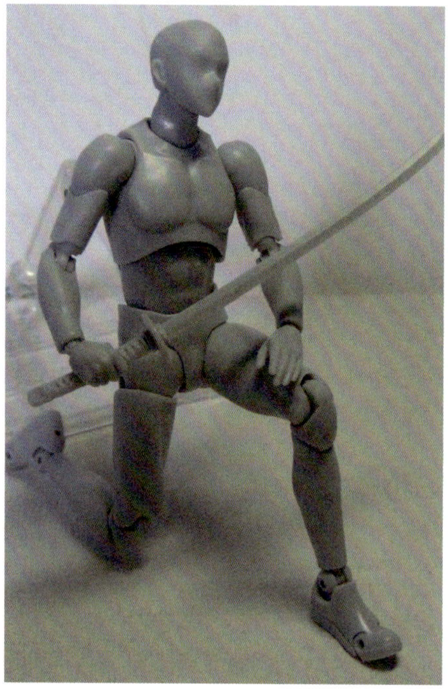

Abb. 1

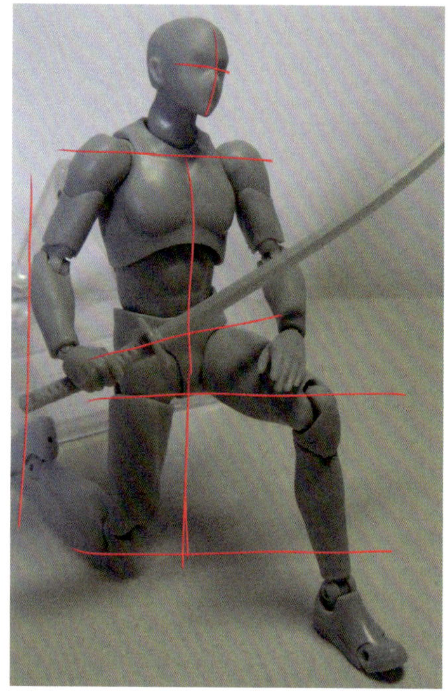

Abb. 2

Abb. 1 Hier habe ich ein Foto von meiner Figur gemacht. Wie geht es nun weiter? Ich drucke das Foto aus und zeichne die wichtigsten Hilfslinien und Schnittpunkte auf meinem Ausdruck ein. Wenn ich mir das Foto nur am Handy ansehen kann, notiere ich mir alles Wichtige auf einem Blatt.
Abb. 2 Ich erkenne als Erstes, dass der Torso nicht frontal zu mir zeigt, sondern leicht verdreht ist. Dementsprechend positioniere ich die Mittellinie. Da der Torso keine Verkürzung aufweist, weiß ich nun, dass mein erlerntes Kopflängenschema zur Anwendung kommt und der Oberkörper mit Hüfte aus drei Kopflängen besteht. Dann schaue ich mir die Hilfslinie der Schultern und die Hüftdiagonale genauer an: Beide eingezeichneten Hilfslinien laufen in der Verlängerung leicht aufeinander zu. Nun vermerke ich noch einige Hilfslinien, die für die Beine wichtig werden. Das kniende rechte Bein zeigt keine Verkürzung, deshalb passen in den Oberschenkel 2 Kopflängen, wie nach Schema. Ich ziehe von diesem Knie, das auch die Bodenhaftung markiert, eine horizontale Linie zum anderen Bein. Um die Position des Knies vom aufgestellten Bein zu ermitteln, ziehe ich unter dem Oberschenkelgelenk eine Parallele nach rechts. Diese Linie führt oberhalb des linken Knies entlang.

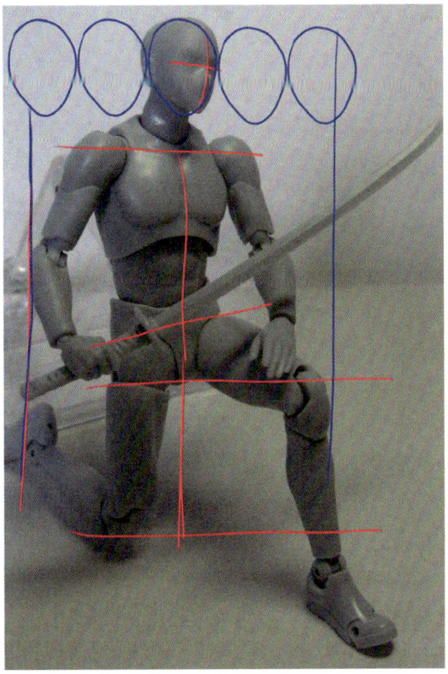

Abb. 3

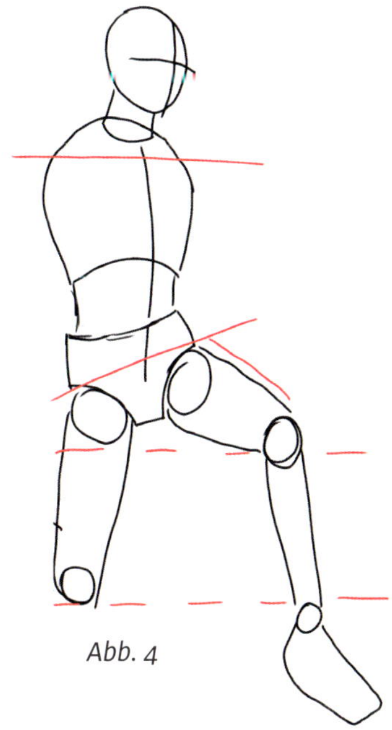

Abb. 4

Abb. 3 Abschließend sehe ich mir die Gesamtbreite der Figur an. Mithilfe meines Kopfmaßes kann ich mir Hilfslinien ziehen. Diese Vorüberlegungen sind sinnvoll vor dem eigentlichen Skizzieren, damit ich die Pose besser verstehe.

Abb. 4 Ich zeichne zunächst den Kopf. Nach dem Körperschema (Seite 46) beinhaltet der Torso 3 Kopflängen, also zeichne ich auf der entsprechenden Höhe einen kleinen Querstrich. Der Torso steht schräg zu mir als Betrachterin, deshalb zeichne ich mir jetzt die Mittellinie ein (die aufgrund der Perspektive eben nicht in der Mitte des Torsos sitzt). Ich weiß nun, dass die eine Seite mindestens 1 Kopfbreite einnimmt, während die mir abgewandte Seite von der Mittellinie aus nur einen ½ Kopf breit ist. Mit diesem Wissen zeichne ich Torso und Hüfte. Danach kommen Schulter- und Hüftlinien.

Abb. 5 Beim Zeichnen der Hüfte achte ich darauf, dass wirklich beide Seiten genau auf meiner schrägen Linie an der Hüfte liegen. Denn nur die Taille ist das bewegliche Zwischenstück.

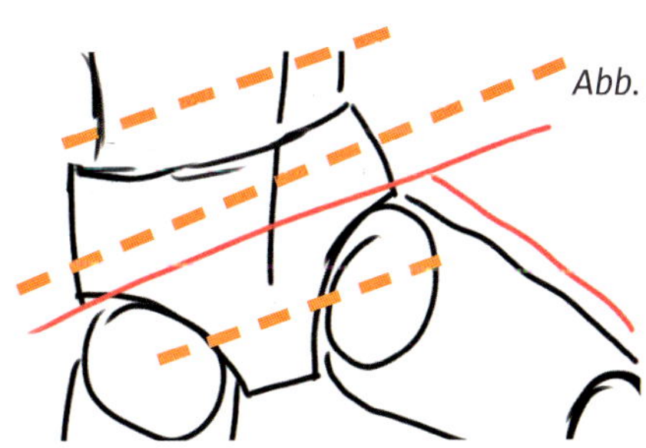

Abb. 5

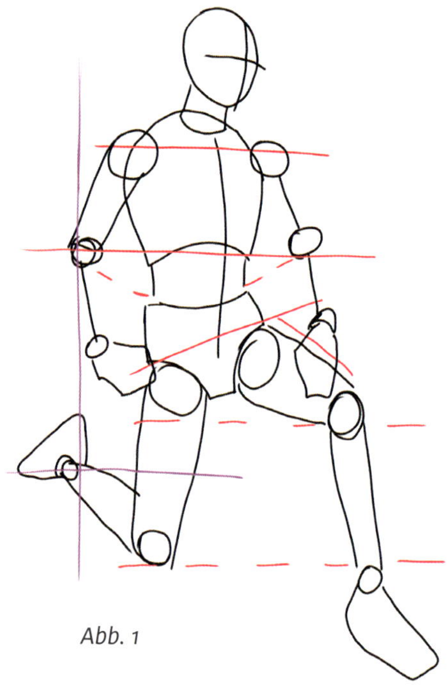

Abb. 1

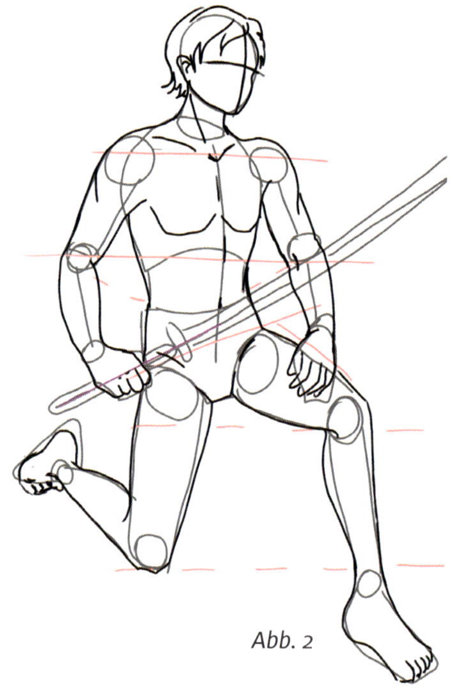

Abb. 2

Abb. 1 Da das eine Bein stärker verkürzt ist, ist es in diesem Fall leichter, mit den Armen zu beginnen. Durch diese kann ich dann mithilfe von Hilfslinien leichter die Position der Beine festlegen.
Da ich auf meiner Vorlage erkenne, dass sich die Arme durch eine Verkürzung in Höhe des Rippenbogens befinden, ziehe ich hier meine Hilfsline.
Wenn ich eine Senkrechte vom rechten Ellenbogen der Figur bis auf den Boden ziehe, kann ich so eine Hilfslinie für die Position meines rechten Knochen definieren.
Durch das Wissen, dass zwei Köpfe in den rechten Oberschenkel passen, kann ich diesen einzeichnen. Auf der Hälfte des Oberschenkels ziehe ich eine **Waagrechte,** um die Position des rechten Knöchels zu platzieren.
Für die Arme wird die Schulterkugel auf den Torso gelegt, teils darauf teils darüber. Die Höhe der Ellbogen ist bekannt, jetzt erkenne ich, dass der linke und der rechte Ellbogen denselben Abstand zum Torso haben. So kann ich leicht die Position ermitteln.Für die Handgelenke orientiere ich mich an der Hüfte. Die Fußgelenkskugel des knienden Beines liegt auf der Höhe der Mitte des Oberschenkels desselben Beines. Somit ziehe ich hier gleich eine Hilfslinie inklusive Kugel für das Gelenk.

Abb. 2 Nun heißt es nur noch, zwischen den eingezeichneten Kugeln die Kurven des Körpers einzuzeichnen, wie Oberarme und Unterarme. Nachdem das gemacht ist, beginne ich damit, die Außenlinien zu verbessern und auszuarbeiten.

Nachdem ich die Hilfslinien wegradiert habe und nur noch die vom Schwert stehen geblieben sind, zeichne ich dieses genauer ein. Es ist wichtig, dass das Schwert, bevor es in seine Biegung geht, ganz gerade ist und dass auch der Griff mit der Schneide zusammenpasst. Das Tsuba (Stichblatt) muss im rechten Winkel zur Mitte des Schwertes stehen. Am leichtesten ist es, wenn man sich hier eine **Kreuzhilfslinie** vorzeichnet. So kann nichts schiefgehen.

So sieht meine Skizze vom Foto aus, nun kann ich die Figur ankleiden und in eine Szene setzen.

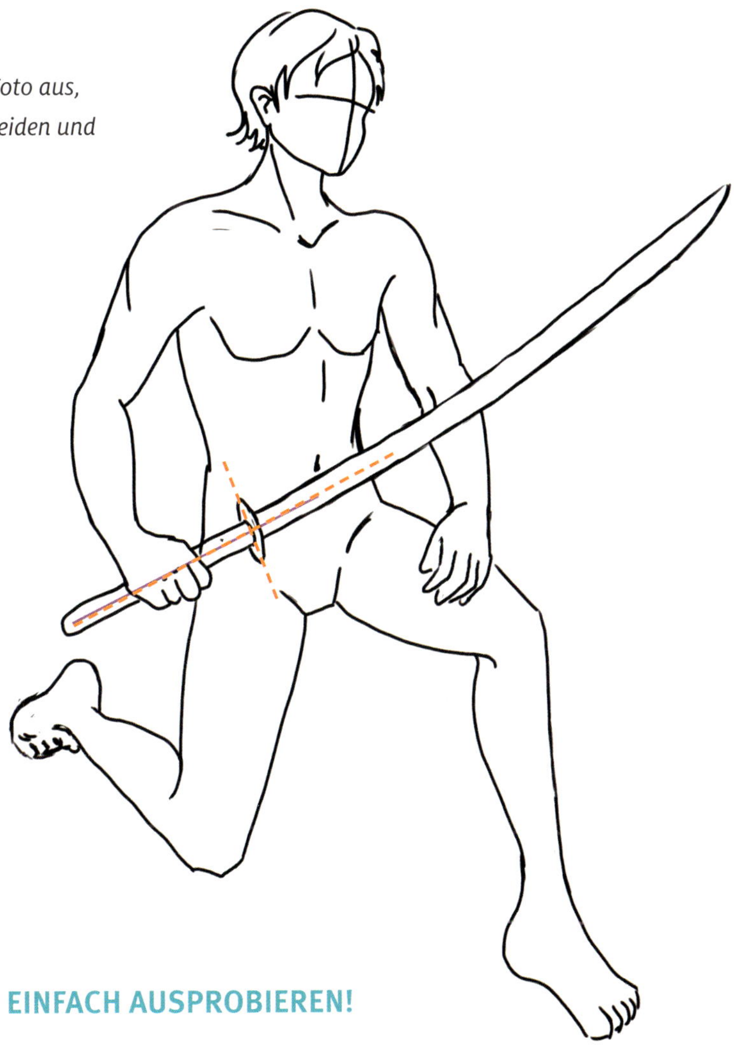

JETZT SEID IHR DRAN – EINFACH AUSPROBIEREN!

FOTOS ZUM ÜBEN

Beginnen wir mit etwas Einfachem. Damit ihr die Figur hinterher noch mal prüfen könnt, sind die ersten Fotos hier in doppelter Ausführung abgedruckt. Und die Figurinen sind freigestellt, sodass kein Hintergrund stört. Zeichnet die Hilfslinien ruhig direkt ein. Seht euch alles genau an, wie neigt sich der Kopf, wo ist die Mittellinie ...

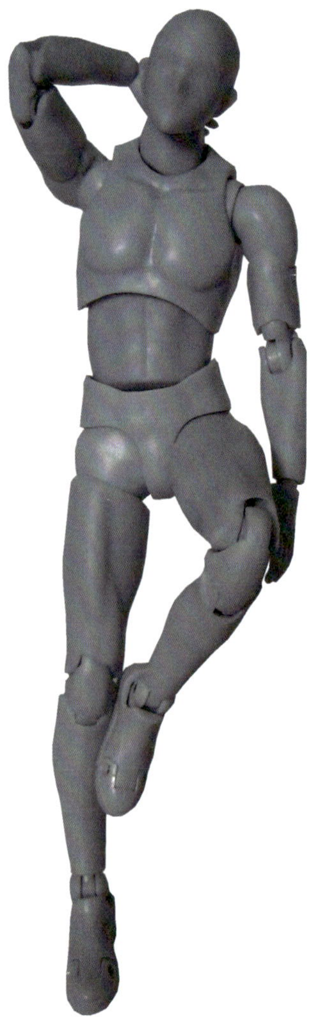

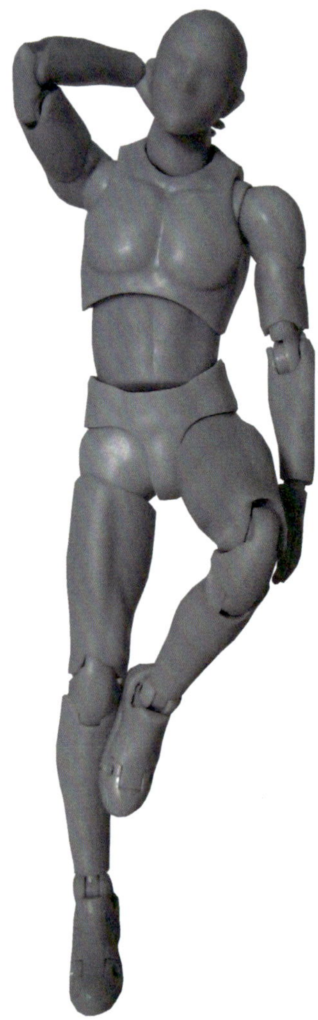

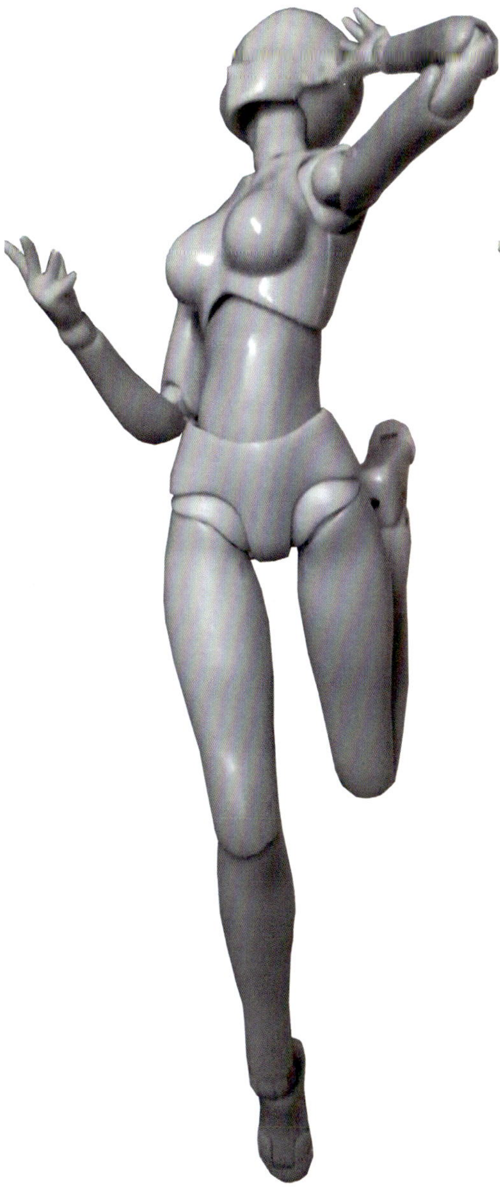

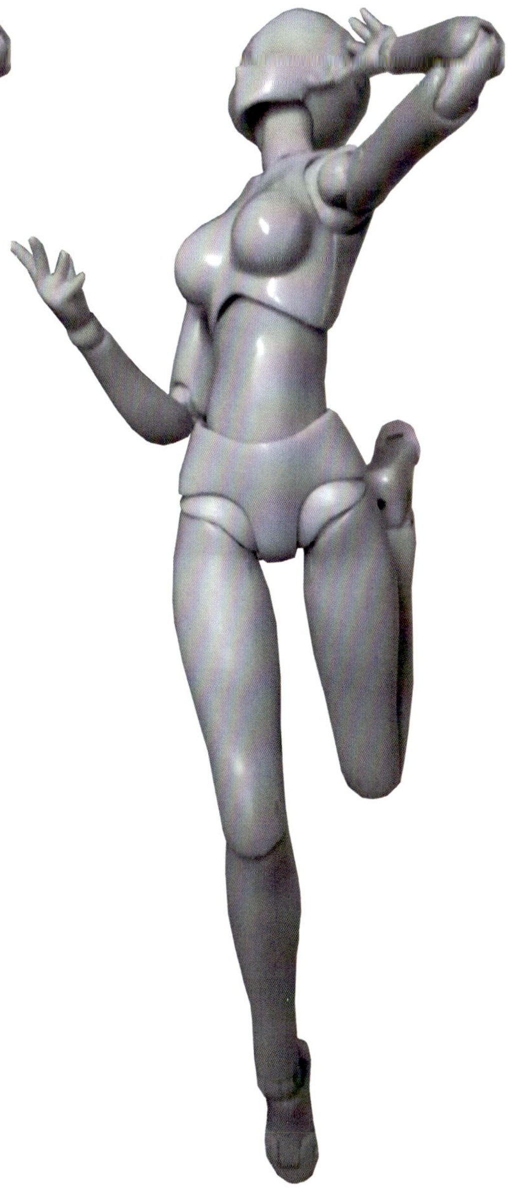

Hier schon die ersten Verkürzungen. Das ist nicht mehr ganz so leicht, die Verkürzung vom Bein stellt jeden am Anfang vor eine schwere Prüfung. **Tipps:** *Nicht aufgeben, immer wieder das Foto ansehen und das Nachzeichnen versuchen.*

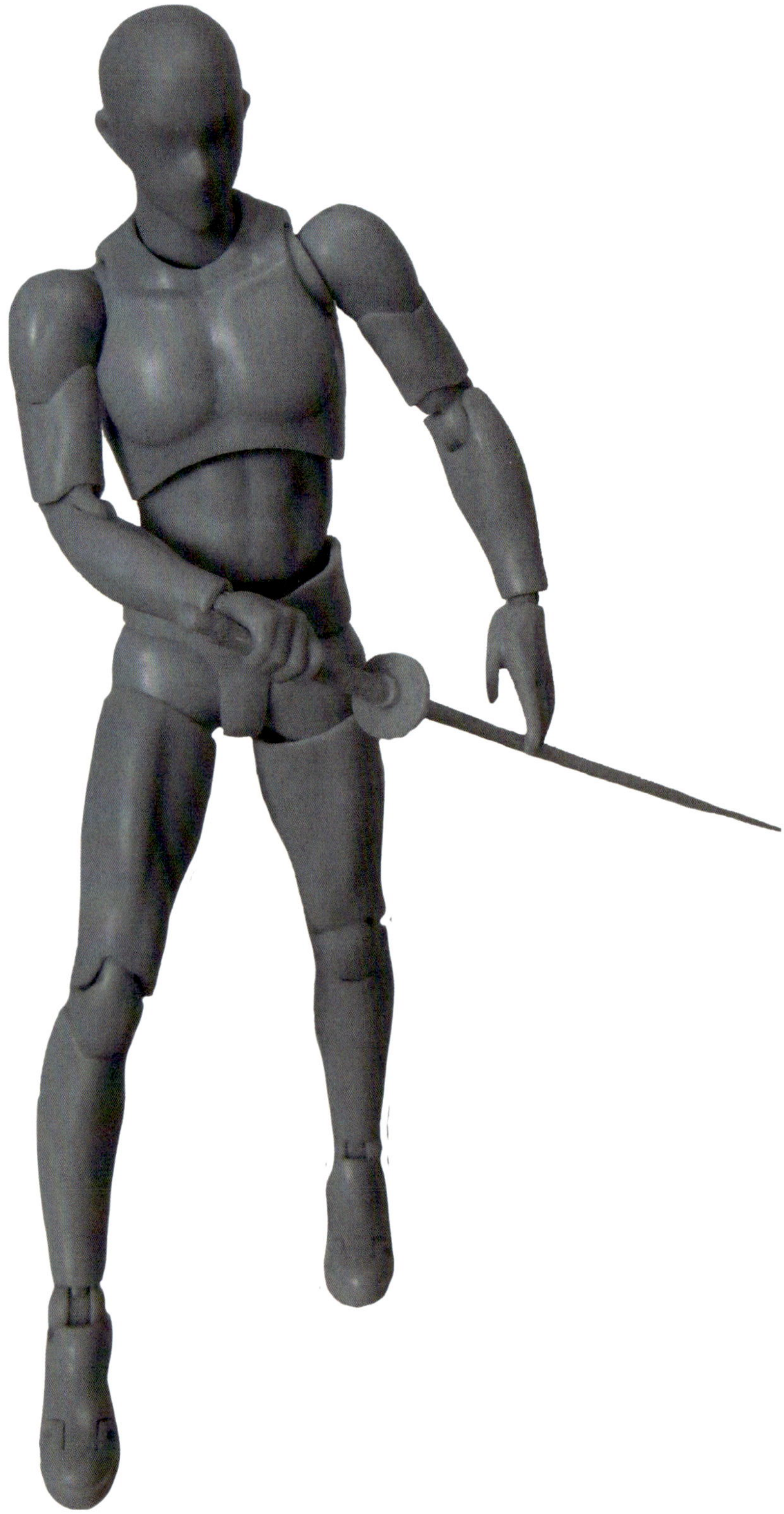

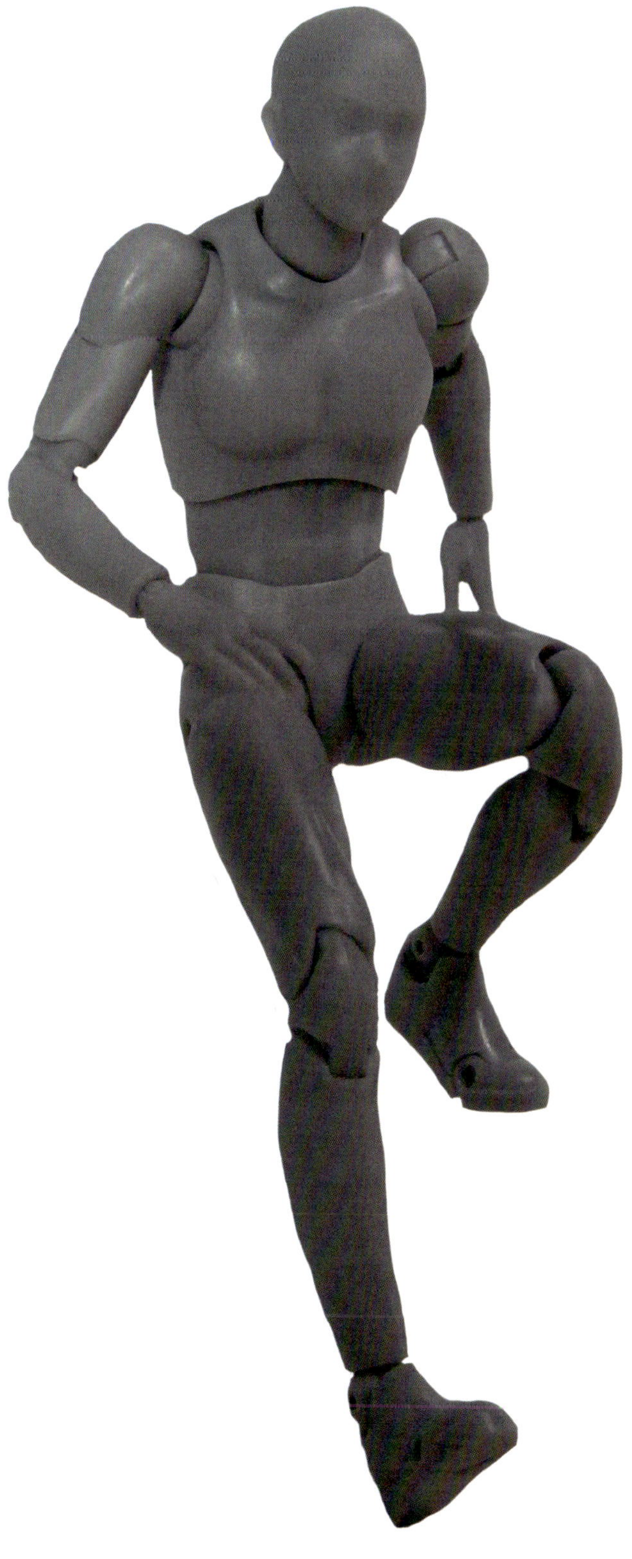

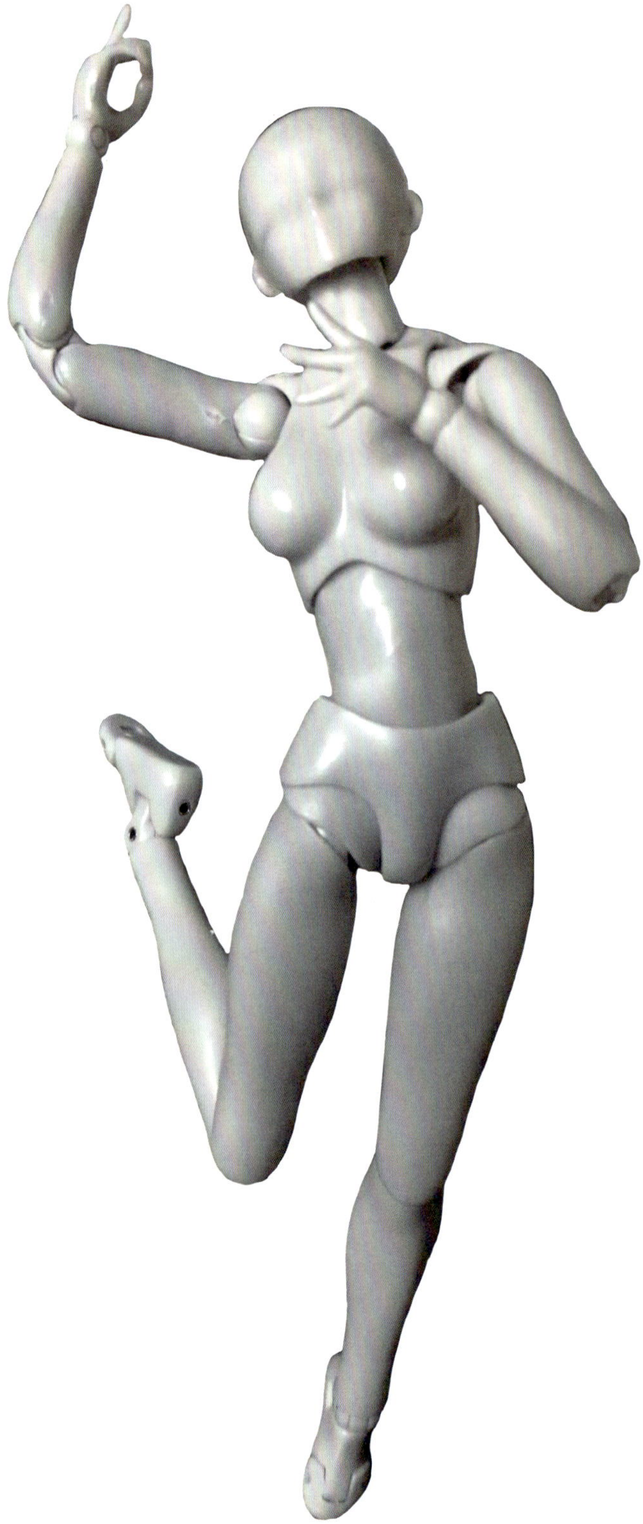

Was, das war euch alles zu leicht? Dann haben wir hier eine Komposition, die euch auf die Probe stellt. Sobald zwei Personen miteinander interagieren, erhöht sich der Schwierigkeitsgrad massiv. Natürlich braucht man für solche Skizzen dann schnell mal die doppelte Zeit, also geht mit Geduld an die Sache heran. Ich empfehle, zuerst eine Figur zu zeichnen und dann die zweite dazuzusetzen. Leichter ist es natürlich, in den folgenden beiden Fotos mit den Männern zu beginnen, da diese wortwörtlich eine tragende Rolle haben und dadurch auch aufrechter stehen.

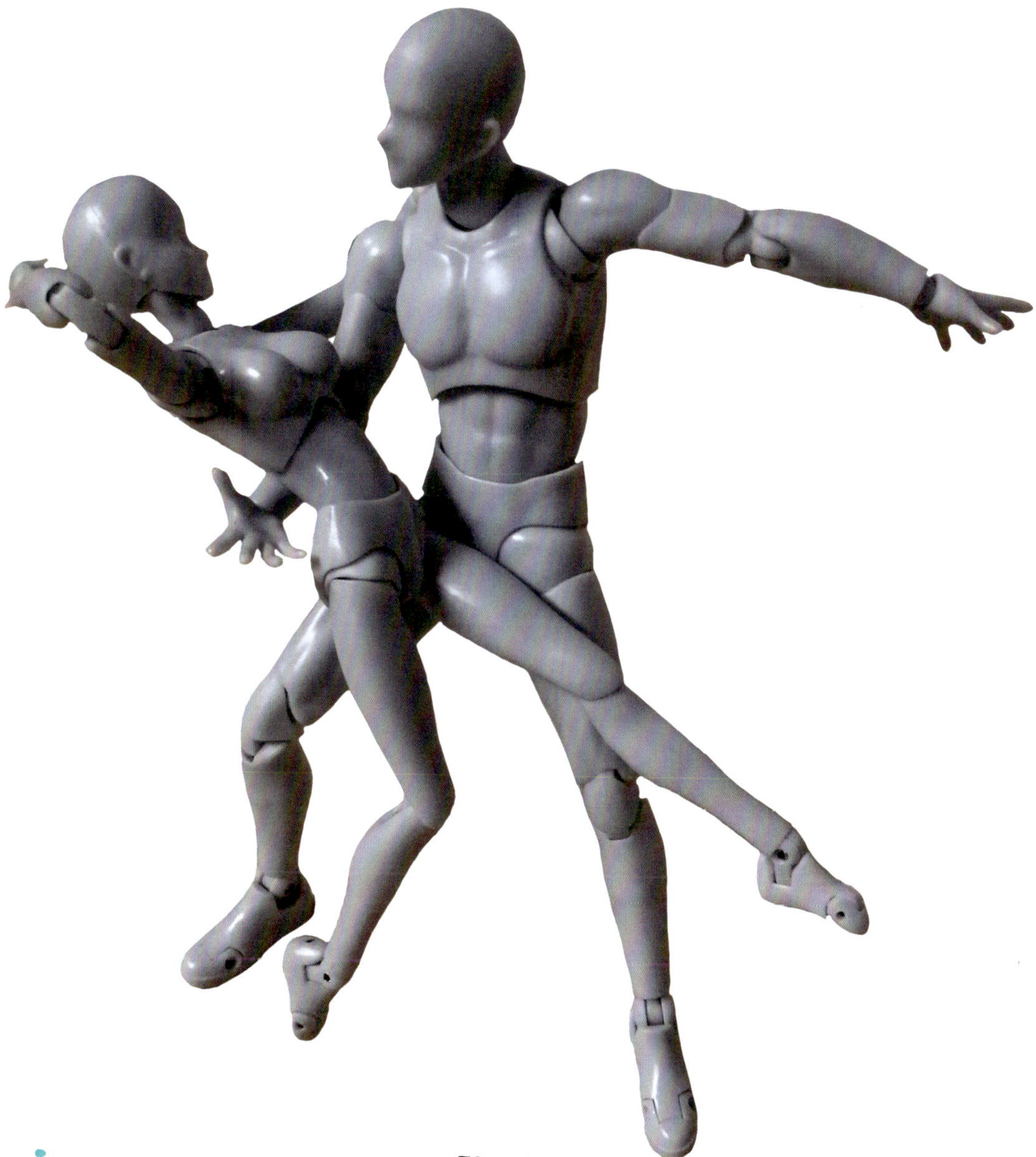

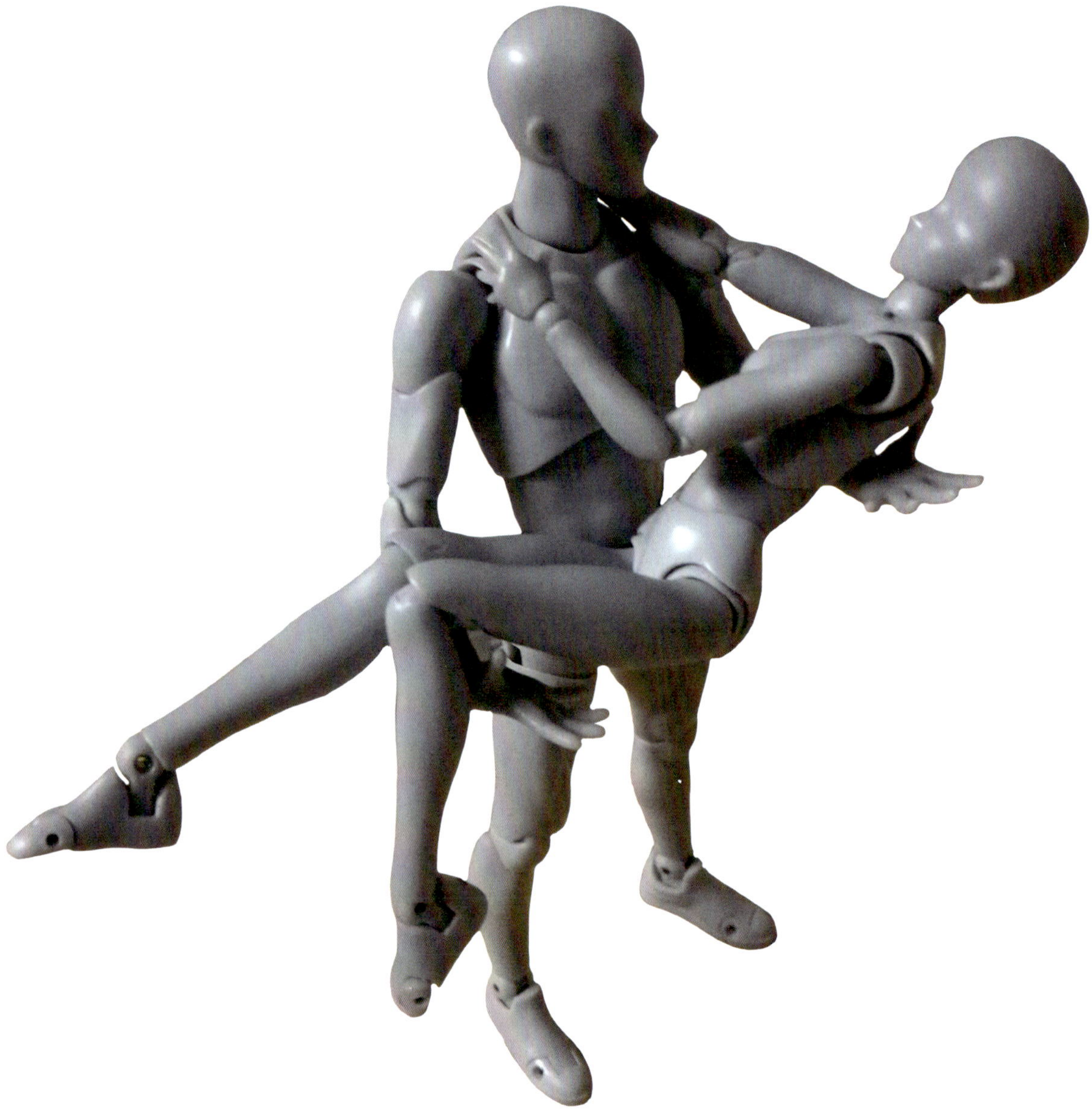

DIE KLEIDUNG

Jetzt werden viele sicher denken: »Na endlich geht's um Klamotten!« Kleine Warnung: Auch das Zeichnen von Kleidung braucht sehr viel Fantasie und Zeit. Modezeitschriften bringen häufig gute Ideen. Sich einfach in ein Café zu setzen und die vorbeiflanierenden Leute anzuschauen kann auch inspirieren. Allerdings zeichnet man im Manga eher selten alltagstaugliche Kleidung für seinen Charakter. Man könnte aber damit beginnen und diese dann verändern.

Häufig überfordert man sich damit, ein aufregendes Gewand entwickeln zu wollen, und scheitert dadurch schon beim ersten Strich. Es ist aber überhaupt nicht wichtig, die gesamte Kleidung von Anfang an detailliert vor sich zu sehen, im Gegenteil! Beginnt mit einem T-Shirt, das dann mit Mustern und Details verziert wird.

Was soll ich meinem Charakter also anziehen? Ich würde mir als Erstes überlegen, was die Besonderheiten dieses Charakters sind. Handelt es sich bei ihm um einen Krieger oder Magier oder um ein Mädel am Strand? Die Kleidung muss natürlich den Charakter widerspiegeln. Dadurch wird mir schnell klar, ob die Figur lieber ein Kleid oder eine Hose mit T-Shirt anhat. (Dabei hilft es natürlich sehr, wenn ihr schon ein Charaktersheet, wie auf Seite 101 erklärt, entwickelt habt). Als Nächstes überlege ich mir, aus welchem Stoff die Kleidung sein soll. Eher dicker Walkstoff, gar Leder oder eher dünnerer Seidenstoff? Das ist wichtig, damit ich weiß, wie viele Falten in meiner Kleidung sind und wie weich oder hart der Stoff in Bewegung fällt.

Um genau diese Unterschiede ersichtlicher zu gestalten, arbeite ich auf den folgenden Seiten mit derselben bewegten Figurine, die immer andere Kleidung trägt.

TANKTOP UND JEANS

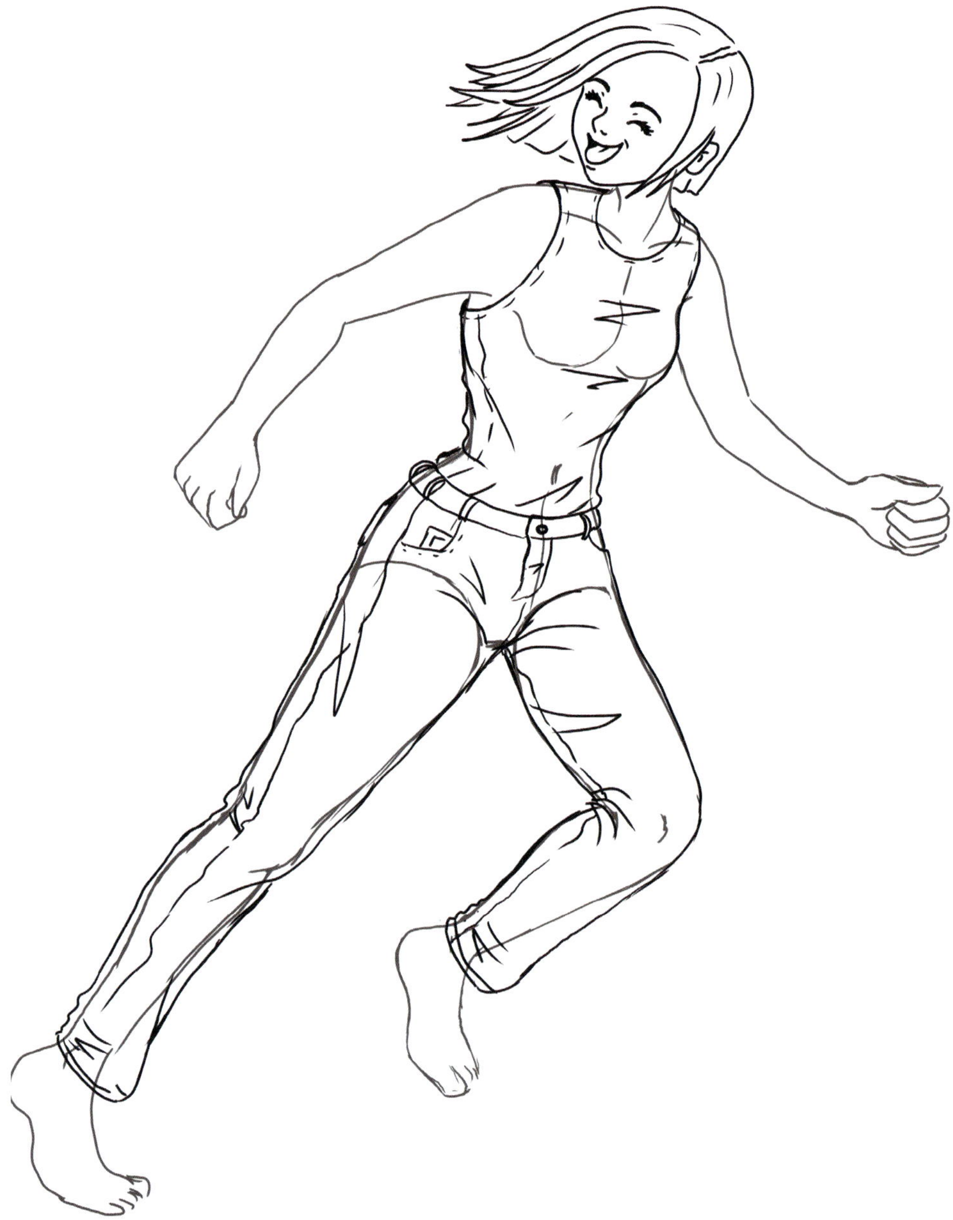

Beginnen wir ganz einfach mit einem Tanktop und einer gerade geschnittenen Jeans. Hier lässt sich schon erkennen, wie wichtig Falten sind. Diese werden oft in V- oder Z-Form dargestellt.

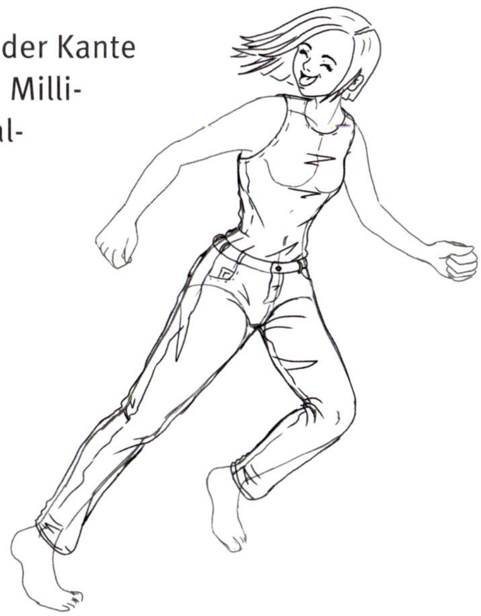

Tipp: Nur wenige Falten beginnen wirklich an der Kante des Stoffes; es wirkt natürlicher, sie ein paar Millimeter neben die Outline zu setzen. Auch Faltenlinien müssen dem Betrachter logisch erscheinen und können nicht einfach irgendwo auftauchen. Überall, wo es eng wird, wo eine Bewegung oder Drehung stattfindet oder wo der Stoff gedehnt wird, entstehen sie.

Aber auch unten, beim Hosenaufschlag, entstehen Falten, da unsere Hosen normalerweise etwas länger sind als unsere Beine. Der Stoff wird durch Fersen oder Schuhe hochgeschoben.

Je mehr Faltenwürfe geübt werden, desto verständlicher wird euch, wie sich der Stoff verhält. Nach einer gewissen Zeit hat man hat man Falten dann so im Gefühl, dass man nicht mehr nachdenken muss.

FALTEN: TATSACHEN UND TRICKS

- Bei Frauen befinden sich Falten ober- und unterhalb der Brust.
- Bei Männern zeichnet man eine lange Falte quer nach unten über die Brust.
- Falten befinden sich in der Seitennaht der Oberteile und der Hose.
- Bei Ärmeln verläuft eine Falte leicht über das Armloch hin zur Brust.
- Kleidung an Ellenbogen und Knien wird immer Falten werfen.
- Das Ende der Ärmel oder das Ende der Hose wirft immer Falten.
- Wenn etwas in den Hosen- oder Rockbund eingesteckt ist, wird das Oberteil Falten zum Bund hin werfen.
- Falten befinden sich auch im Schritt.
- Vergesst nicht solche Falten, die durch eine Drehung ausgelöst werden!

Richtig

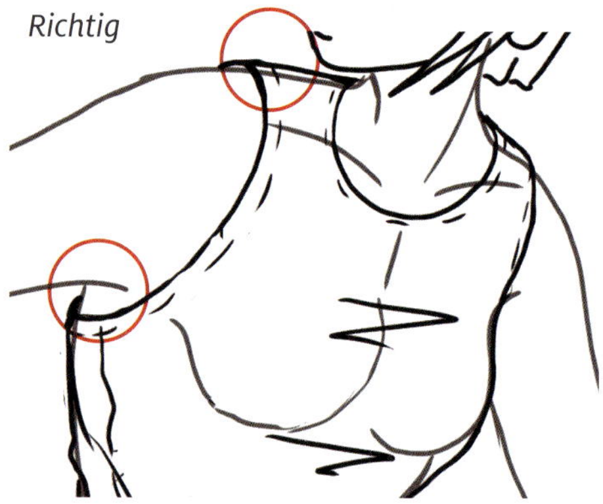

Falsch

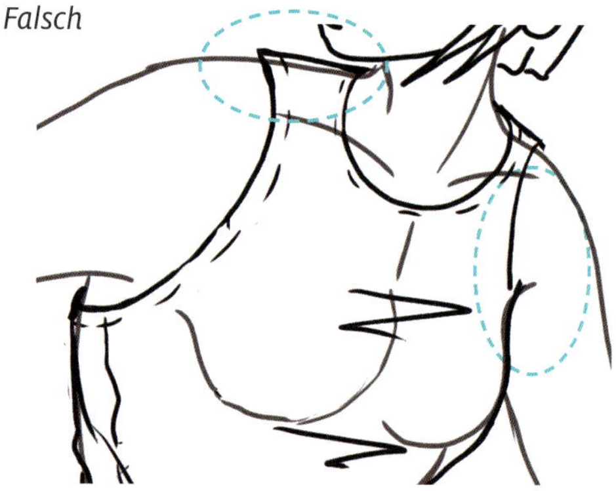

Alles, was ihr eurer Figur anzieht, hat Volumen. Somit schließt der Stoff nicht mit der Haut-Outline ab, sondern wird darüber hinausgehend gezeichnet. In anderen Worten: Zeichnet immer mit Platz zwischen Haut und Stoff. Gleichzeitig wird Kleidung, die hinter den Körper läuft, nach hinten abgerundet **(Schulter)**. So wird dem Gewand optisch ein 3-D-Effekt verliehen.

Im Vergleich zum falschen Bild kann man genau erkennen, wie wichtig es ist, sich auch beim Gewand an die Perspektive zu halten. Außerdem: Da der Torso gedreht ist und ich auf der einen Seite die Achselhöhle gut erkennen kann, muss die gegenüberliegende Achsel auch dieselbe Biegung haben und darf sich nicht gegenläufig biegen **(Achsel)**.

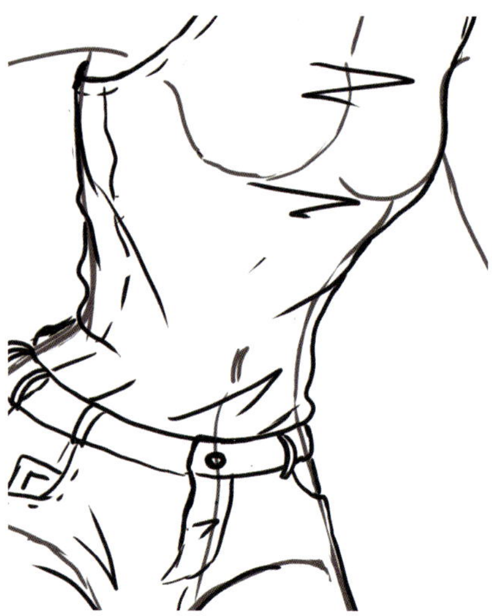

Tipp: Achtet darauf, die Falten nicht zu gleichmäßig zu verteilen!

Hier sieht man sehr gut, wie sich das Tanktop im Rücken nach vorn rafft. Wenn ein Stoff enger anliegt und sich die Figur noch dazu in einer Drehung befindet, entstehen am Drehpunkt mehr Falten. Falten sind immer ungleich lang. Manche beginnen schon bei der Outline, andere sind versetzt eingezeichnet.

Richtig

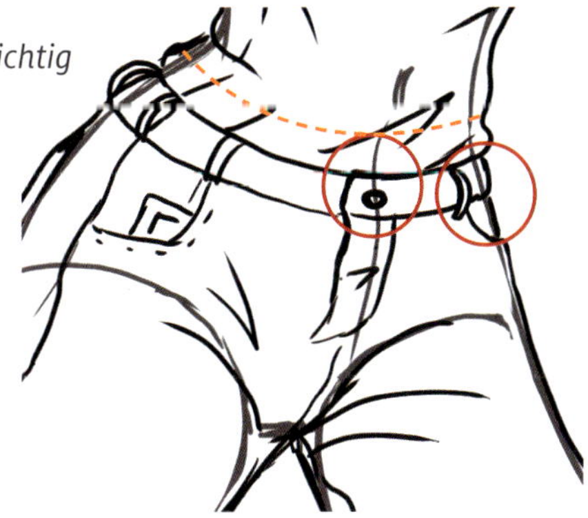

Falsch

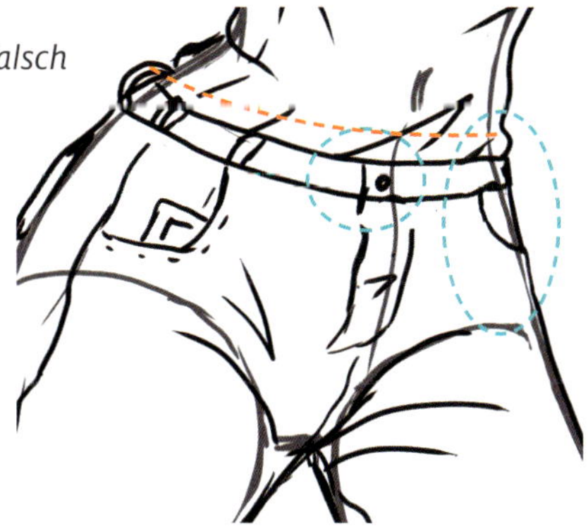

Der Hosenbund muss gerundet dargestellt werden. Bei üblichen Perspektiven wird er immer nach unten gerundet sein, da die Augenlinie des Betrachters höher liegt. Normalerweise blickt der Betrachter die Figur auf Kopfhöhe an. Somit rundet sich alles darunter nach unten **(orangefarbene Linie)**. Da der menschliche Körper keine Geraden hat, zeigt natürlich auch unsere Kleidung keine.

Wenn ihr einer Hose Details, wie eine Seitennaht und Taschen, verleiht, wirkt diese gleich realer. Bei vorderen Taschen, die man bei unserer Figur durch die Drehung nur leicht sieht, liegt der innere Taschenstoff unter der Hose. Deshalb wird hier eine kleine Stufe zum Oberstoff gezeichnet **(rechter roter Kreis)**. Direkt daneben habe ich den Bund, der ein Stück übereinander liegt, gezeichnet. Auch an dieser Stelle wird durch eine leichte Stufe sichtbar, dass hier etwas übereinander liegt.

Die Falten im Schritt laufen natürlich mit unserer Hüfte mit. In diesem Fall sind weniger Falten im Schritt auf der Seite mit dem ausgestreckten Bein. Bei dem angewinkelten Bein beginnt sich der Stoff zu spannen, gleichzeitig muss er sich zusammenschieben, da durch die Bewegung zu viel Stoff vorhanden ist. Somit bilden sich hier einige Falten im Schritt.

Die Seitennaht an der Hose macht alles gleich realistischer. Sie muss aber nicht durchgehend von oben bis unten gezeichnet werden. Hier und da die Nahtlinie fein auslaufen lassen, das macht sie lebendiger.

T-SHIRT UND SHORTS

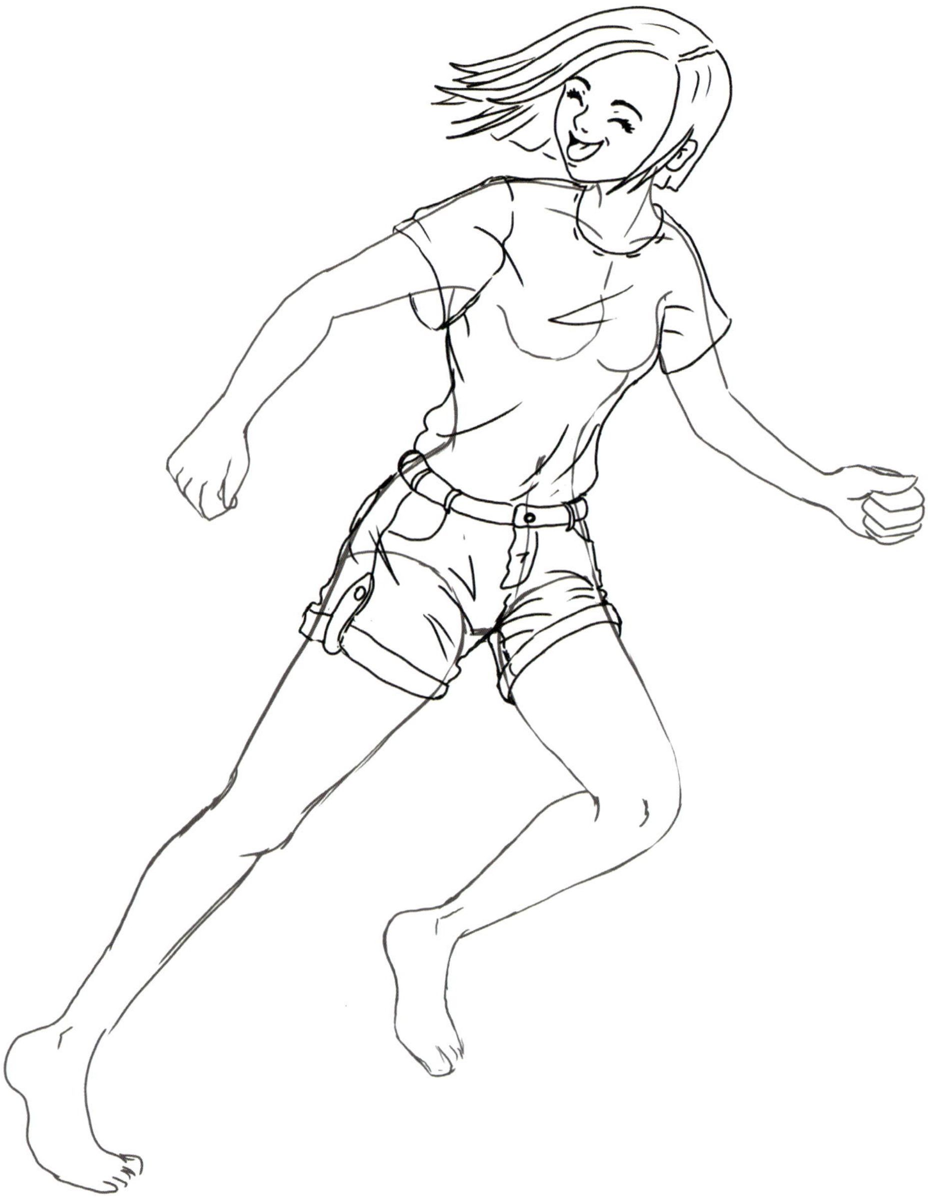

Dieselbe Figurine, mit T-Shirt und kurzer Hose. Das T-Shirt sitzt etwas lockerer, und da die Figur gerade läuft, liegt es in Laufrichtung mehr an, auf der gegenüberliegenden Seite dagegen lockerer **(rote Ovale)**. Auch die Ärmel liegen locker und bewegen sich mit dem Körper mit. Wieder kann ich in einen Ärmel hineinsehen. Hier entsteht auch eine Falte vom Ärmel zur Brust, da sich dort der Stoff spannt. Der andere Ärmel ist teils verdeckt und wird durch die Laufbewegung sanft in die Luft gehoben **(rote Kreise)**.

Die Hose wird genau wie auf voriger Seite beschrieben gezeichnet. Achtung: Das Hosenbein des angewinkelten Beines wird trotz Perspektivenüberlegung von voriger Seite nicht nach unten gewölbt wie im **blauen Oval**. Das Anwinkeln lässt die Hose nach oben rutschen, und die Wölbung nach oben ist somit korrekt.

Beim ausgestreckten Bein, das sich gerade abstößt, verhindert die Patte (Lasche mit Knopf), dass die Hose mit Wölbung nach unten dargestellt werden muss.

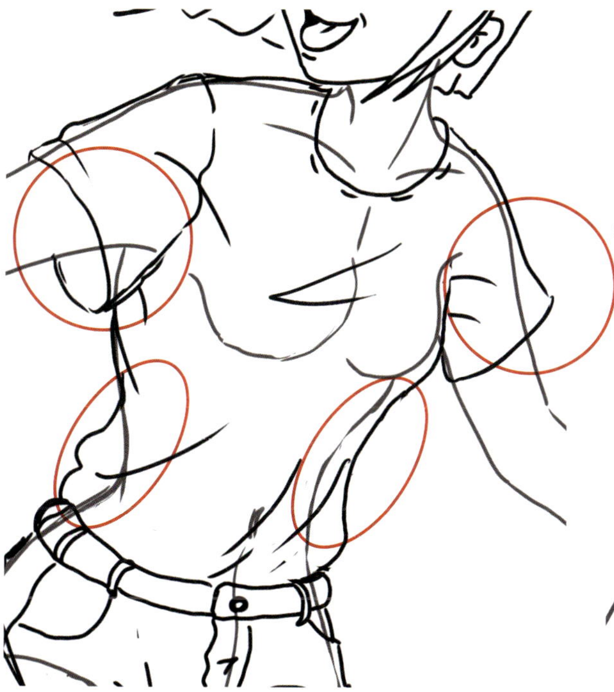

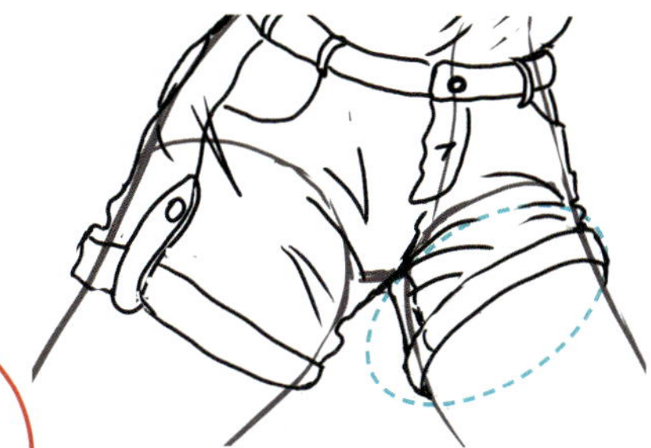

Richtig

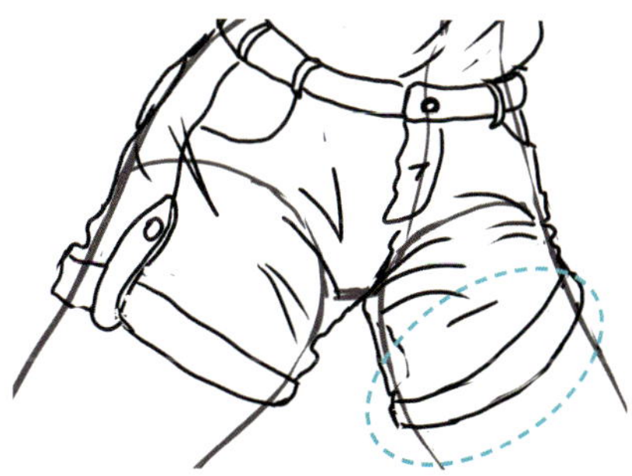

Falsch

BLUSE UND LEGGINGS

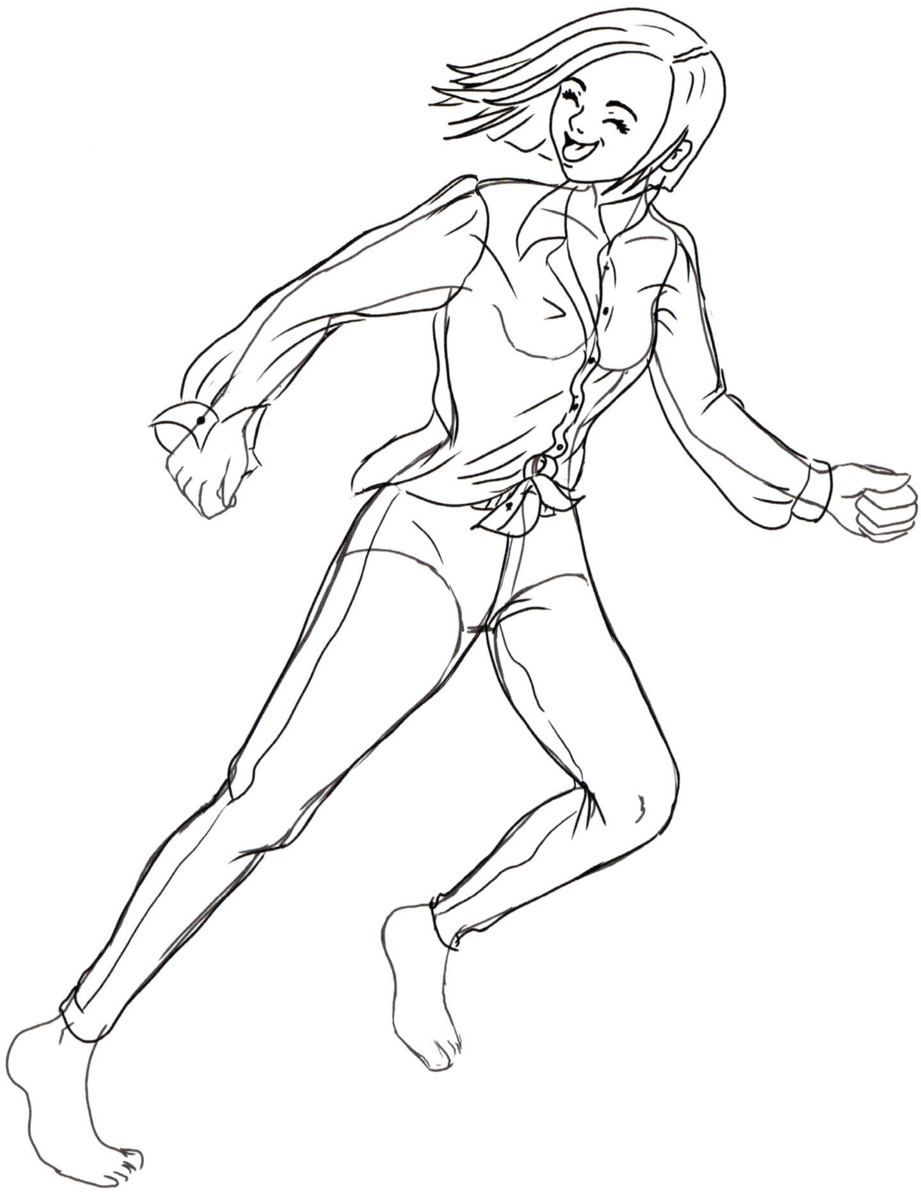

Eine Bluse hat meistens einen Kragen. Dieser fällt in unserem Fall ganz weich, weil der Blusenstoff leichter ist als etwa ein gestärkter Hemdstoff. Hemdkragen sind meist sehr formstabil. Durch den leichten Stoff der Bluse entstehen nur wenige kurze Falten, wenn sie sich bei Gegenwind »aufbläst«.

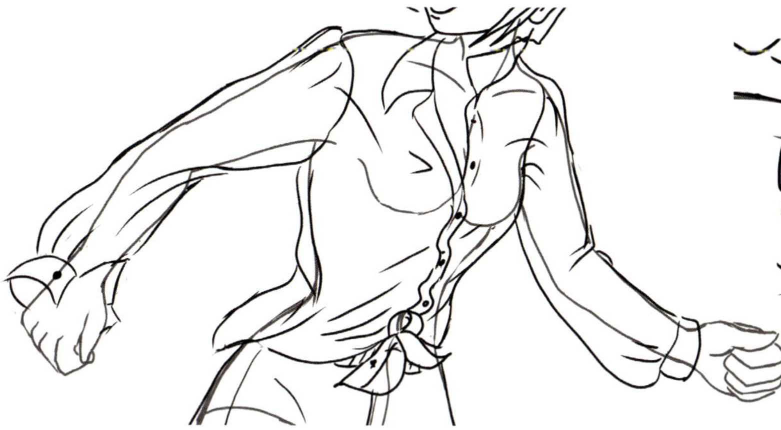

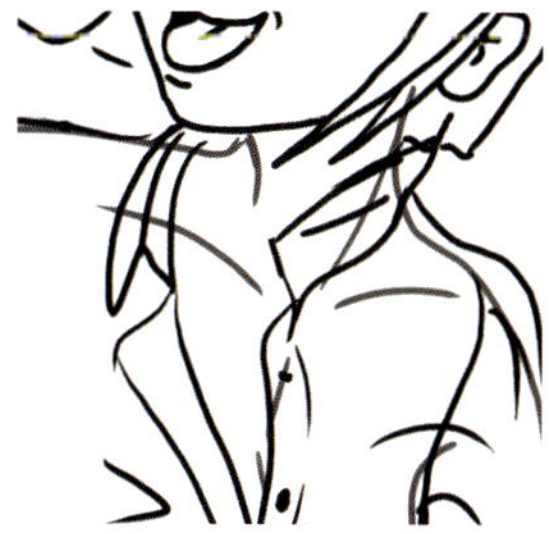

Hemdkragen

Die Leggings liegt ganz eng am Körper an und gibt durch ihre Elastizität nach. Dadurch entstehen bei der Bewegung meist nur im Schritt Falten sowie in den Kniezonen. Doch auch die meisten Leggings sind uns zu lang, sodass sich am unteren Ende ein paar Querfalten legen. Gerade Leggings eignen sich hervorragen für Anfänger, um Muster zu üben. Bei den relativ faltenlosen Leggings könnt ihr ein Gefühl dafür entwickeln, wie Muster durch eine Falte verzerrt oder verdeckt werden. Probiert es einfach einmal auf einem Probestück aus.

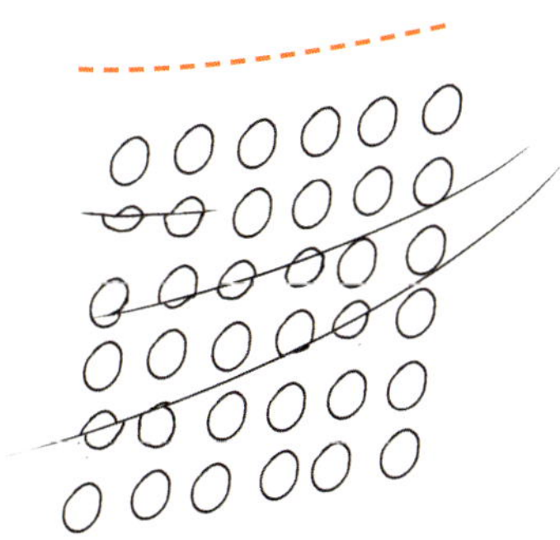

Richtig

Aufgedruckte Muster bewegen sich logischerweise mit dem Stoff und mit der Falte mit. Deshalb können hier die Kreise nicht mehr gerade liegen, sondern müssen sich auch alle leicht nach unten biegen. Zeichnet euch dafür **eine Hilfslinie** ein.

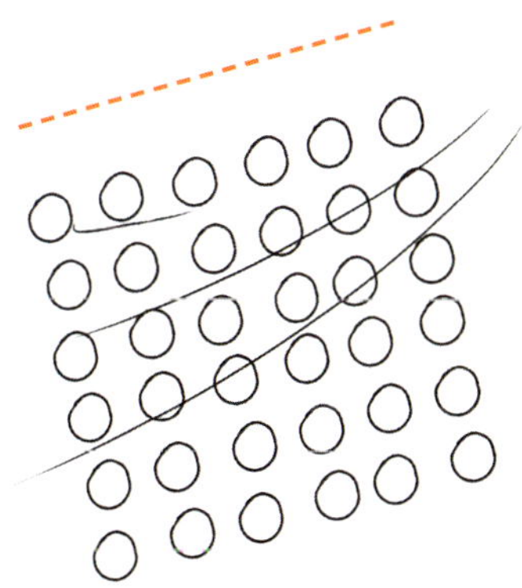

Falsch

RELAX-KLEIDUNG

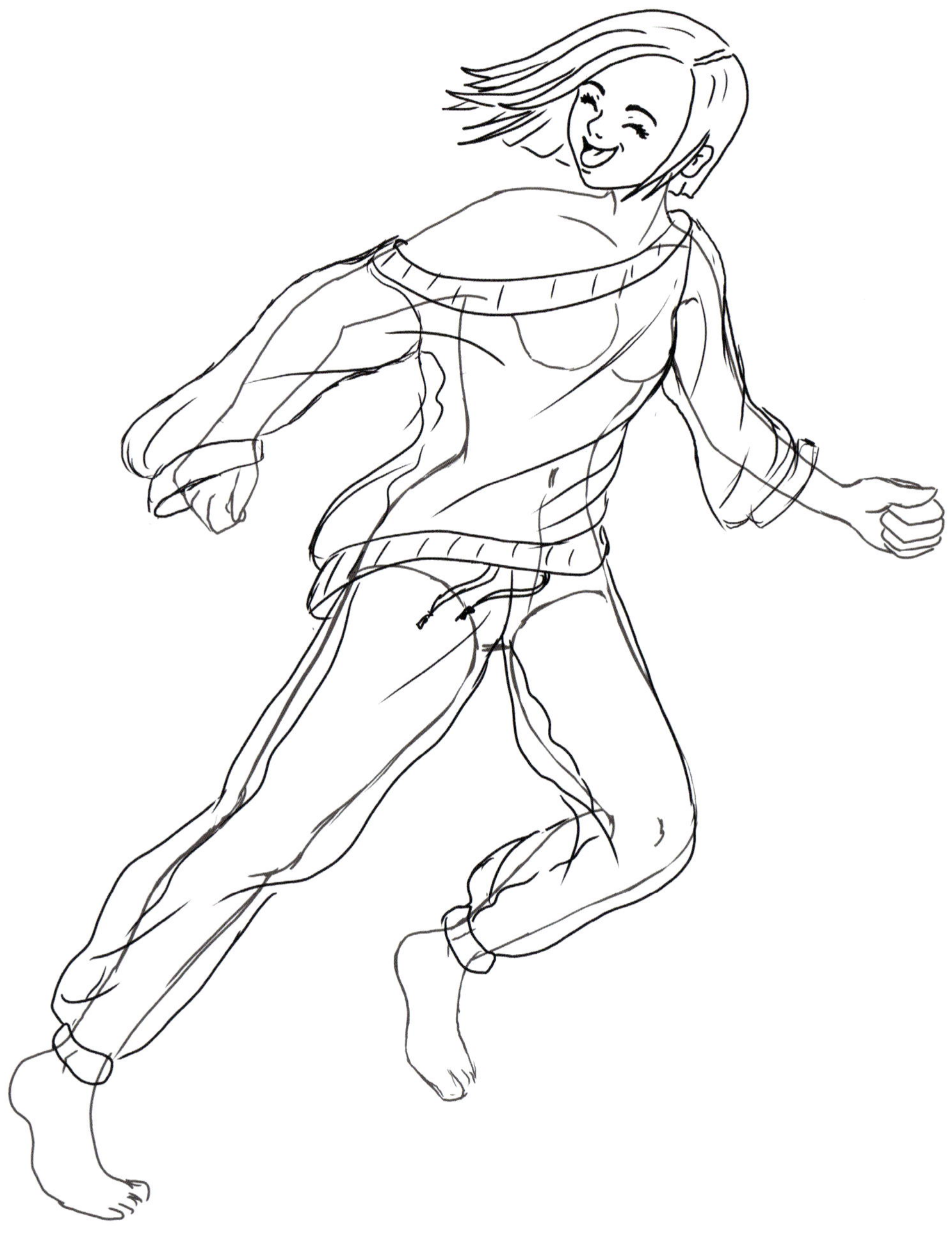

Kuschelige Relax-Kleidung wird oft ein paar Nummern zu groß dargestellt oder besitzt einen sehr weiten Kragen. Je ausgeleierter, umso mehr kann man den »used look« darstellen, wie unten zu sehen. Das heißt, in dieser Zeichnung würde ich den Kragen des Pullis noch ungleichmäßiger gestalten und könnte dem Oberteil auch noch Löcher oder Flicken hinzufügen, um diesen Look darzustellen.

Da die Figur in Bewegung ist, erscheint auch hier der Pullover in Richtung des Laufwinds enger anliegend, allerdings muss er wegen seines (kuscheligen) Volumens ein ganzes Stück von der Körper-Outline entfernt eingezeichnet werden.

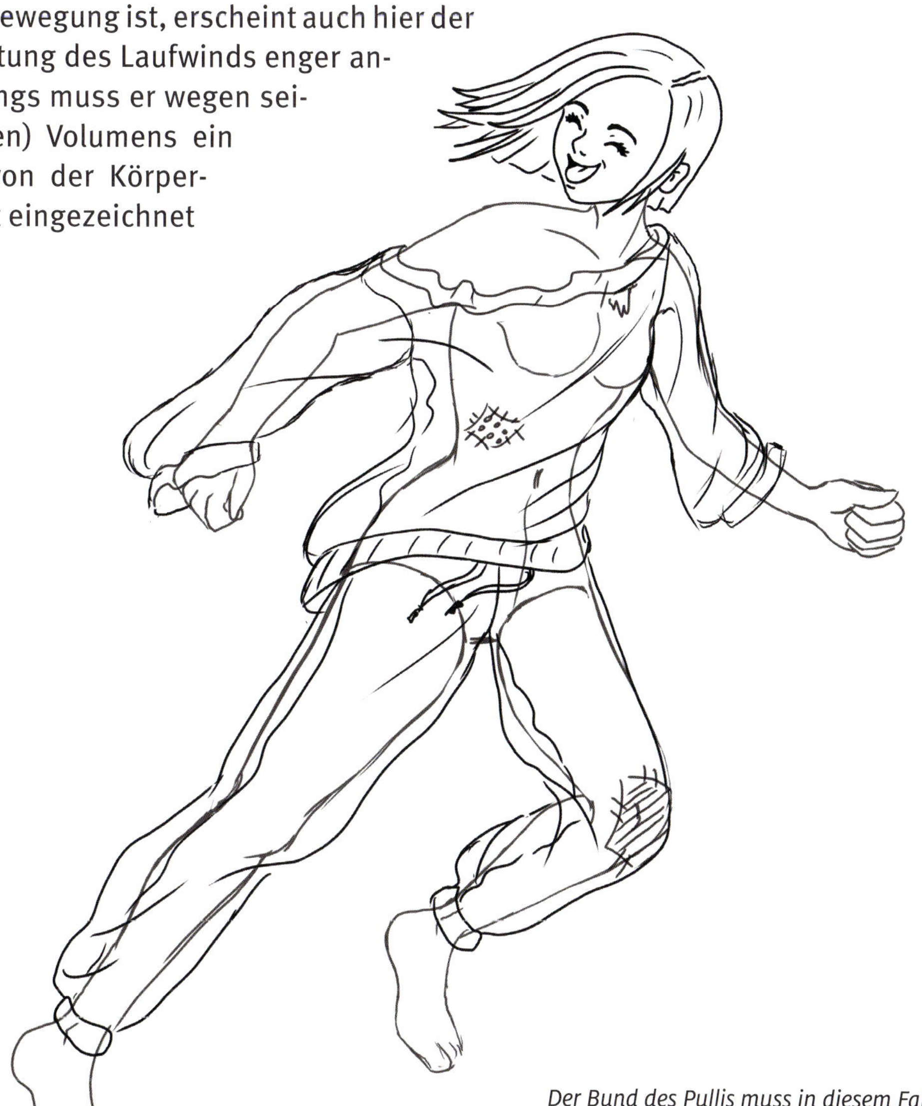

Der Bund des Pullis muss in diesem Fall nicht nur eine Wölbung nach unten haben, sondern darf sich ruhig mit dem Laufwind bewegen.

HOODIE UND KURZER ROCK

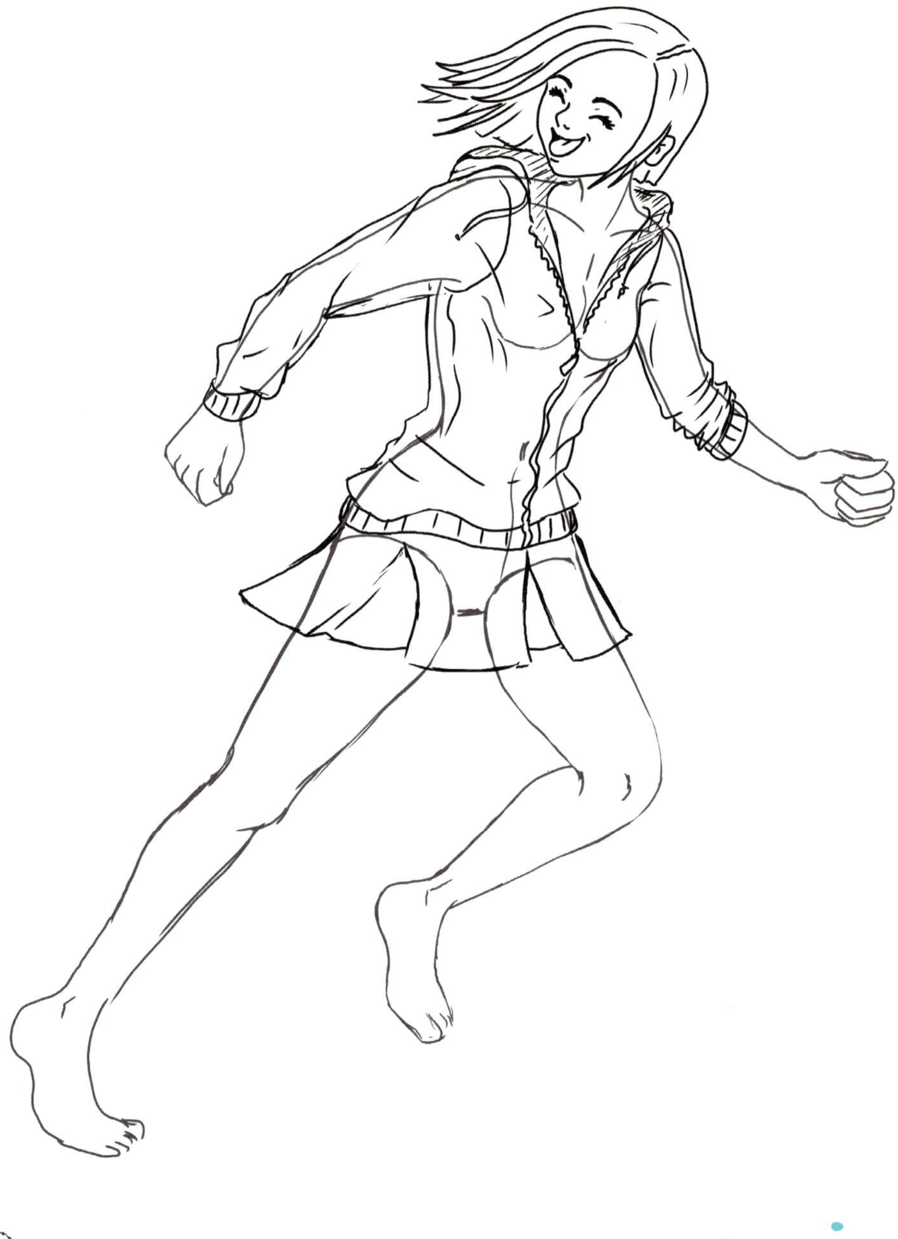

Hoodies oder auch Jacken mit Reißverschluss haben durchaus sehr viele Details. Es gibt sie in vielen unterschiedlichen Designs. Die Grundform bleibt allerdings meist gleich. Der Bund an Ärmel und Länge, ein Zipper (Reißverschluss) in der Mitte und (bei Hoodies) eine Kapuze.

Beim Zeichnen solltet ihr beachten, dass ein Zipper-Pulli eher eckige und somit tiefe Falten wirft, aber weniger als ein T-Shirt **(blaues Oval)**. Das ergibt sich einerseits durch den dickeren Stoff, andererseits durch die Weite des Oberteils.

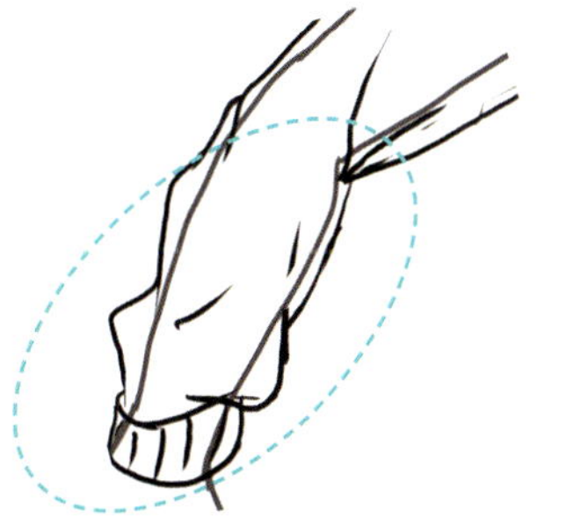

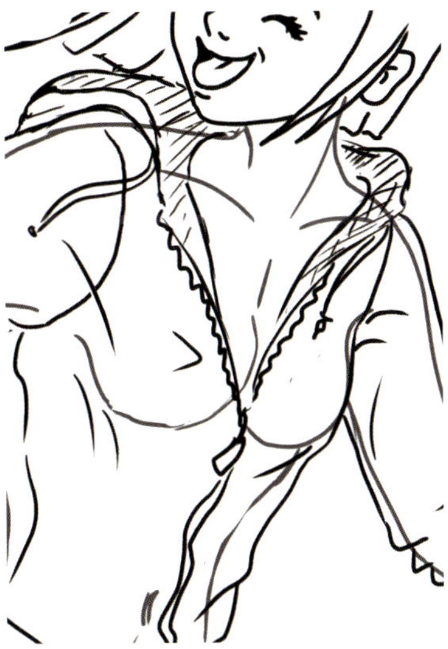

Achtet auch auf den Übergang von Zipper zur Kapuze, denn hier kommt der darunterliegende Stoff zum Vorschein (in der Skizze schraffiert). Der Reißverschluss selbst bewegt sich eher störrisch mit dem Pulli mit. Er macht immer wieder Biegungen. Vergesst nicht: Wenn man sich hinsetzt, bildet der Zipper leicht eine große Beule nach außen, sodass man immer aussieht, als hätte man einen runden Pulli-Bauch.

Der kurze Rock wird aufgrund der Perspektive nach unten gewölbt gezeichnet. Der innere Strich bei den Falten wird weiter oben angesetzt, um darzustellen, dass die Falte oben geschlossen ist.

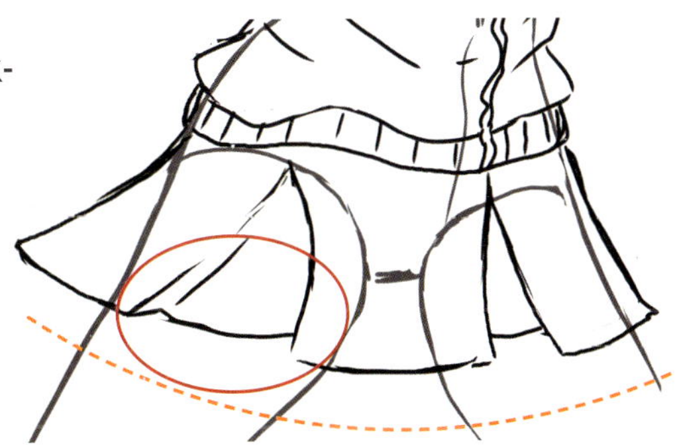

Bei der fast vollständig geöffneten Falte dagegen zeichne ich einen Übergang **(rotes Oval)**.

BLAZER UND LANGER ROCK

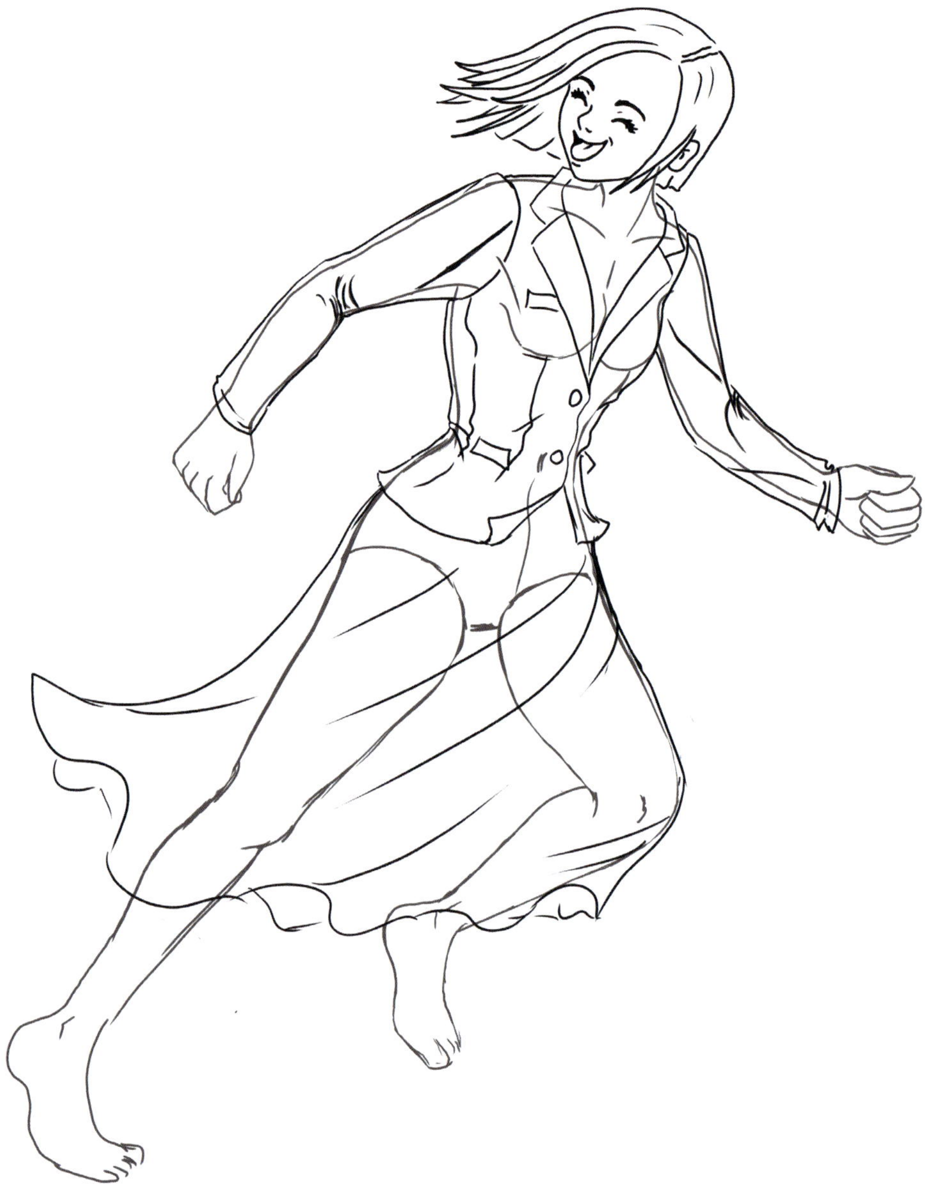

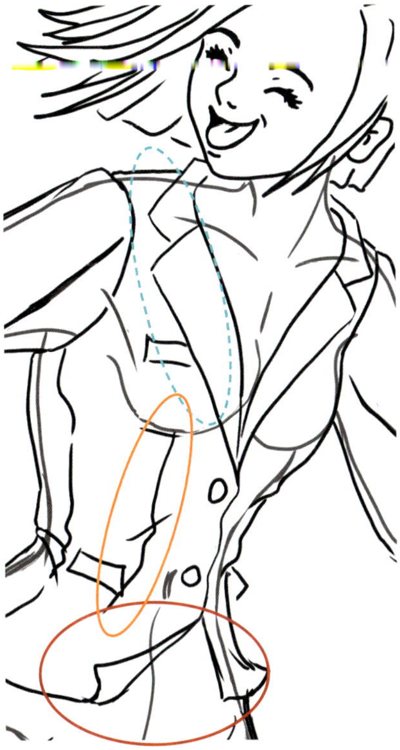

Ein Blazer hat einen ganz typischen Kragen (Revers genannt). Hier sieht man die Grundform. Natürlich ist es möglich, sie zeichnerisch zu verändern, jedoch sollte die Grundform noch zu erkennen sein **(blaues Oval)**.

Damit die Passform des Blazers sitzt, hat dieser einen Abnäher unter der Brust bis zur Taille **(orangefarbenes Oval)**. Dieser kann auch oben bei den Schultern beginnen und erst in der Länge enden.

Nach den Knöpfen beginnen die Ränder des Revers leicht auseinanderzugehen: In der Bewegung klappt sich der Blazer gerade auf **(rotes Oval)**.

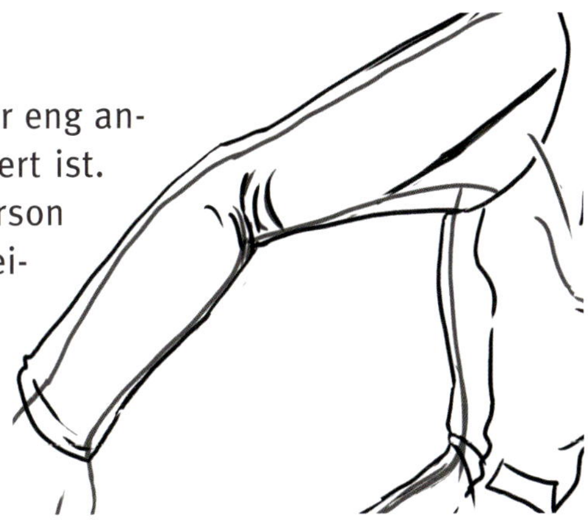

Der Blazer hat relativ wenig Falten, da er eng anliegt und genau an den Körper modelliert ist. Allerdings entstehen, sobald sich die Person bewegt, (etwa in der Armbeuge) viele kleine breite Falten.

Wohingegen sich durch eine Armdrehung üblicherweise eine lange Falte von der Achselhöhle bis zum Ellbogen legt.

Der Rock schlägt dort Falten, wo das Bein angehoben wird. Und die langen Faltenstriche müssen Rock und Bewegung folgen. Sie können nicht quer oder gänzlich entgegen der eigentlichen Bewegungsrichtung gezeichnet werden!

SCHUHE

Natürlich ist es anfangs nicht ganz so leicht, Schuhe zu zeichnen, doch wenn man erst einmal die Füße verstanden hat, ist man auch bei den Schuhen ein großes Stück weiter.

Tipp: Betrachtet Schuhe nicht als großes Ganzes, sondern als eine Form oder als einzelne Formen. Ignoriert alle Details (Nähte, Ösen, Schuhbänder) und konzentriert euch auf die Grundform des gewünschten Schuhes. Natürlich gibt es ganz viele verschiedene Schuhe und ganz viele verschiedene Ansichten. Wenn ihr mal nicht weiterwisst, schaut euch den besagten Schuh in der richtigen Position an oder macht ein Foto mit eurem Handy, so fällt es leichter, die Form zu erkennen.

Die Grundformen des Schuhes selbst sind immer relativ gleich, egal, ob ihr einen Sportschuh oder einen Stiefel zeichnet. Ihr zeichnet nur die typische Form für den Schuh, die Höhe, die richtige Sohle, die Nähte sowie die Details.

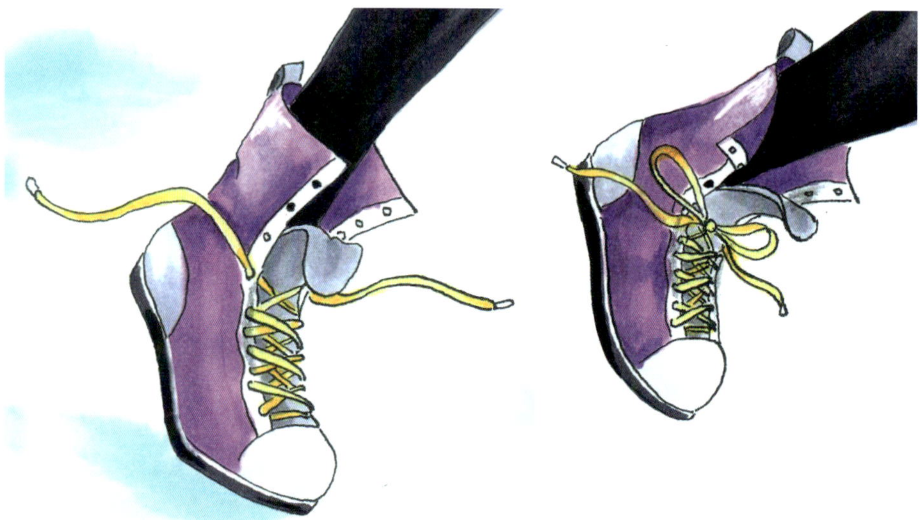

FRONTALANSICHT

Der Schuh in der Ansicht von vorn wird gerade bei Charaktersheets oder Modezeichnungen oft gebraucht. Er wird anfangs wegen der Verkürzung gefürchtet, und weil man glaubt, er sei so kompliziert zu zeichnen. Doch wenn man den eigentlichen Fuß gezeichnet hat, benötigt man nur noch die Grundform.

Abb. 1 Ich zeichne ein breites Oval, ähnlich einem Iglu. Es erstreckt sich höhenmäßig über die Hälfte des Fußes.
Abb. 2 Ich zeichne über den restlichen Fuß einen Trichter, der dem Fuß auch etwas Platz lässt. So würde der Schuh bis obenhin geschlossen aussehen, jedoch möchte ich die Schuhbänder offen zeichnen. So drittele ich meinen Trichter unten bei dem Oval, um die Kanten der Ösen herauszufinden. Nun zeichne ich von der Kante nach außen und arbeite diesen äußeren Teil noch etwas stärker aus. Dann zeichne ich noch die Lasche ein, die immer etwas länger ist als die obere Kante des Schuhes.

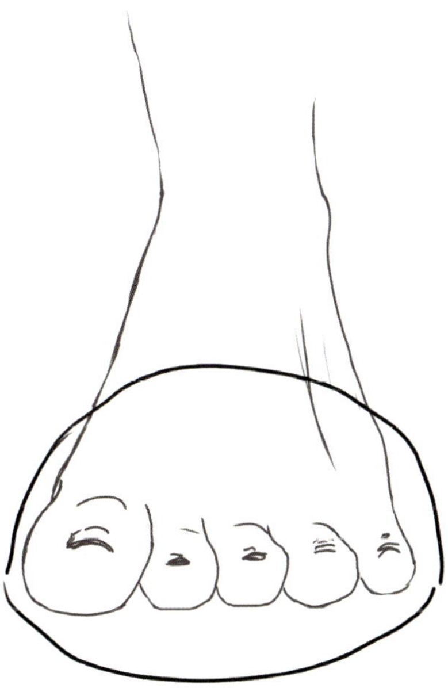

Abb. 1

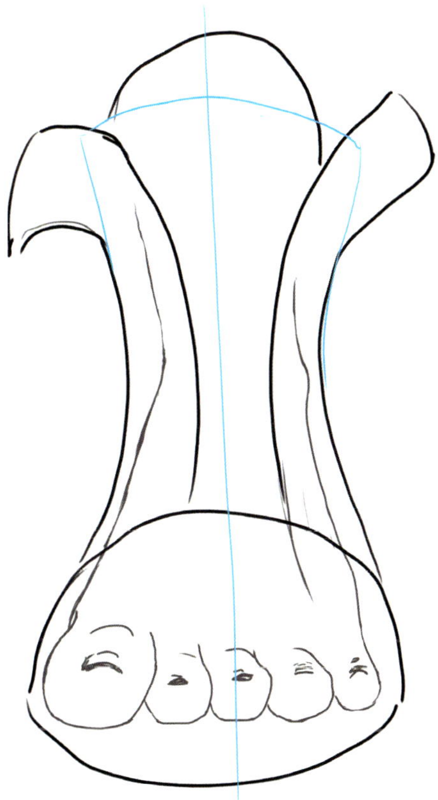

Abb. 2

Nun ist die Grundform fertig, und ich kann in Abb. 3 und Abb. 4 noch alle Details einzeichnen. Achtet darauf, dass die Schuhbänder nicht perfekt gerade sind, sondern immer etwas breiter werden, und dass sie sich mit der Rundung des Schuhes bewegen. Außerdem laufen sie immer abgerundet in die Öse hinein. Auch die Ösen sollten genug Platz finden und nicht zu nah an der Kante platziert werden.

Wie man sieht, ist dieser Schuh skizzenhaft angelegt. Wenn man danach an der Illustration arbeitet, werden die Ösen natürlich ganz präzise positioniert. Dazu teilt man die Lasche durch einen Mittelstrich und setzt auf beiden Seiten die Ösen gleichmäßig. Das kann sehr viel Zeit in Anspruch nehmen, also Geduld!

Die Kanten selbst haben ebenfalls eine bestimmte Stärke, weil das Material Volumen besitzt. Es macht den Schuh noch realistischer, wenn man diese hier und da einzeichnet und damit ein Gefühl von Tiefe vermittelt werden kann. Abschließend die Sohlen nicht vergessen!

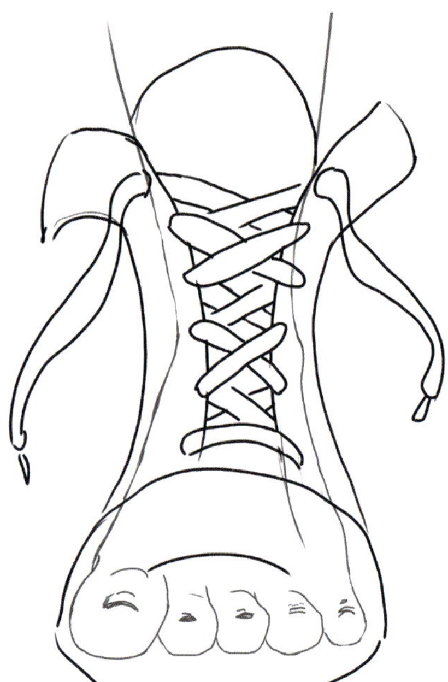

Abb. 3

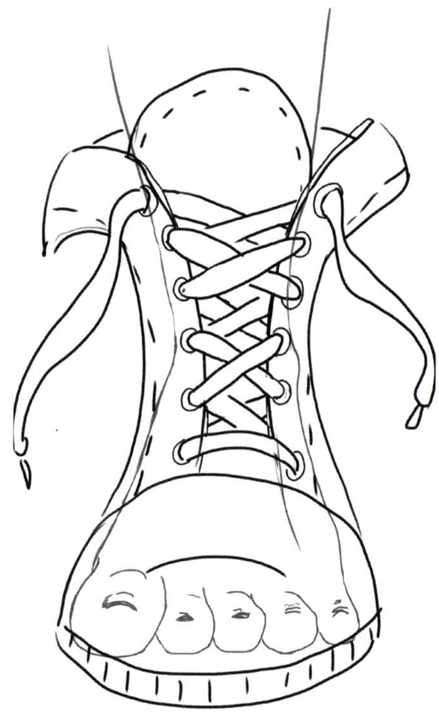

Abb. 4

Abb. 1

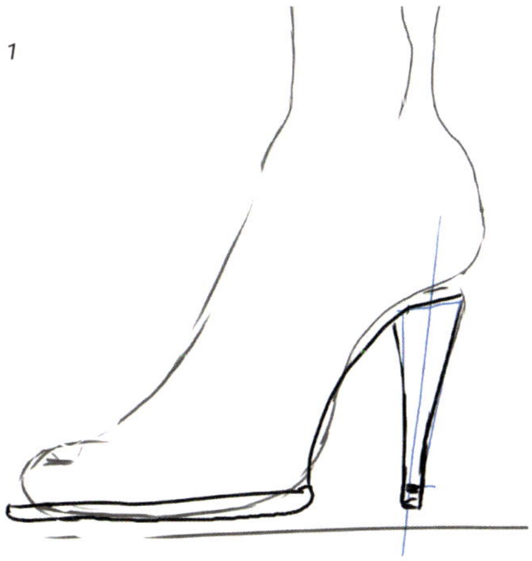

Abb. 2

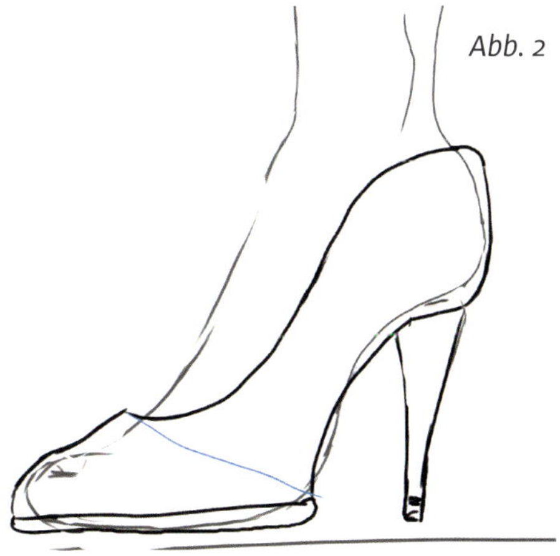

DER STÖCKELSCHUH

Auf dieser Grundlage zeichnet man auch Stiefel mit Absätzen. Stöckelschuhe sind im Grunde schnell gezeichnet. Die Schwierigkeit besteht hier darin, dass der Fuß passen muss.

Abb. 1 Ich zeichne unter dem Fuß eine Hilfslinie. So liegen Absatz und Sohle auf gleicher Höhe. Die vordere Sohle wird gestaltet, danach zeichne ich mittig unter der Ferse den Absatz: ein Dreieck, das ich leicht schräg in Richtung Zehen laufen lasse **(blaue Linie)**.

Abb. 2 Für die Kappe des Schuhes kann mit einem **Hilfsdreieck** gearbeitet werden. Dieses geht ein Stück über die Zehen hinaus. Die restliche Form ergibt sich, sobald der Stift dem Fuß folgt. Wie viel ich vom Fuß selbst noch sehe, kommt auf das Schuhmodell an.

Abb. 3 Ich zeichne feinere Details ein, wie etwa Nähte. Nun können auch Muster gestaltet werden.

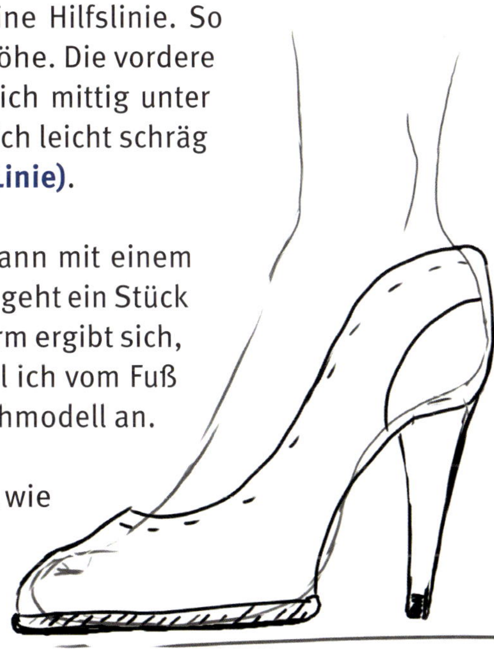

Abb. 3

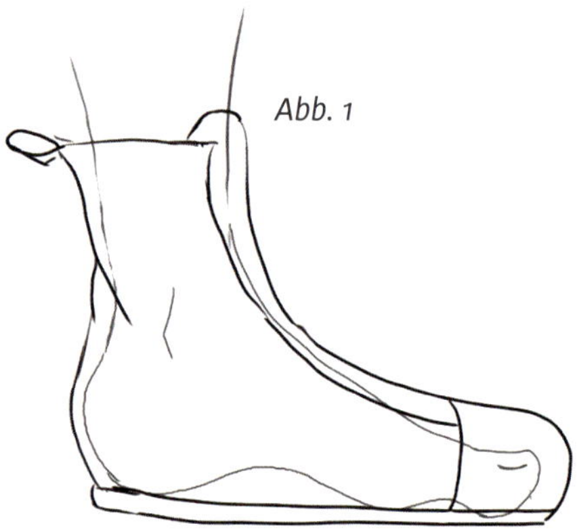

Abb. 1

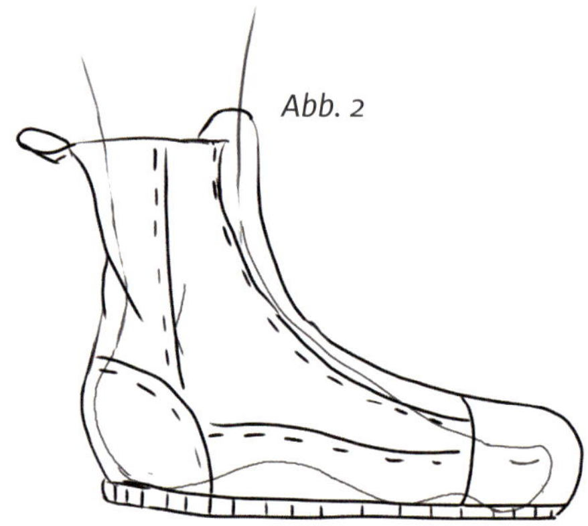

Abb. 2

HALBHOHER TURNSCHUH

Abb. 1 Wieder wird der Schuh mit einfachen Formen um den Fuß modelliert. Nicht vergessen: Die Lasche schaut immer über die Kante hinaus.

Abb. 2 Ich zeichne dann die Kanten und Nähte ein, die für diese Schuhform typisch und ein Wiedererkennungszeichen sind.

Abb. 3 Bei den Schuhbändern auf die Biegung achten! Da ich den Schuh seitlich sehe und die Schuhbänder nur auf einer Seite aus den Ösen herauskommen, müssen sie sich auf der anderen Seite in einem Bogen über die Kanten heben. Sie dürfen also am Ende nicht gleichmäßig abschließen **(rotes Oval)**. Schuhbänder zeichnet man am besten zuerst nur leicht ein, weil man nicht nur die obere Seite sieht, sondern weil sich die Bänder unter der Kante auch kreuzen **(blaues Oval)**.

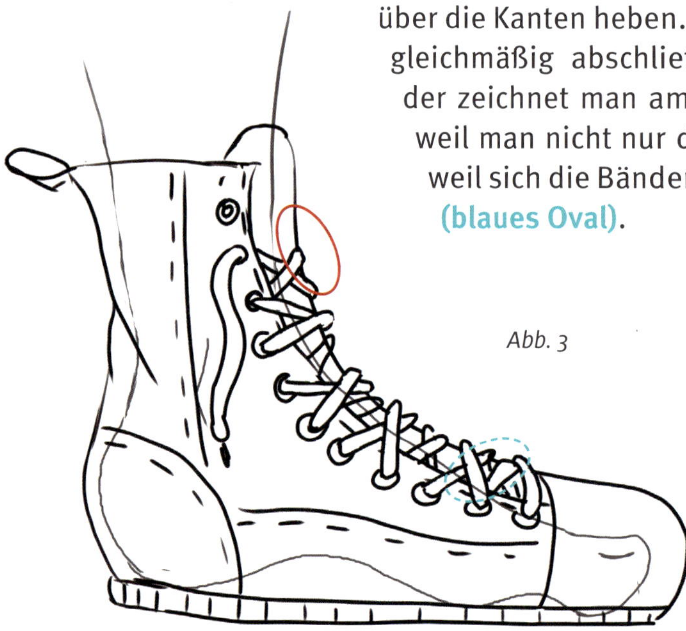

Abb. 3

Abb. 1

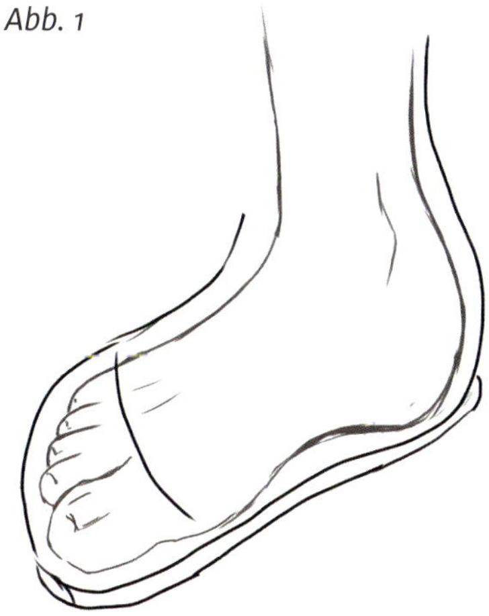

Abb. 2

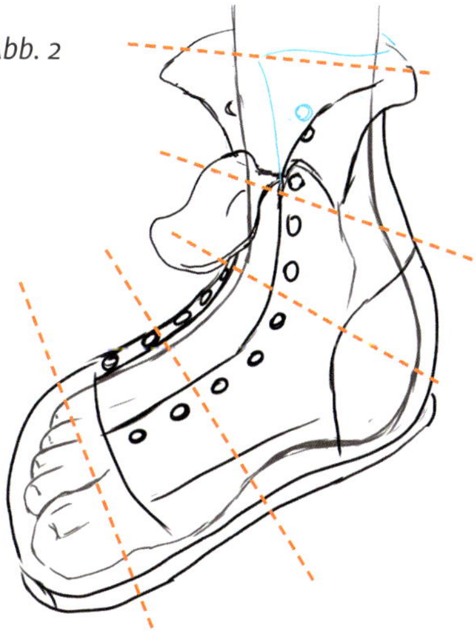

DRAUFSICHT, SEITLICH

Abb. 1 Wieder beginne ich mit der Sohle und gehe dann an die Kappe, die über die Zehen geht.

Abb. 2 Nun geht es an die Details. Für die Lasche kann ich mir als Hilfslinie die Fußmitte einzeichnen. Da diese leicht versetzt ist, sehe ich auf der einen Seite mehr von den Ösen als auf der anderen Seite. Durch die Perspektive kommt es zu einer leichten Quetschung im Mittelteil am Fuß **(orangefarbene Linie).** Deshalb liegt die Kappe auf einer anderen Schräge als der Schuheinstieg. Ich wollte, dass eine Seite des Einstiegs herunterklappt. Um dafür die richtige Länge zu finden, habe ich diesen zunächst gerade nach oben gezeichnet **(blaue Line)** und danach die gleiche Länge umgeknickt.

Abb. 3 Abschließend noch Schnürsenkel sowie Ösen einzeichnen!

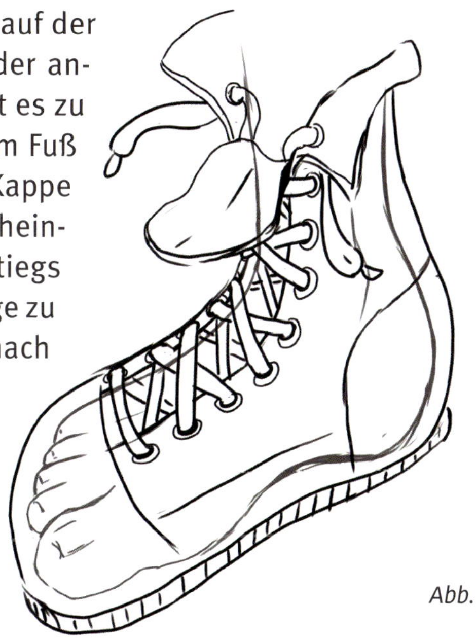

Abb. 3

MODEDESIGNIDEEN

Einen Charakter passend und doch ungewöhnlich einzukleiden ist häufig nicht so leicht. Dazu gehören Übung, Modebewusstsein und Beobachtungsgabe. Lasst euch ruhig inspirieren. Probiert auch mal verrückte Sachen aus. Wie wäre es mit einem Kleidungsstück aus Alltagsgegenständen, die neben euch liegen, etwa aus Lampen oder Büchern?

Beim Modedesign könnt ihr eurer Fantasie freien Lauf lassen. Sobald ihr die Grundlagen des Faltenwurfs verstanden habt, steht euch die Welt des Designs offen. Im Manga, im Comic sowie im Modedesign ist nichts verboten. Gebt euren Stoffen auch Muster, um sie in Szene zu setzen. Im folgenden Abschnitt zeige ich euch ein paar Beispiele. Ich koloriere mit Copics. Lasst euch inspirieren!

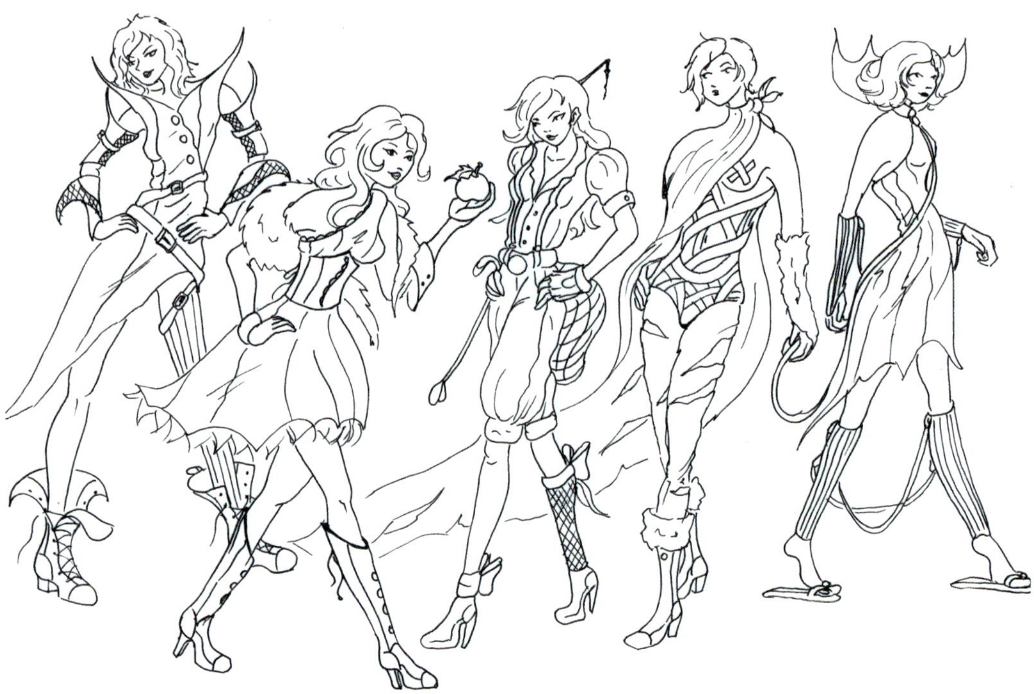

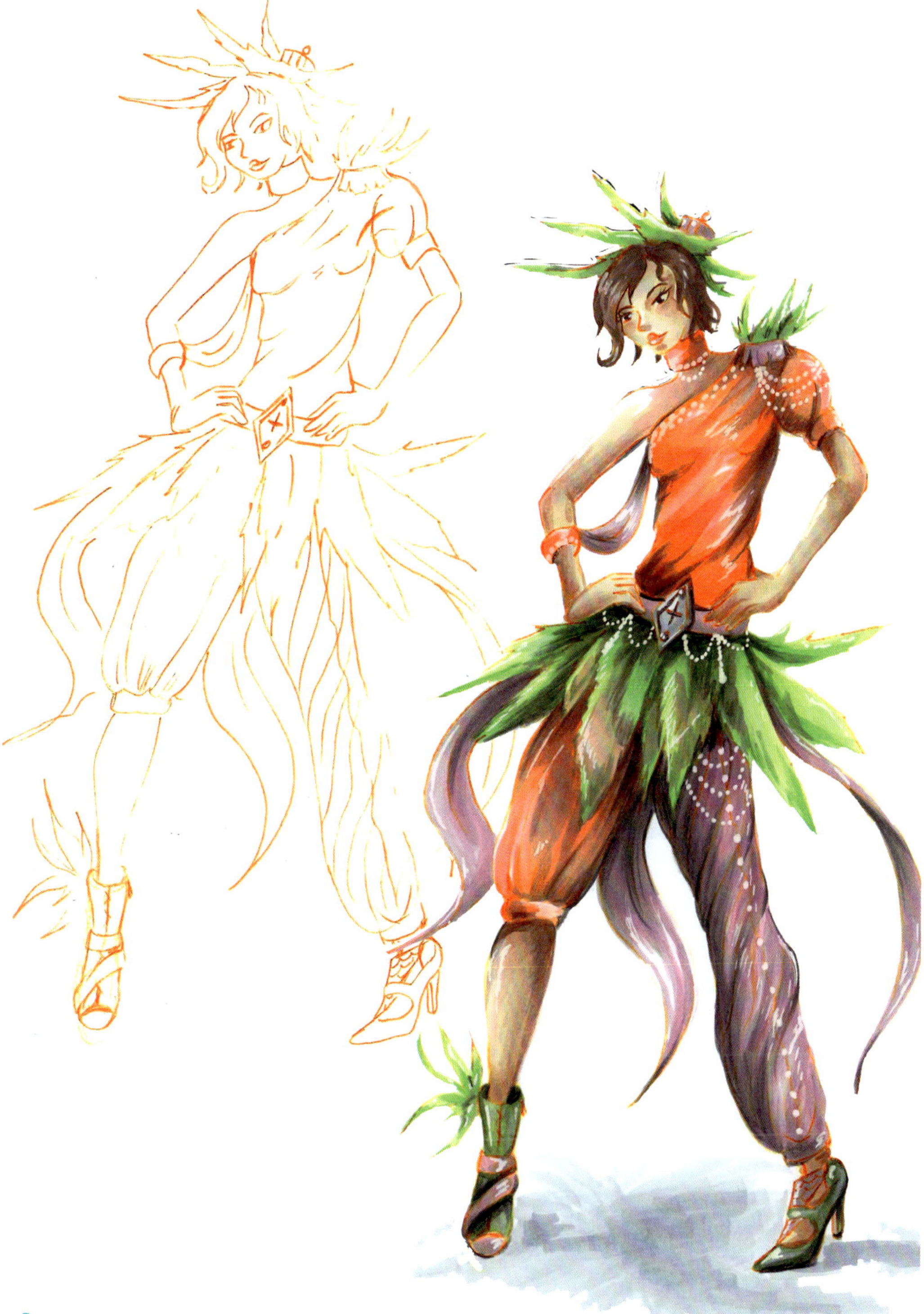

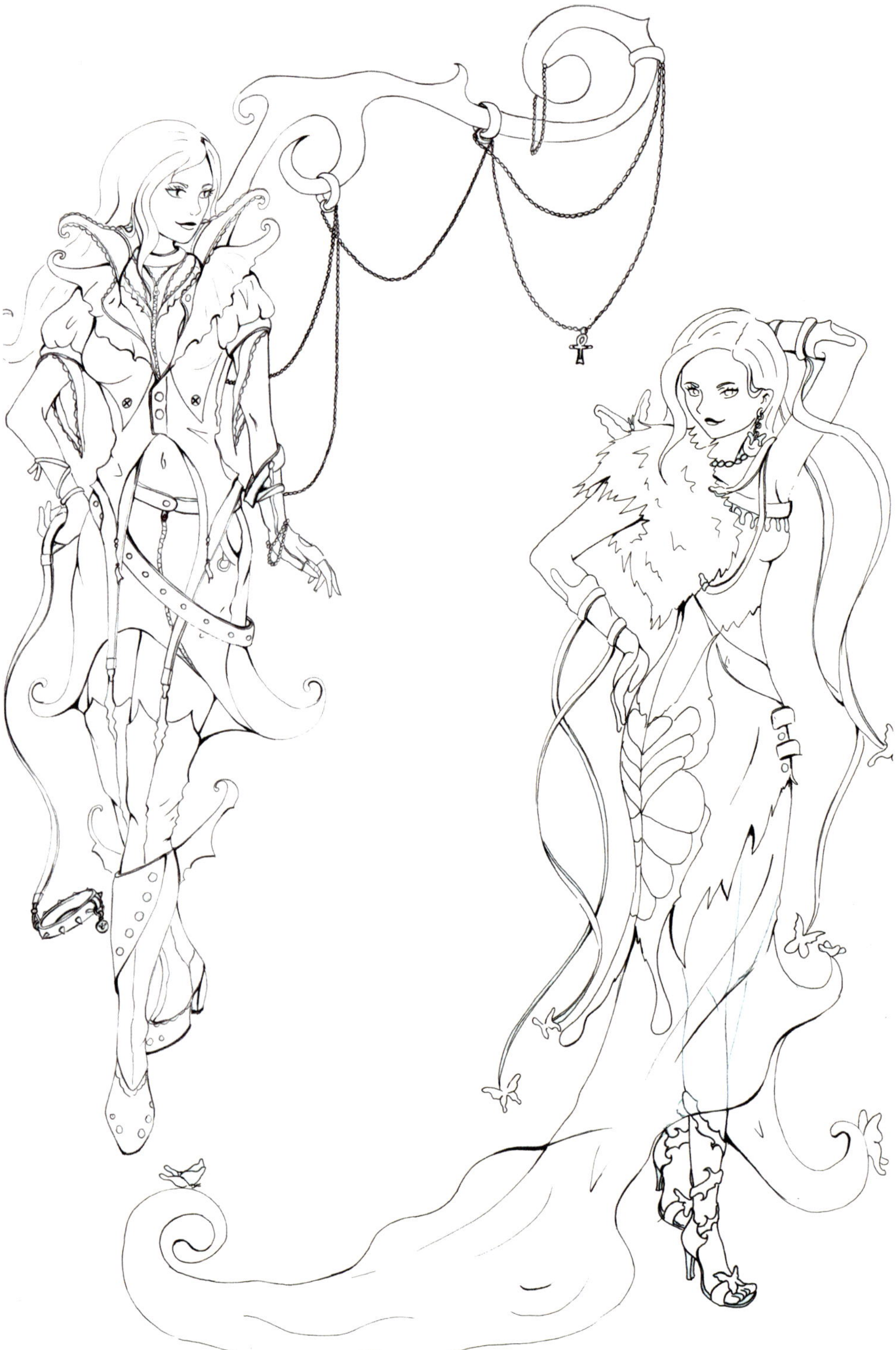

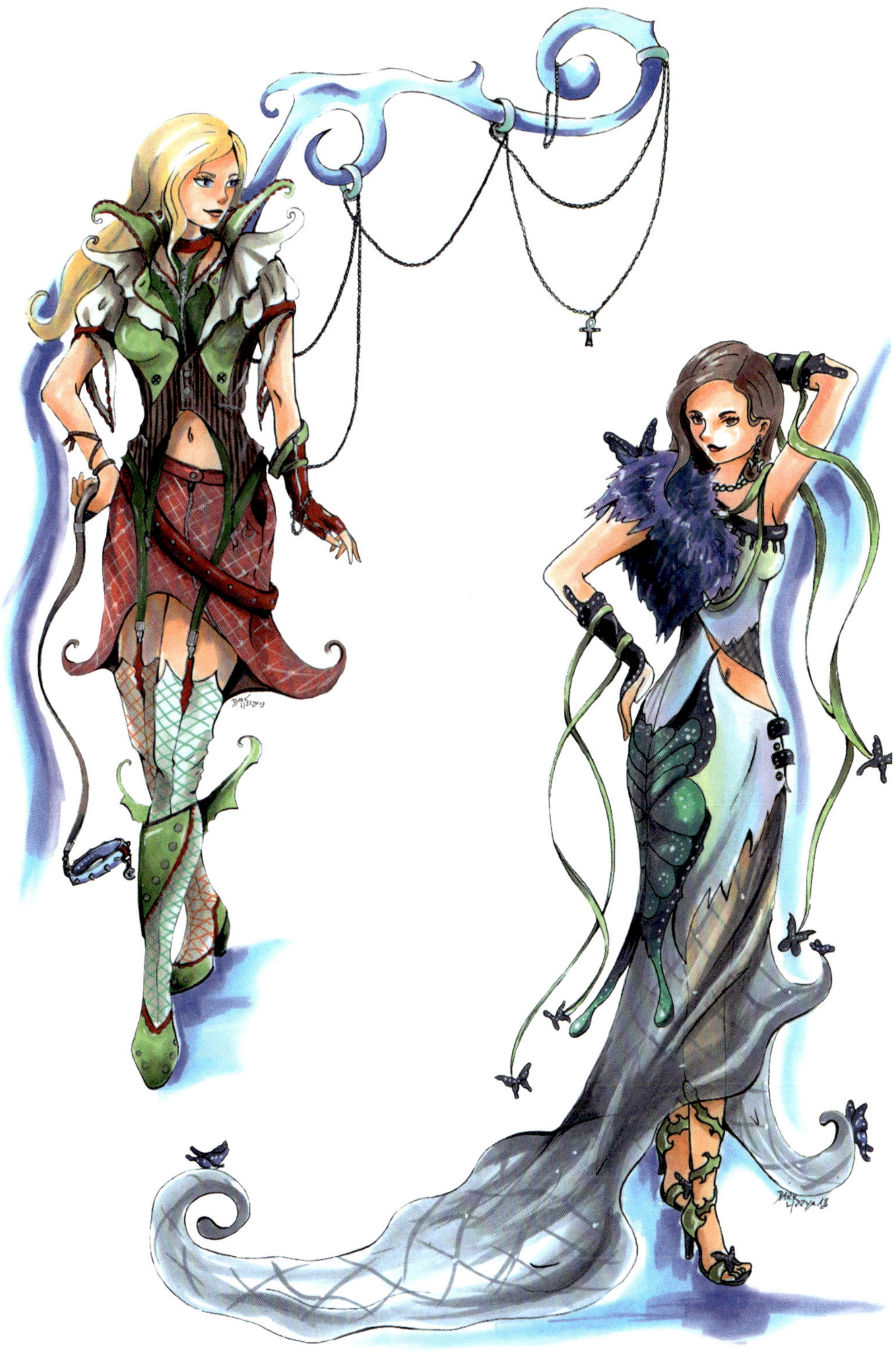

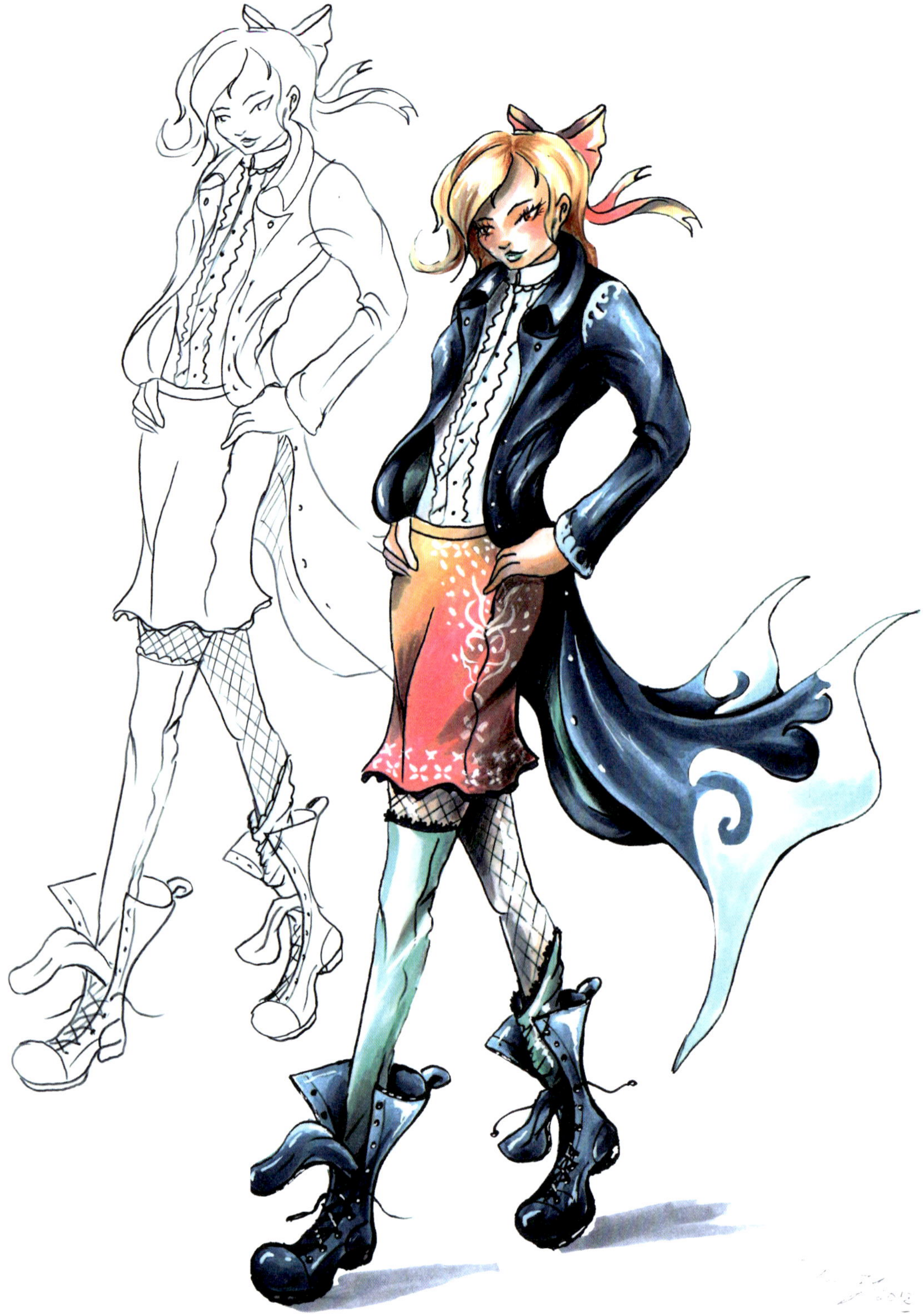

DER EIGENE CHARAKTER

Übung, Übung, Übung, einige Krämpfe und Wutanfälle später ... Endlich geht es an den ersten eigenen Charakter! Jetzt sitzen sicher einige »plötzlich« vor dem weißen Papier, und alles, was man seinem Originalcharakter (OC) mitgeben wollte, ist wie weggeblasen. Deshalb ist es manchmal leichter, zuerst den schriftlichen Teil eines Charaktersheets auszufüllen, um sich besser in die Figur hineinzuversetzen. Je mehr ihr über euren Charakter festlegt, desto greifbarer wird er für euch.

ÜBERSICHT CHARAKTERSHEET:

Eckdaten:
Name, Spitzname, Alter, Sternzeichen, Geschlecht, Größe, Augenfarbe, Familienstand, Rasse/Volk, evtl. genauer Geburtstag (auch Fantasie-Sternzeichen nicht vergessen)

Zusatzdaten:
Spezielle Kräfte, Besonderheiten, besondere Merkmale, Beruf, Hobbys, wichtige Emotionen (z. B.: lacht gern oder wird schnell rot), Vorlieben und Abneigungen, Ängste, Lieblingswaffe, Süchte, Sozialkontakte, was noch einzigartig ist an dem Charakter

Haus- oder Begleittiere

Typische Lieblingsaussagen oder Motto des Charakters

Sonstiges:
Lieblingsessen, Lieblingsfarbe, geheime oder bekannte Wünsche

Mithilfe dieser Eckdaten kann ich beginnen, eine Vorder- und Rückansicht von meiner Figur zu erstellen.

Diese ziehe ich dann mit der für diesen Charakter passenden Kleidung an. Denkt auch an mögliche und unmögliche Details, der Fantasie sind keine Grenzen gesetzt. Wichtig ist nur, trotz allem zu erkennen, ob der Charakter ein Draufgänger ist oder eher zurückgezogen lebt. Alles ist erlaubt, von Flügel über Hörner bis hin zu einem Kleid aus Dornen und Rosen – oder wollt ihr doch lieber den »Wolf im Schafspelz«? Macht ein Brainstorming und schreibt alles auf, was euch zu dem Charakter oder zu dem, was er anstellen wird, einfällt, und lasst euch inspirieren. Selbst wenn er eine Heizung auf dem Rücken tragen soll, warum nicht? Je verrückter, umso einzigartiger wird euer Charakter.

Tipp: Das Wichtigste ist Geduld! Ihr haucht gerade einem besonderen Charakter Leben ein und wollt, dass dieser euch lang begleitet und ihr ihn in verschiedenen Situationen zeichnen könnt. Also lasst euch bei der Entstehung dieses Charakters Zeit. So oder so wird er sich über die Jahre immer wieder leicht verändern, weil auch ihr euch ändert. Doch die Grundidee wird weiter bestehen, und ihr wollt lang Freude an eurem OC haben.

Wenn ihr mit der Kleidung eures Charakters zufrieden seid, dann geht es ans Gesicht. Ich empfehle, das Gesicht einmal größer zu zeichnen, und dann in immer verschiedenen Ansichten mit unterschiedlichen Emotionen. So wisst ihr schon, wie sich euer Charakter verhält, wenn er in einem Bild einen Emotionsausbruch durchlebt. Außerdem übt ihr dabei, das Gesicht in verschiedenen Posen so hinzubekommen, dass es immer nach diesem Charakter aussieht.

Da ich meine OCs häufig koloriere, notiere ich mir noch den Farbschlüssel, den ich verwende, und streiche manchmal skizzenhaft mit der Farbe über die Kleidung, damit ich sie gleich sehe. Wenn man nicht so faul ist wie ich, ist es sicher toll, eine eigene Vorder- und Rückansicht mit Farbe zu zeichnen, um einen bessere Übersicht zu erhalten.

DAS CHARAKTERSHEET

Warum sollte man ein Charaktersheet anlegen? Wenn ihr vorhabt, OCs öfter zu zeichnen und diesen Charakter über Jahre hinweg in eurem Sortiment zu behalten, dient es als Erinnerung und Nachschlagewerk.

Natürlich weiß man anfangs noch alles von seinem Charakter, doch mit der Zeit entstehen immer mehr Charaktere, und es kann passieren, dass man eine seiner Figuren sehr lange nicht zeichnet. Um sich aber jederzeit sofort wieder in diesen speziellen Charakter hineinversetzen zu können, legt man solche Charaktersheets an. Am besten sammelt ihr sie direkt in einer Mappe, eines nach dem anderen.

AUFBAU EINES AUSFÜHRLICHEN CHARAKTERSHEETS:

1. Blatt: schriftlicher Teil, Eckdaten eures OCs (Seite 102)
2. Blatt: Vorder- und Rückansicht, evtl. mit Farbschlüssel (Seite 103)
3. Blatt: Emotionen und Kopfzeichnungen des Charakters (Seite 105)
4. Blatt: eventuelle Geschichte der Figur, zur Übersicht (Seite 107)
5. Blatt: fertige Bilder, zur Übersicht (Seite 108)

Ich stelle euch auf den folgenden Seiten einen meiner OCs vor, samt Charaktersheet. Der Name des Charakters ist Lenora, ihr habe ich eine komplette Hintergrundgeschichte geschrieben. Dementsprechend gibt es noch andere Charaktere, die mit ihr interagieren. Für diese habe ich natürlich auch jeweils ein Charaktersheet angelegt.

Damit man den Zusammenhang zwischen interagierenden Figuren nicht vergisst, macht man sich dafür eine eigene Liste oder zeichnet eine Art Stammbaum inklusive Notizen, in dem die einzelnen Personen miteinander verbunden werden.

1. BLATT: SCHRIFTLICHER TEIL, ECKDATEN EURES OCS

Name und Spitzname: Lenora/Len
Alter und Geburtstag: in Erdenjahren etwa 25 Jahre alt
Sternzeichen: Wasserkrebs
Geschlecht: weiblich
Größe: 155 cm (2,5 Kopflängen im Oberkörper, 3,5 Kopflängen in den Beinen)
Augenfarbe: Kristallblau
Familienstand: lebt allein mit ihrem Vater, Mutter unbekannt
Rasse: Sarade vom Planeten Naressa
Spezielle Kräfte: kann Albträume verändern
Besonderheiten: sehr schreckhaft und schusselig
besondere Merkmale: Tattoo einer Schattenpflanze auf dem linken Arm
Beruf: Netzpflegehelferin in der Oberwelt
Hobbys: keine Zeit für Hobbys, da sie dauernd alles verstecken muss, was sie durch ihre Schusseligkeit kaputtgemacht hat
Emotionen: chaotisch, naiv, neugierig, offenherzig, romantisch, schreckhaft, schusselig
hasst: wenn andere über sie reden, aber sie ignoriert es
Liebt: zu kuscheln, am besten am Kamin- oder Lagerfeuer
hat Riesenangst vor: sehr vielem
Sozialkontakte: keine
Haus- oder Begleittier: später INKO, der Drache
Lieblingsessen: Saraden ernähren sich nur von blauer Energie
Lieblingsfarbe: Blau
Wünsche des Charakters: Freunde; dass ihr Vater stolz auf sie ist

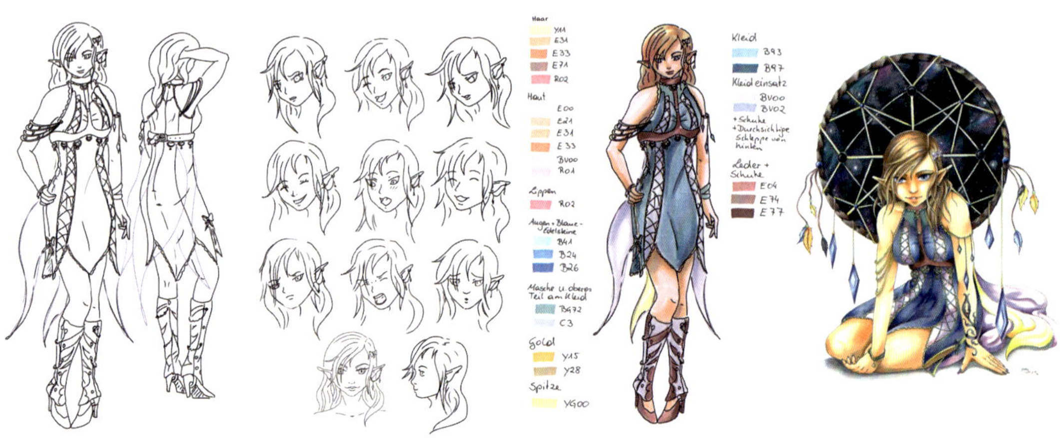

2. BLATT: VORDER- UND RÜCKANSICHT, EVTL. MIT FARBSCHLÜSSEL

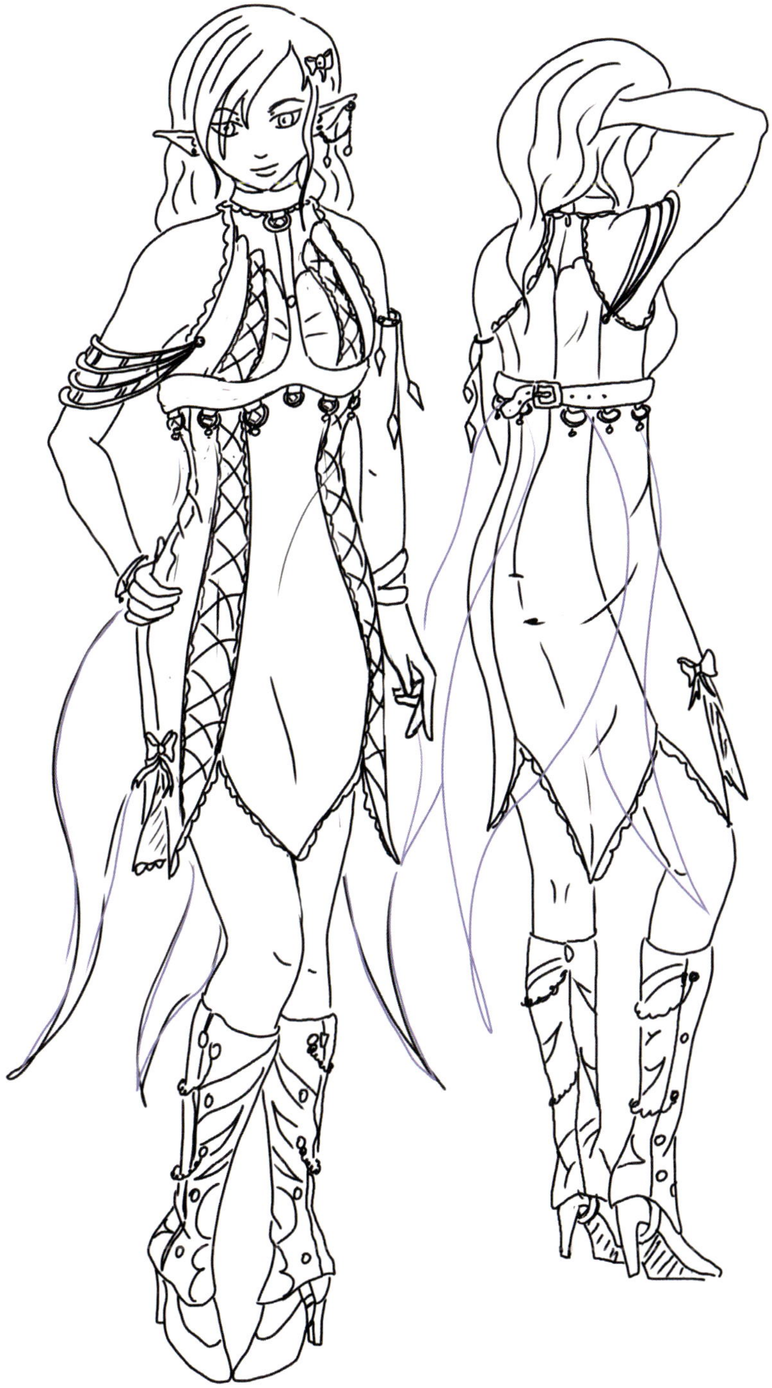

2. BLATT: VORDER- UND RÜCKANSICHT, EVTL. MIT FARBSCHLÜSSEL

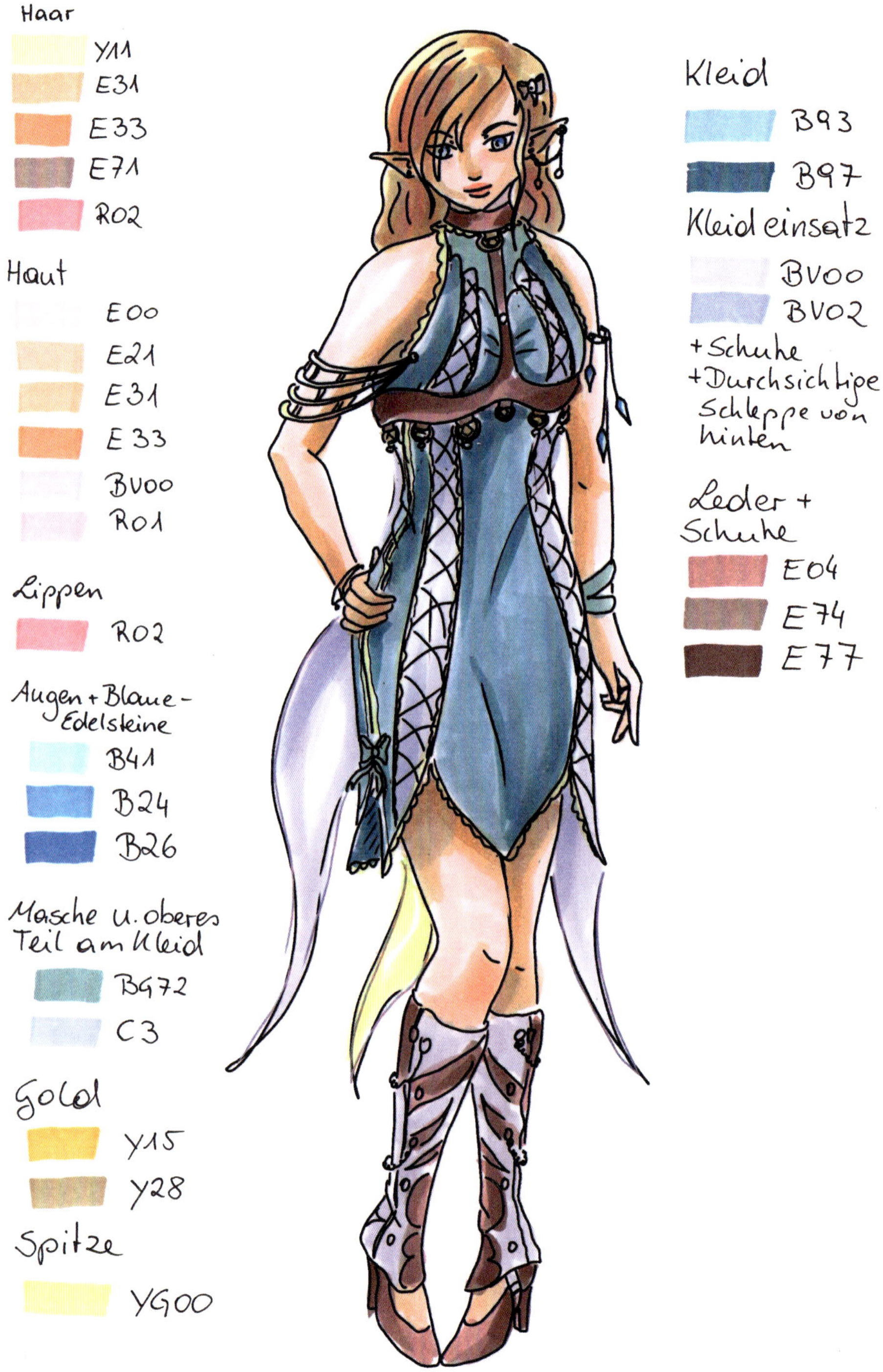

3. BLATT: EMOTIONEN UND KOPFZEICHNUNGEN DES CHARAKTERS

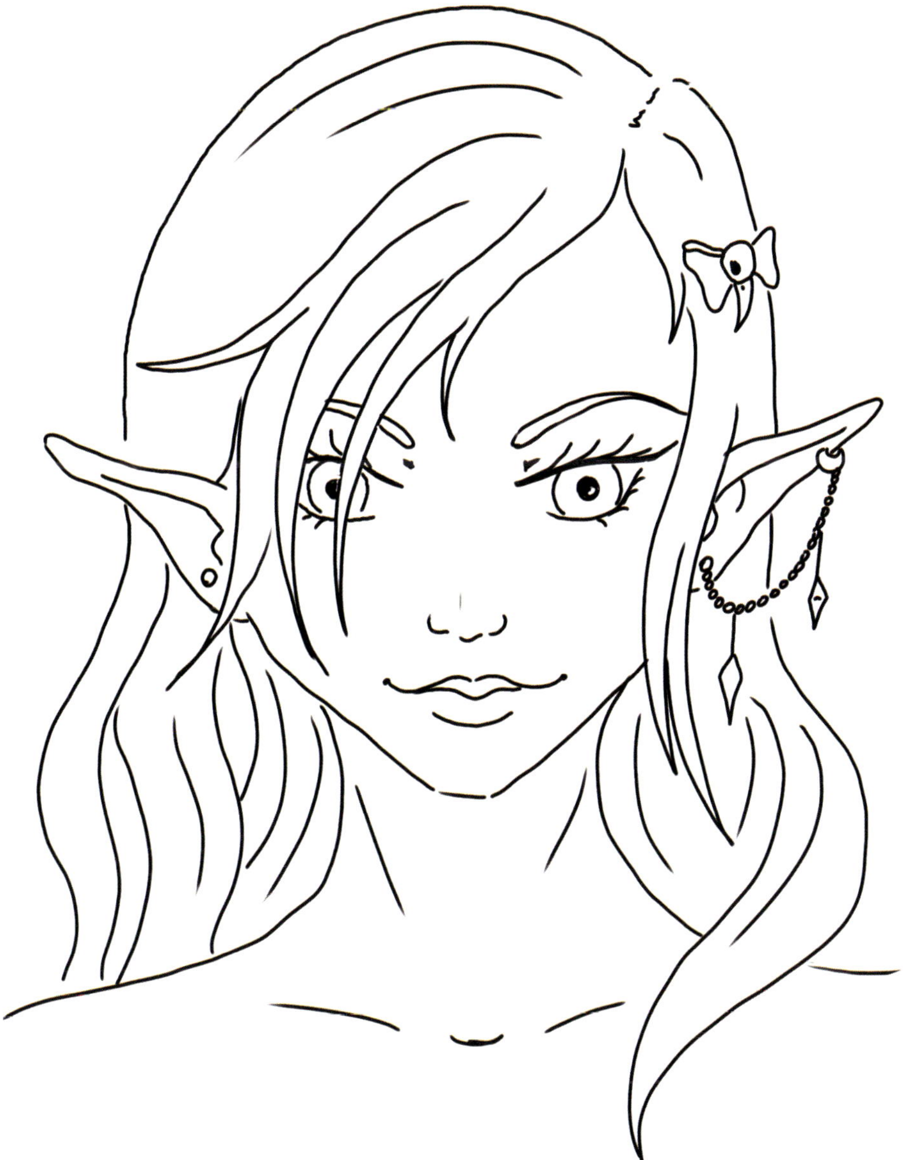

3. BLATT: EMOTIONEN UND KOPFZEICHNUNGEN DES CHARAKTERS

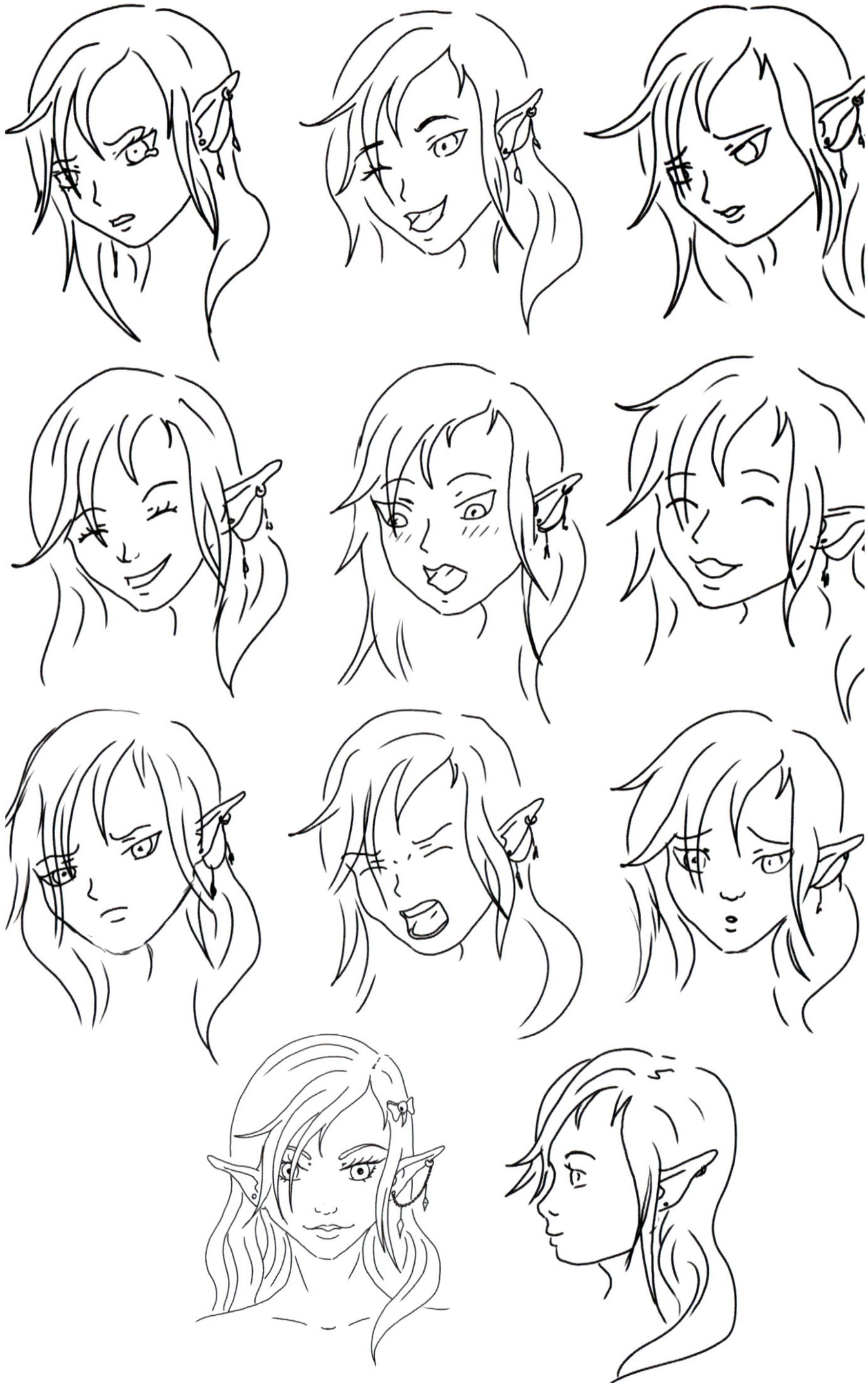

4. BLATT: EVENTUELLE GESCHICHTE DER FIGUR, ZUR ÜBERSICHT

Da meine Geschichte so um die 30 Seiten lang ist, hier nur ein kleiner Auszug. Natürlich würde auch eine kurze Geschichte ausreichen.

... Eine dieser Oberwelt-Bewohnerinnen war Lenora, die als Netzpflegehelferin zugeteilt war. Lenora war noch jung, was ihr chaotisches Naturell und den Drang, in hoffnungslose Träumereien zu verfallen, noch verstärkte. Sie glaubte nur an das Gute, was sie für die schändlichen und dunklen Dinge des Lebens blind machte.

Während die anderen Bewohner ihres Alters bereits Träume gestalteten, durfte sie aufgrund ihrer Schusseligkeit nur bei der Netzpflege mithelfen und wurde von den anderen nicht ernst genommen. Sie sprachen hinter ihrem Rücken über sie, da Lenora durch die hohe Stellung ihres Vaters unweigerlich und wortwörtlich in den Mittelpunkt der Aufmerksamkeit stolperte. Lenora selbst freute sich dennoch ihres Lebens und nahm dieses Geschehen um sich herum nicht wirklich ernst – was jene, die diesem Tratsch erlagen, nur noch mehr anstachelte. Sie glaubte nach wie vor an ihre Zukunft, denn das Schicksal ließ sich schließlich nicht betrügen!

Für Lenora war auch die Netzpflege selbst ein wichtiger Bestandteil der Arbeit mit den Traumfängern. Schließlich war das Netz der einzige Schutz der Träumenden vor dem Durchbruch der Albträume.

Am Morgen nach einer turbulenten Nacht, in der die Albträume wieder versucht hatten, mit aller Kraft das Netz zu durchbrechen, säuberte Lenora den Boden und ärgerte sich, dass sie ihr Haarband zu Hause vergessen hatte, da ihr die lästigen braunen Haare ständig ins Gesicht fielen. Vorsichtig kniete sie sich hin, um ihr blau-lila gestreiftes Lieblingskleid nicht zu beschmutzen, als sie plötzlich ein lautes Knirschen hörte. Sie erhob sich und schaute sich um, konnte aber nichts entdecken! Das Knirschen wurde immer lauter, und auf einmal geschah, was niemals geschehen durfte: Eine der schwarzen Perlen, die am Traumfänger befestigt waren, zerbarst in unzählige Stücke, die klirrend am Boden zerschellten ...

5. BLATT: FERTIGE BILDER, ZUR ÜBERSICHT

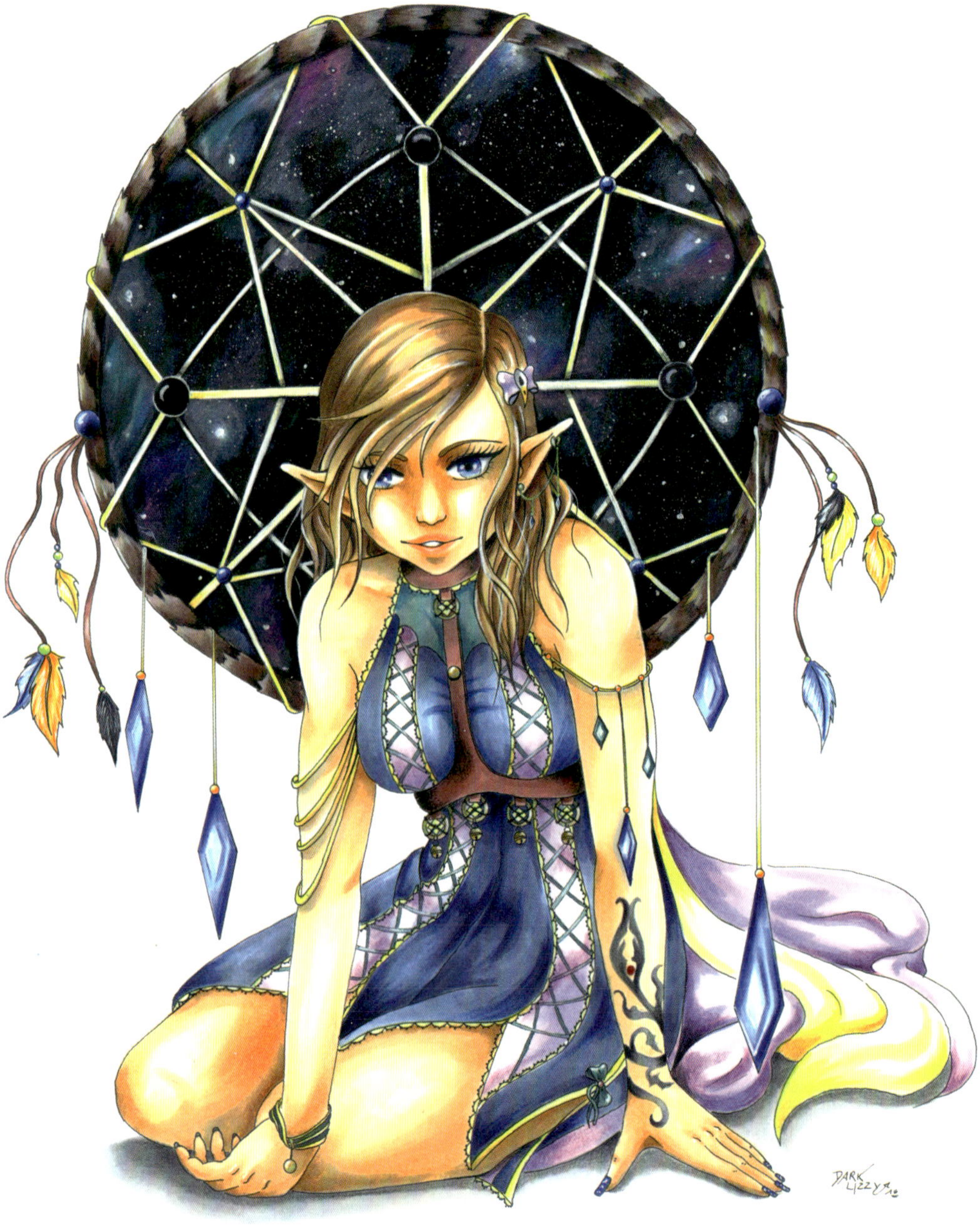

KLEINER IDEENPOOL

Seid nicht unbedingt gleich mit der ersten Idee zufrieden, sondern überlegt euch, wie ihr etwas noch Verrückteres machen könnt. Sammelt eure Ideen in einem Heft. Nehmt euch die Zeit zum Hinsetzen, macht unsortiertes Brainstorming: Alles aufschreiben, was euch in den Kopf kommt. Egal, ob es was mit dem aktuellen Thema zu tun hat oder nicht, vielleicht stellt es sich als super Idee heraus. Ihr wollt schließlich einen besonderen Charakter erschaffen.

Hier nur ein paar Oberbegriffe, was ihr eurem Charakter alles mitgeben könnt, vielleicht regt es eure Fantasie an:

Hörnerarten
Flügelarten
Ohrenarten
Wohnungsgegenstände
Alltagsgegenstände
Rucksackarten
Schuhdesign
Tierfusionen
Lichter
Wald
Elfen
Götter
Wetter
Waffen
Mythologie
Gebäude
Zeichen
Ornamente
Schmuck
Elemente
Steine
Kristalle
Technik
Stoffe
Gezeiten
Universum
Geheimnisse
Essen
mechanische Teile
Hautfarben
Fusionen
Tiere
Blumen
Unerwartetes
Inszenierung
Gefühl
Theater
Gliedmaßen
Musik
Instrumente
Haare
Schminke
Bewegung
Geografie
Träume
Kinder
Emotion
Tür und Tor
Spiele
Surreales
Landschaft

Wer seinen Charakter schon zu lang gesehen hat, könnte auch ein Experiment wagen und die Farben umkehren. Das funktioniert mithilfe von Scanner und Bildbearbeitungsprogramm relativ einfach. So bekommt man förmlich Besuch aus einer anderen Dimension und hat auch gleich die passenden Farbtöne parat.

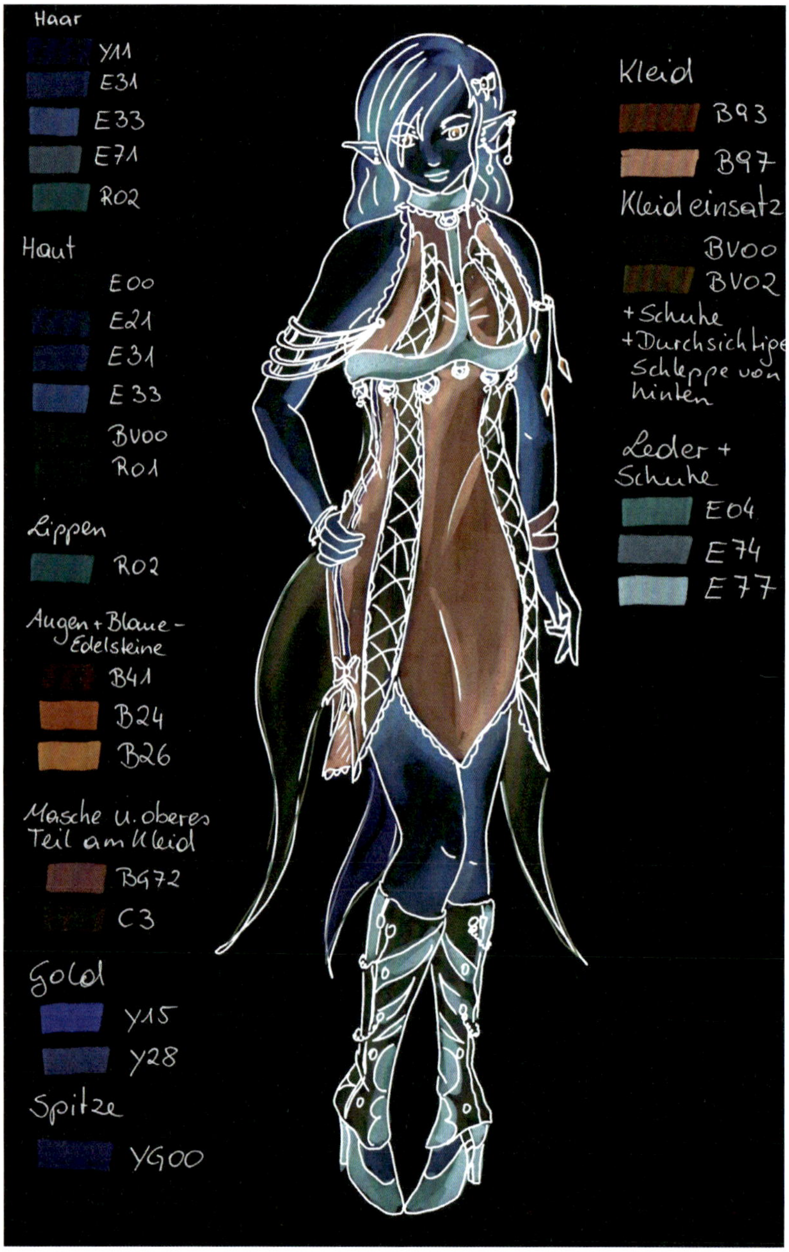

CHIBIS

WAS SIND CHIBIS?

»Chibi« heißt so viel wie »klein« auf Japanisch. Ursprünglich wurden sie in Mangas und Animes verwendet, um starke Emotionen zu verdeutlichen. Sie geben eurem OC die Möglichkeit, auf süße Weise böse oder verrückt zu sein.

Mit ihnen kann man wunderbar Bewegungen üben bzw. Emotionen mit Bewegungen verbinden. Sie sind recht simpel zu zeichnen, da Füße und Hände vereinfacht dargestellt werden, alle weiteren Proportionen kommen dem Original jedoch sehr nahe. Bei Chibis müsst ihr nicht auf Muskeln aufpassen. Auch Ideen für neue Charaktere lassen sich anhand von Chibis schneller zeichnen.

Es gibt verschiedene Grundformen der Chibis, meiner Meinung nach ist die häufigste der Drei-Kopf-Chibi, also 1 Kopflänge oben und 2 Kopflängen im Körper. Aber es gibt auch einen Zwei-Kopf-Chibi und einen Vier-Kopf-Chibi. Am Anfang ist wohl der Drei-Kopf-Chibi der leichteste, da sich dieser wieder perfekt in zwei gleich große Stücke teilen lässt.

Der große Kopf wird ähnlich wie ein Portraät angelegt, nur dass man eher weniger Nase zeichnet. Auch die Augen stehen häufig weiter auseinander, da der Kopf rundlich bleibt und nicht oval wird. Aber nicht vergessen, es bleibt euch überlassen, wie die Gesichtsform aussieht.

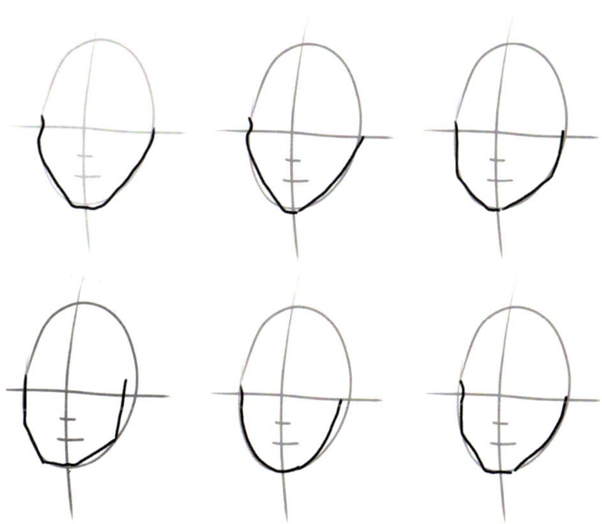

Unten ein Chibi mit 3 Kopflängen: 1. Kopf, 2. Oberkörper und 3. Beine. Ihr seht schon, wie einfach der Chibi in seiner Grundform ist. Ich brauche nicht unbedingt einen Ellbogen oder ein Kniegelenk. Sobald ich die Grundform gezeichnet habe, geht es ans Verändern des Chibis. Zeichnet doch einmal Flügel statt Arme! Die Augenhöhe liegt wieder auf der Mittellinie des Kopfes, auch Mund und Nase orientieren sich am Originalportrait.

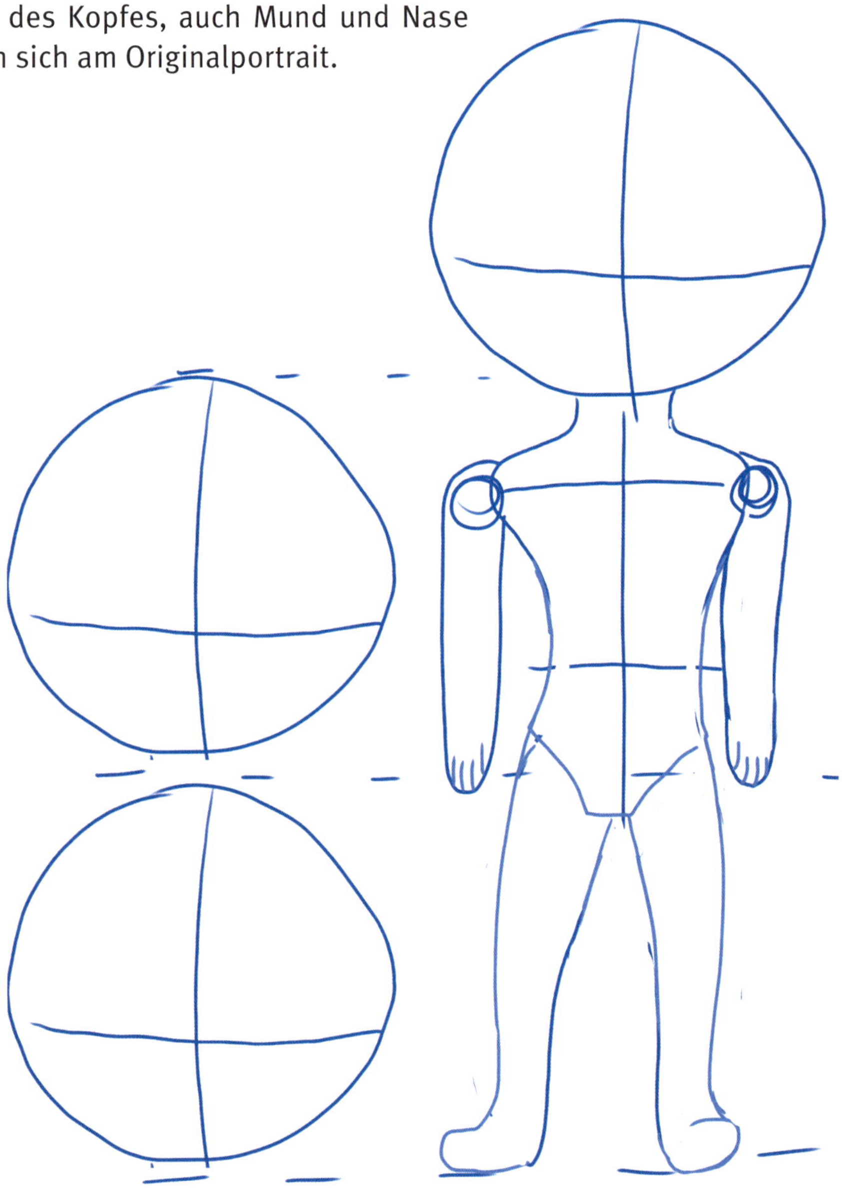

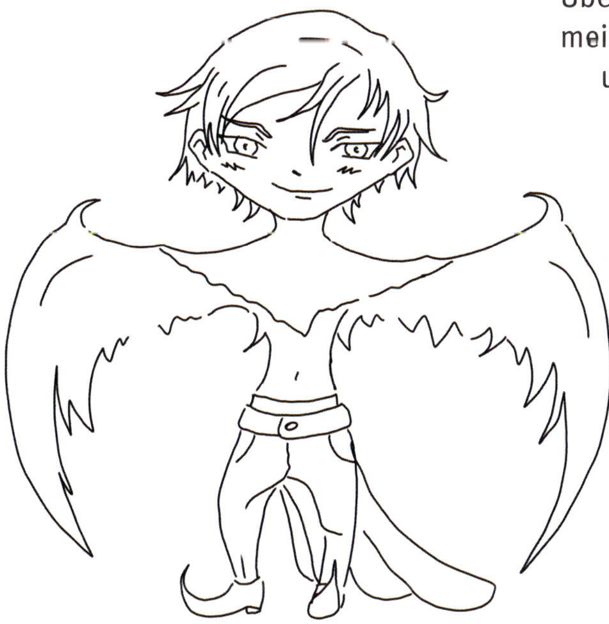

Über meine grobe Skizze zeichne ich meinen Chibi. Ich gebe ihm ein Gesicht und Haare. Seine Arme werden zu Vogelschwingen. Wie man gut erkennen kann, lässt sich mithilfe von Chibis wunderbar mit dem Charakter spielen. Natürlich bekommt er auch Schwanzfedern und eine Hose samt Gürtel.

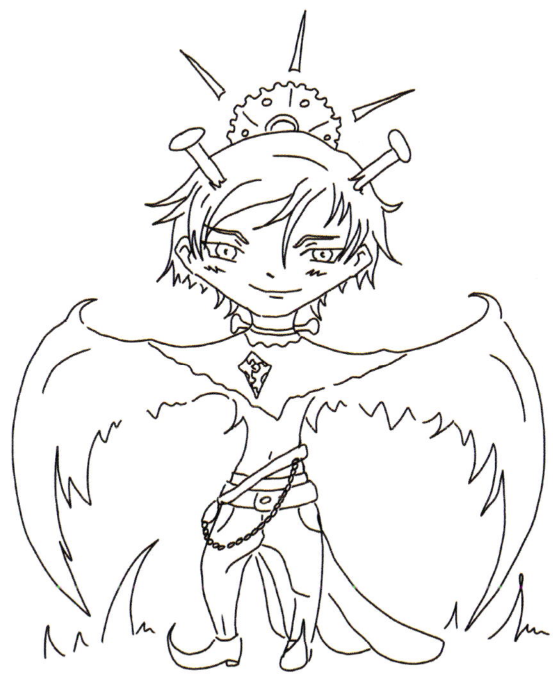

Ich zeichne noch Details ein. Der Chibi bekommt ein Herz aus Zahnrädern, seinen Antrieb. Durch das Andeuten von Gras steht er nun auch auf einem Untergrund und könnte jetzt koloriert werden.

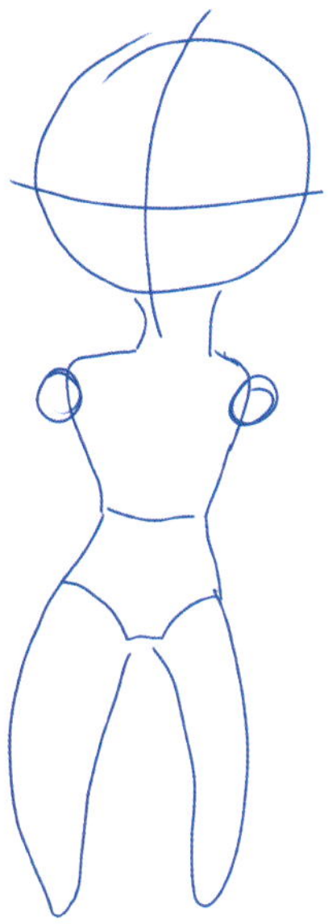

Wie ihr seht, könnt ihr alles mit Chibis machen. Wie wäre es mit einer Krakenmischung? Die Herausforderung liegt am Ende darin, dass euer OC und euer Chibi sich deutlich ähneln. Der Chibi muss sofort erkennbar sein als die kleine Version des OC. Ein ganzes Bild nur aus Chibis und Hintergrund kann eine tolle Übung für euch sein und kann helfen, Interaktionen zwischen Charakteren besser zu verstehen und zu zeichnen. Probiert es einfach aus, was soll schon schiefgehen?

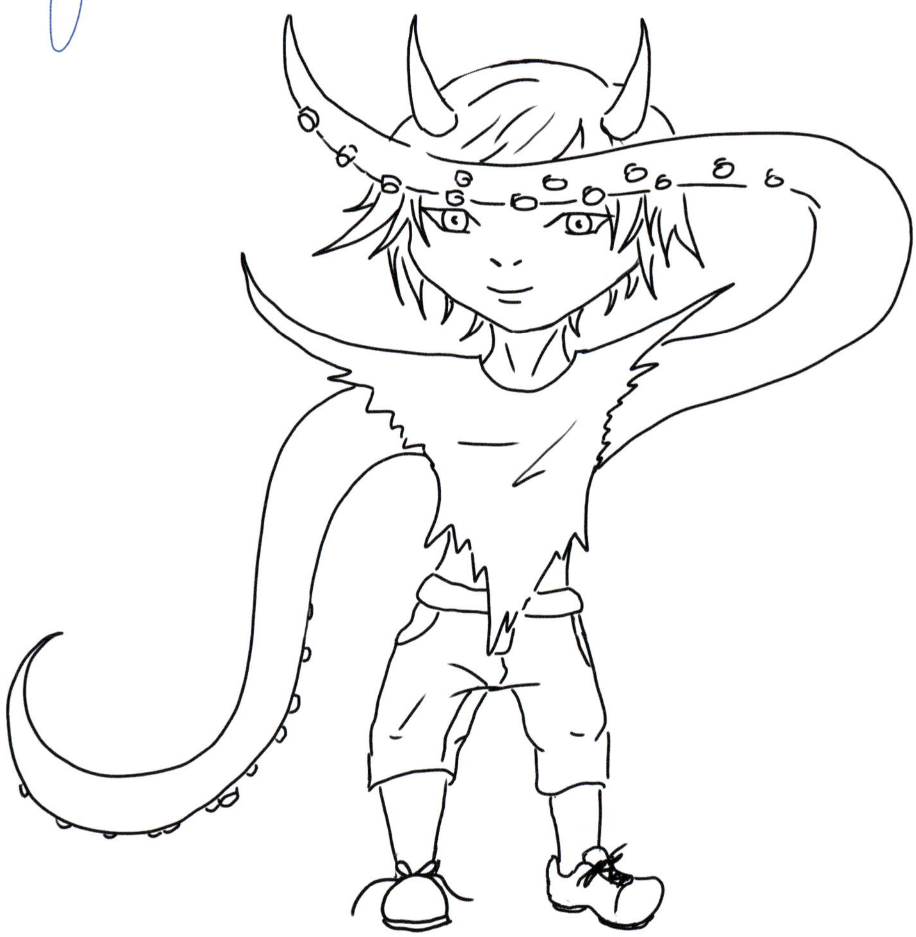

COMICTIERE

Im Comic und in der Illustration bieten Tiere eine gute Möglichkeit, ein Bild aussagekräftiger zu gestalten. Häufig stehen Tiere für das Gewissen des Protagonisten. Im Manga oder Comic müssen Tiere nicht real oder gar realistisch aussehen. Orientiert euch anfangs wie bei den Menschen an geometrischen Grundformen und erschafft neue Tiere oder wandelt sie im Comicstil ab.

Aber wie, bitte? Dazu sehe ich mir das Tier an und erkenne seine zahlreichen Teilformen: Der Kopf ähnelt oft einem Kreis oder einem Oval. Der Körper ist sack- oder bohnenförmig, doch daraus könnte ich auch eine zylindrische Form machen. Beine und Füße sowie Arme und Hände bestehen aus drei Teilen, doch am Anfang könnte ich auch diese Form auf etwa einen Kegel beschränken. Was ich damit meine, seht ihr gleich auf den folgenden Seiten.

Wenn ihr euch an ein reales Tier haltet, dann ist es wichtig, dass ihr das Tier erkennbar macht. Das heißt, dass ich mir das Tier vorher ansehe und die Besonderheiten von dem Tier übernehme.

Zum Beispiel hat eine Katze eine typische Dreiecksnase, der Mund schließt sich direkt an. Die Augen könnt ihr im Comicstil interpretieren. Ob sie nun realer dargestellt sind oder nur als kleine Knöpfe, bleibt euch überlassen. Bei den Ohren ist es dagegen wichtig, sich an die realen Ohren zu halten. Auch der Schwanz des Tieres hilft dem Betrachter dabei, es richtig einzuordnen. Seht euch also die Merkmale genau an, meist Schnauze, Nase, Mund, Ohren und Schwanz. Oft hilft es, auch die Gesichtsform stilisiert einzubauen.

Tipp: Auch bei Tieren gilt: je runder, desto harmloser und niedlicher bzw. auch weiblicher. Je kantiger und spitzer, umso aggressiver, gefährlicher und männlicher wirkt das Tier.

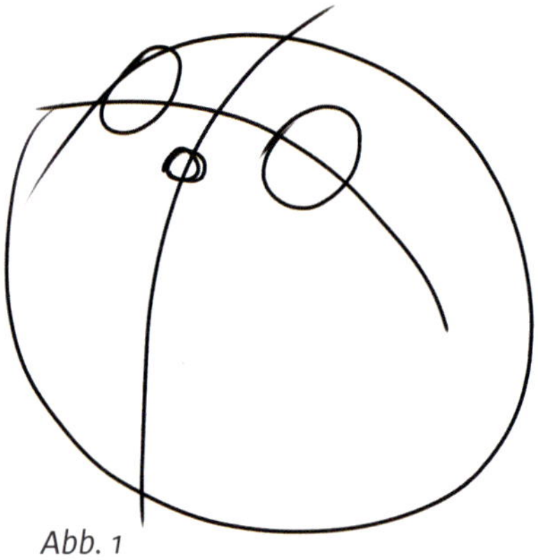

Abb. 1

Abb. 1 Beginnen wir mit einer recht einfachen Fantasiegestalt, die nur aus einem Kreis besteht. Verleiht dem Kreis mithilfe des Gesichtskreuzes eine Blickrichtung. Danach setzt ihr eine Nase darunter. Die Augen werden im gleichen Abstand zueinander eingezeichnet.

Abb. 2 Ich zeichne die Füßchen ein. Wie ihr seht, zeichne ich Ovale, unten leicht abgeflacht. Damit die Füße auch wirklich am Körper liegen, zeichne ich sie etwa in der Hälfte über den Kreis. Der von uns abgewandte Fuß wird auch nicht auf die Zeichnung aufgesetzt, sondern beginnt hinter dem Körper und geht nach vorn (gestrichelte Linie).

Jetzt zeichne ich einfach eine Fellstruktur über meinen Kreis. Diese lässt sich darstellen, indem ich lauter kleine Fransen an der Outline zeichne. Aber auch hier wirkt das Tier »richtiger«, wenn ihr euch an den Strich eines Felles haltet. Deshalb ist die obere Mitte am Kopf recht gerade, bevor sich das Fell dann auf einer Seite nach links und auf der anderen Seite nach rechts bewegt. Noch einen kleinen flauschigen Schwanz: Er sieht schon richtig niedlich aus, oder?

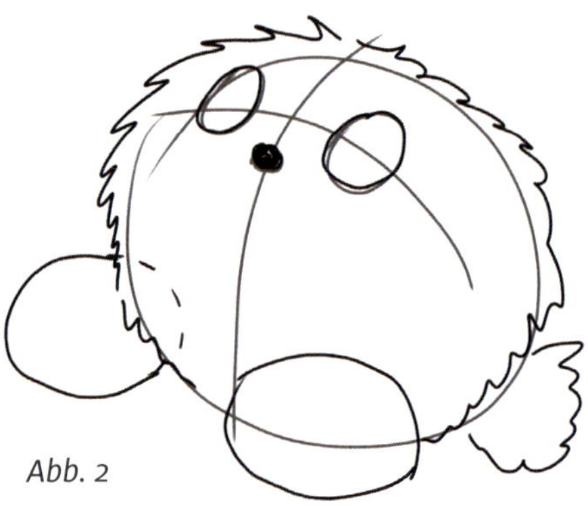

Abb. 2
Richtig

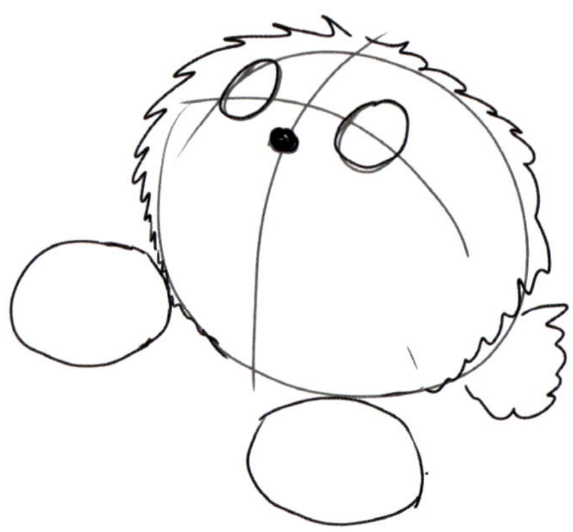

Falsch

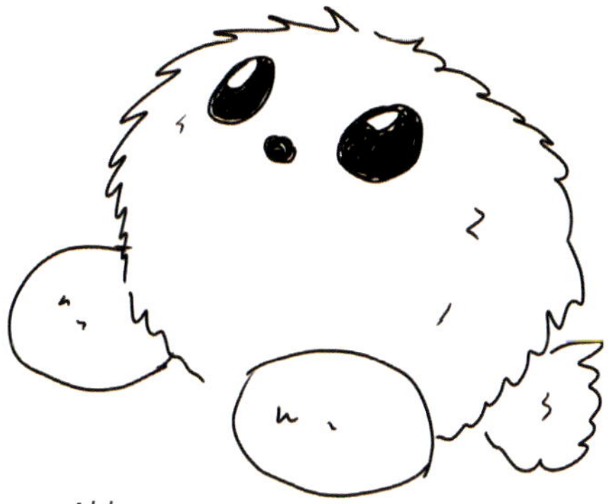

Abb. 1

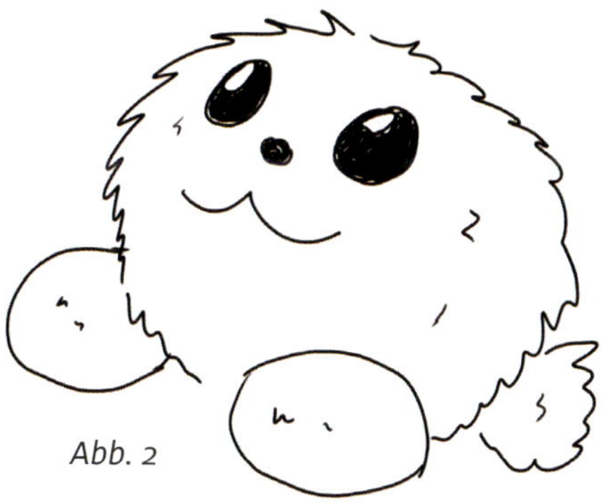

Abb. 2

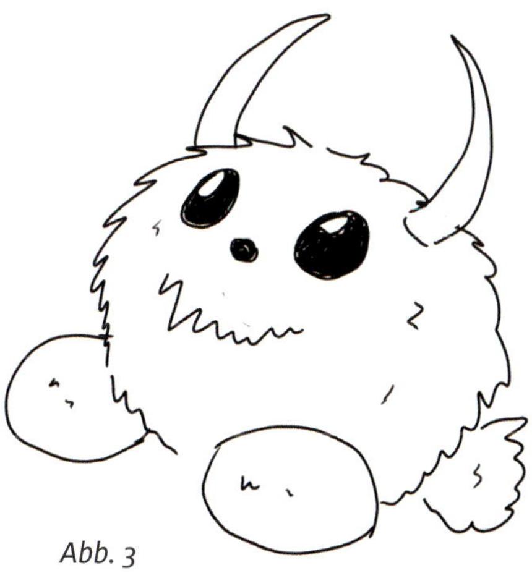

Abb. 3

Abb. 1 Hier habe ich noch ein paar Striche ins Fell eingezeichnet, damit es plastischer und wuscheliger wirkt. Achtet darauf, dass ihr sie wieder in Strichrichtung des Felles macht und sie nicht zu gleichmäßig sind. Die Augen noch schwarz ausmalen und Lichter frei lassen. Er braucht nicht zwingend einen Mund.

Ob mit oder ohne Mund, jeder weitere Strich verändert unser kleines Tier und lässt den Betrachter an eine andere Interpretation denken:

Abb. 1 Einfach niedlich und leicht fragend. Seine Aussage wird nur durch ein Hilfsmittel klar, wie etwa Ruf- oder Mundzeichen in einer Sprechblase.
Abb. 2 Sieht fröhlich und freundlich aus, hier weiß der Betrachter sofort Bescheid.
Abb. 3 Sieht zwar nicht unfreundlich aus, aber durch den Zackenfellmund und die Hörner könnte er auch gefährlich sein. Dieses Tier würde man nicht sofort streicheln.

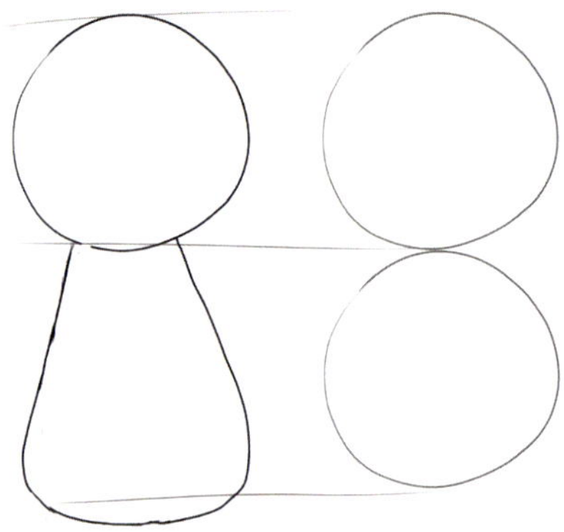

Abb. 1

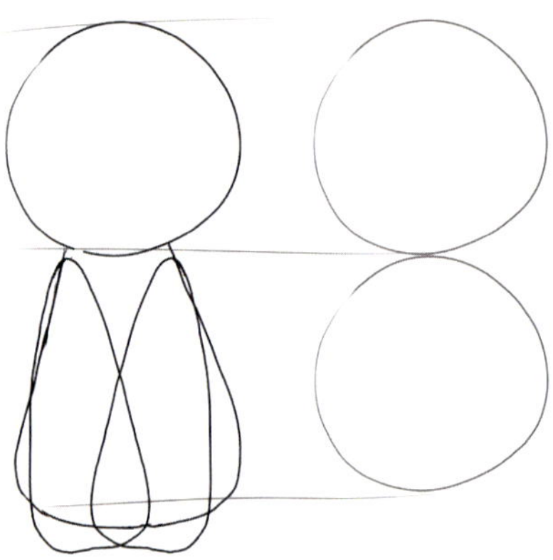

Abb. 2

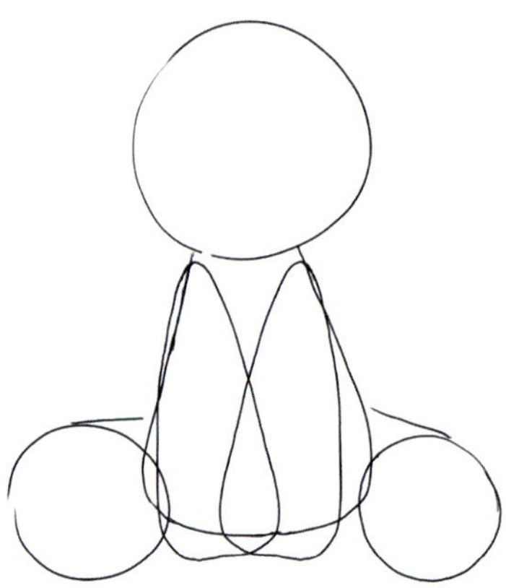

Abb. 3

Abb. 1 So kann man ebenfalls mithilfe von geometrischen Formen Tiere erschaffen: Zuerst zeichne ich wieder den Kopf, danach überlege ich mir das Verhältnis von Kopf zu Körper. Für den Anfang ist es sicher von Vorteil, mit ganzen Kopflängen zu arbeiten. Durch die trapezartige Form gebe ich dem Köper seine Grundform. Diese könnte auch ein Oval sein.

Abb. 2 Ich zeichne zwei Arme dazu. Ich habe mich für einen Kegel entschieden, um Arme sowie Beine darzustellen. Bei dieser Form benötige ich keine Extrapfoten. Bewegungen werden einfach mit einem Knick im Kegel abgebildet. Mehr dazu auf der rechten Seite.

Abb. 3 Ich lasse die Figur mit ausgestreckten Beinen sitzen. Deshalb wird man nur zwei Kreise (Unterteile des Kegels) sehen. Am oberen Ende zeichne ich noch eine Linie, die vom Kegel in Richtung Körper verläuft. Seht euch Stofftiere mal genauer an, diese sind oft aus den einfachsten Formen zusammengestellt.

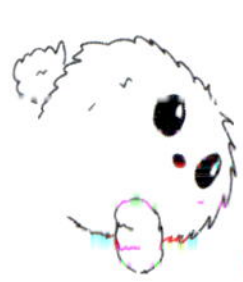

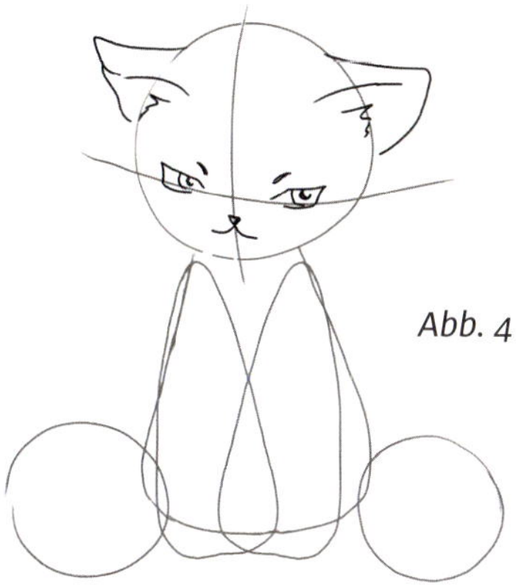

Abb. 4

Abb. 4 Nachdem ich das Gesichtskreuz eingezeichnet habe, werden die typischen Merkmale des Tieres vermerkt: Nase, Ohren, Schwanz und evtl. die Gesichtsform. Die Augen spielen eher eine Nebenrolle. Ob ihr diese vermenschlicht, tiergetreu zeichnet oder Ovale daraus macht, ist abhängig von eurem Stil.

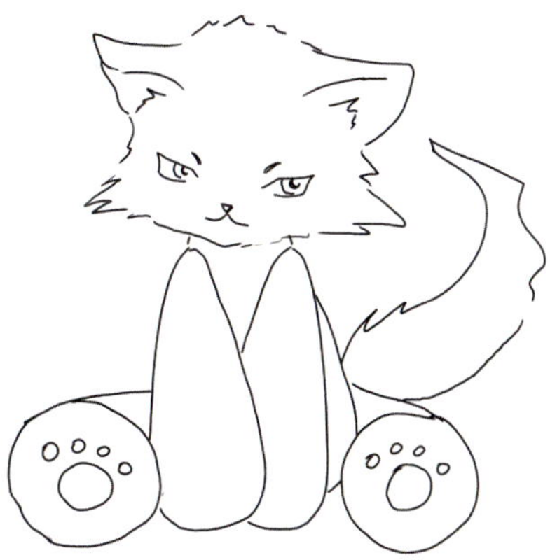

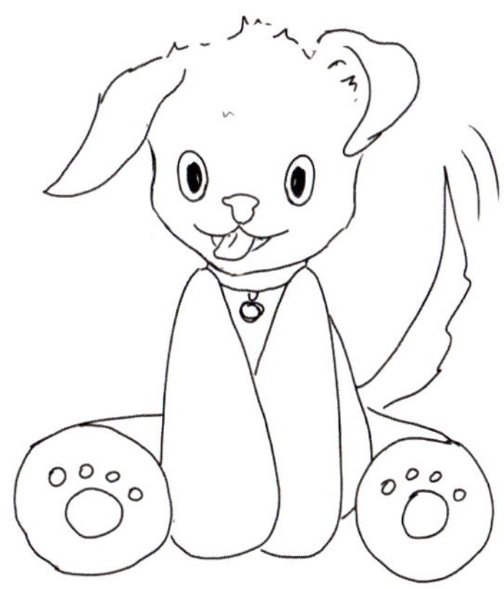

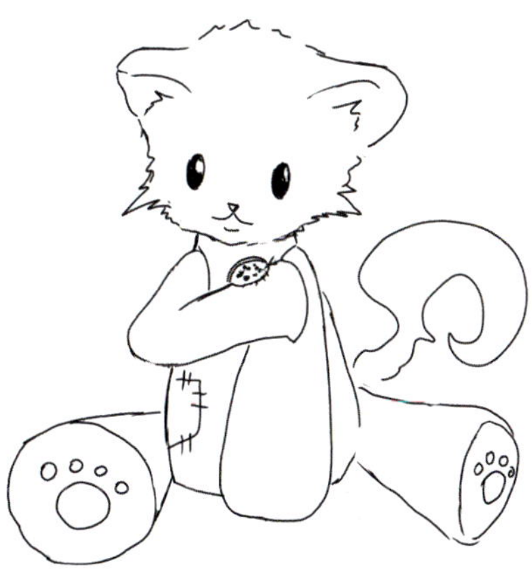

Abb. 5

Abb. 5 Nach den ersten Grundformen kann man damit beginnen, das Tier in Bewegung oder Interaktion zu zeichnen. Auf dem Bild seht ihr, wie die Figur gerade den Arm hebt. Die Position der Beine habe ich etwas versetzt. Das eine Bein sieht nicht mehr direkt zu uns, was dazu führt, dass das Ende des Kegels sich optisch zum Oval zu verformen beginnt und auch die innere Pfote oval wird.

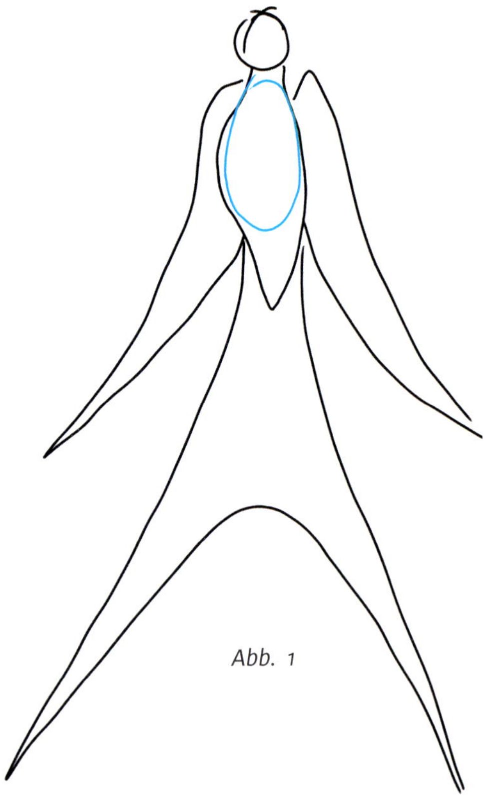

Abb. 1

Abb. 1 Auch Vögel sind leicht zu zeichnen. Hier seht ihr einen kleinen Phönix, der seine Flügel leicht anhebt. Um ihn zu zeichnen, beginne ich mit einem Kreis als Grundform. Ich weiß schon, dass er nach oben schauen soll, dementsprechend setze ich also das Gesichtskreuz. Für den Körper helfe ich mir zuerst mit einem Oval, das zweimal so groß wie sein Kopf ist. Über dieses zeichne ich seinen Körper mit einer Spitze nach unten.

Die Spitze nach unten ist ebenfalls so lang wie der Kopf. Nachdem der Schwanz sehr auffällig werden soll, zeichne ich ihn sehr groß und ausgestellt wie einen Schwalbenschwanz. Die Flügel setze ich seitlich nach Gefühl an. Sie sollten oberhalb der kürzesten Stelle des Schwanzes enden.

Abb. 2 Hier zeichne ich noch einen Ast und die Füßchen ganz grob ein.

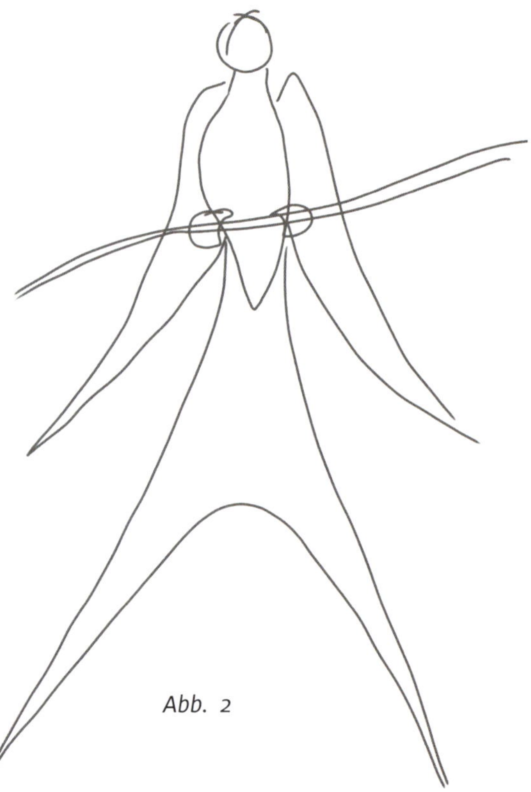

Abb. 2

Abb. 3 Nachdem die Grundform fertig ist, werden die Details eingezeichnet. Ihr seht, es fällt viel leichter, wenn man geometrische Grundformen verwendet. Natürlich kann man dadurch noch lang nicht alles sofort zeichnen, aber wenn man sich an Grundformen hält, ist man nicht so schnell überfordert. Teilt also eure Figuren zunächst in die Formen ein, bevor ihr an die Einzelheiten geht. Hier seht ihr, dass der Schnabel noch als Dreieck hinzugefügt wurde und dass das Auge ein kleines schwarzes Oval mit Lichtpunkt ist.

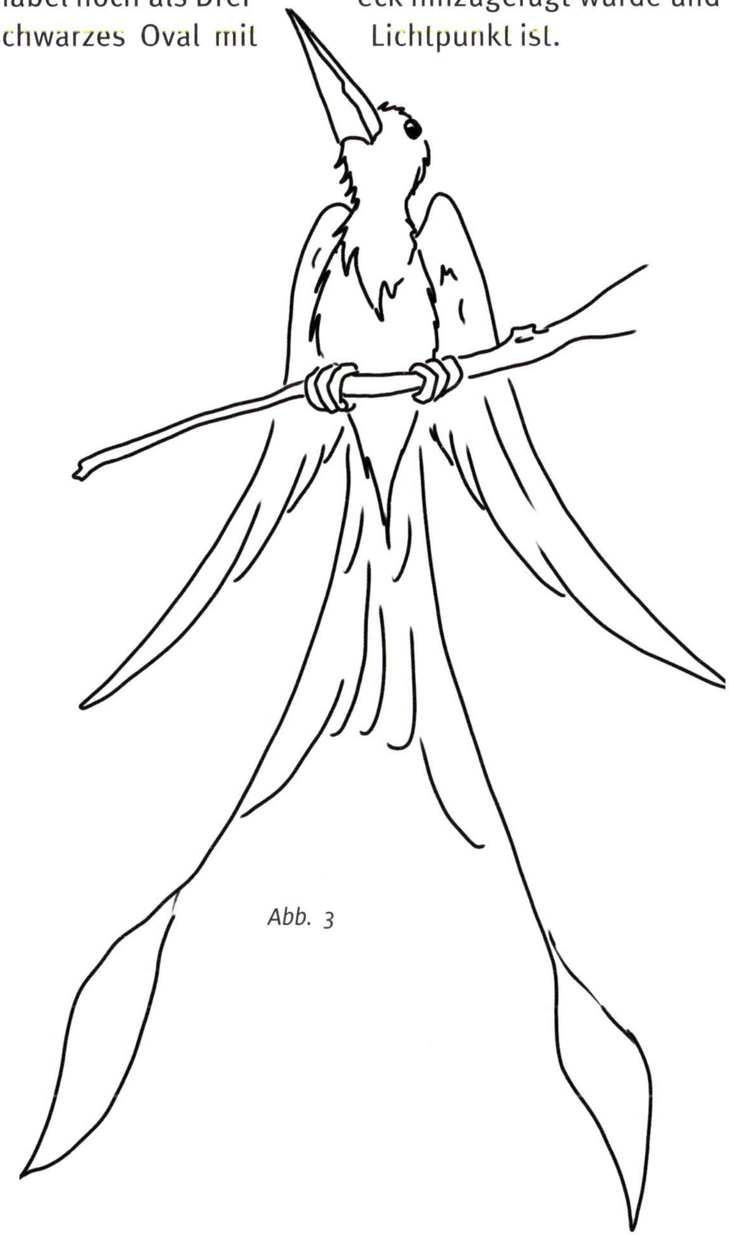

Abb. 3

Die Reinzeichnung

Die Reinzeichnung besteht aus den Outlines (Außenlinien). Diese machen die Illustration fertig oder bereiten auf das Kolorieren vor. Wozu überhaupt eine Reinzeichnung machen? Es entstehen so viele Striche, und es wir so oft radiert, dass man sich manchmal bei seinem eigenen Linienwirrwarr nicht mehr auskennt. Deshalb zeichnet man die Figur am besten erst auf ein Skizzenblatt. Wenn sie fertig gestaltet ist, geht man mit ihr und einem neuen Blatt an den Leuchttisch und paust seine Figurine mit den finalen Außenlinien durch. Dabei lässt man natürlich Hilfslinien oder Linien, die unter der Kleidung liegen, wegfallen. Durch das Durchpausen steht man nicht so sehr unter Druck, dass jede Linie sofort sitzen muss.

Abb. 1 Man beginnt also mit dem Körper. Zeichnet ihn in einer hellen Farbe (Seite 6), damit man die Linien am Leuchttisch nicht so stark durchsieht.
Abb. 2 Als Nächstes wird die Kleidung über die Körperlinien gelegt.

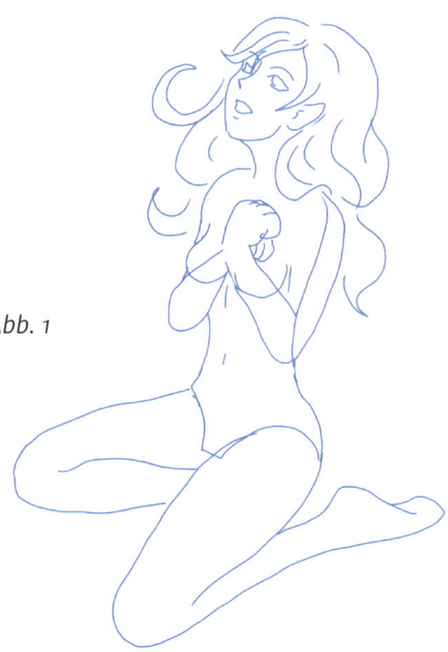

Abb. 1

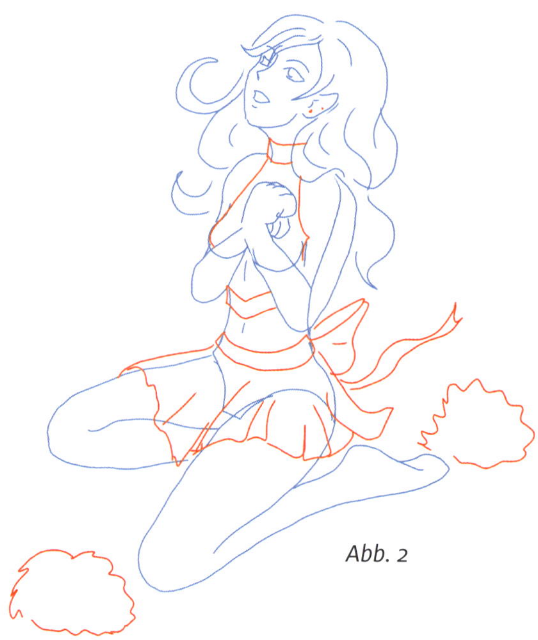

Abb. 2

Abb. 3 Nun ziehe ich die finalen und sichtbaren Linien mit Bleistift nach. Hierbei mache ich noch kleine Korrekturen. Danach setze ich mich an den Leuchttisch und pause meine Linien auf das neue Blatt durch.

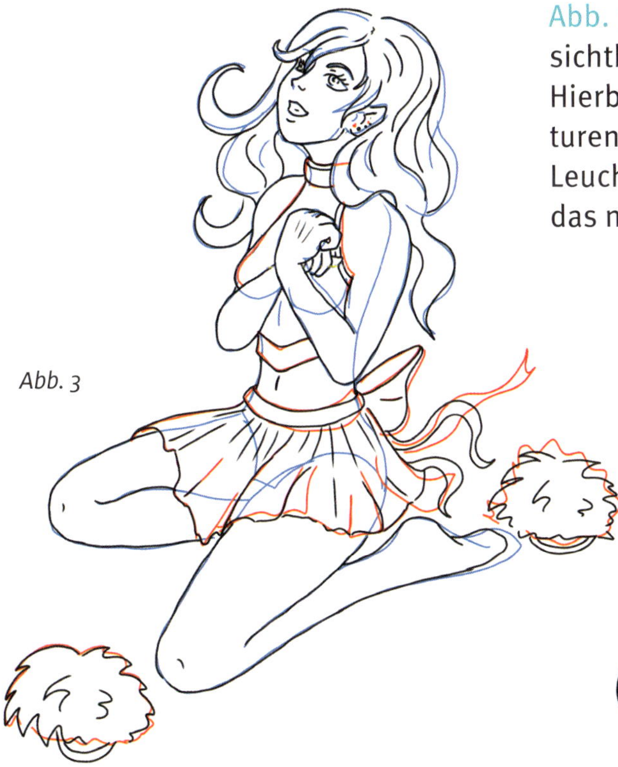

Abb. 3

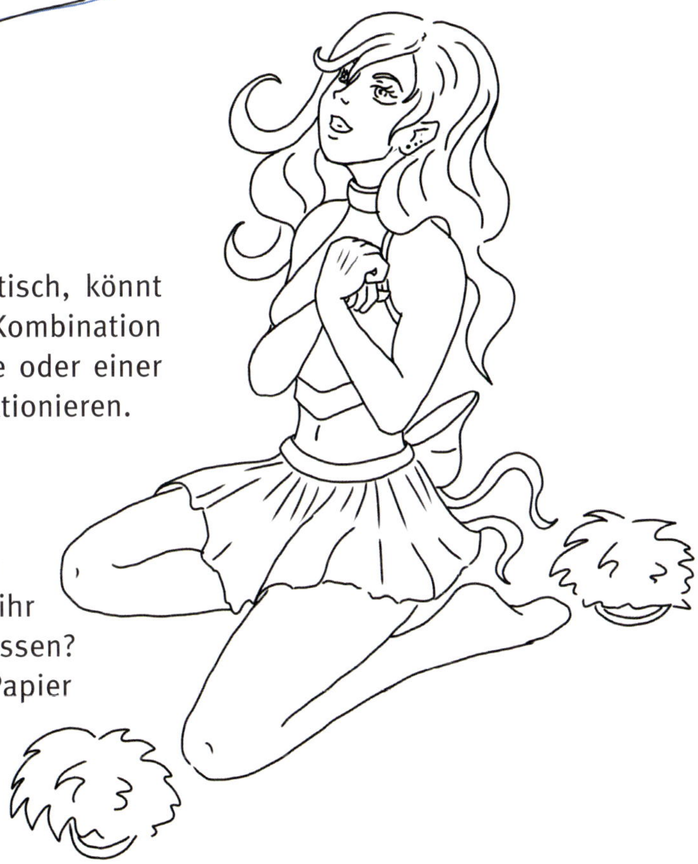

Habt ihr noch keinen Leuchttisch, könnt ihr auch eine Glasplatte in Kombination mit einer Handytaschenlampe oder einer normalen Lampe dazu umfunktionieren.

Bevor ihr abpaust, solltet ihr euch schon im Klaren darüber sein, wie es weitergeht. Wollt ihr kolorieren oder die Figur so lassen? Dementsprechend müsst ihr Papier und Outlinestifte auswählen.

Tipp: Lasst euch für das Abpausen Zeit! Bei wirklich komplizierten Bildern mit viel Hintergrund kann es schon mal bis zu acht Stunden dauern, bis alle Outlines fertig sind. Selbst ein kleiner Fehler kann bedeuten, dass man noch mal beginnen muss. Volle Konzentration ist unerlässlich.

Seid ihr fertig, verleiht eurer Figur noch etwas Tiefe. Zeichnet dazu Linien unterschiedlich dick und setzt erste Schatten, wie unter dem Kinn oder hinten am Oberschenkel, wo der Rock einen Schatten hinterlässt. Diese Schatten sind dreiecksförmig. Überall, wo etwas verdeckt wird oder etwas nach hinten geht, könnt ihr einen Schatten zeichnen. Aber auch hier ist es die Mischung: nicht zu viel und nicht zu ordentlich/gleichmäßig.

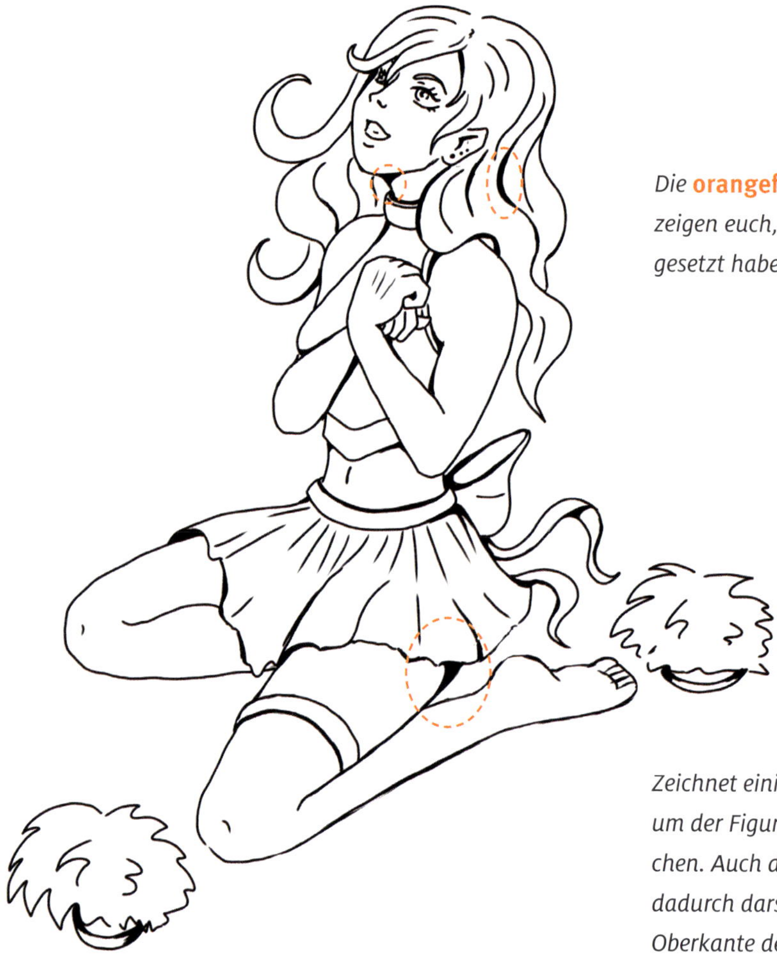

*Die **orangefarbenen Ovale** zeigen euch, wo ich Schatten gesetzt habe.*

Zeichnet einige Linien etwas dicker, um der Figur Leben einzuhauchen. Auch die Stoffdicke könnt ihr dadurch darstellen, wie etwa die Oberkante des Rockes.

Arbeiten mit Copics

Wenn ich meine Illustration kolorieren möchte, dann greife ich oft zu Aquarellfarben oder zu Markern mit alkoholhaltiger Farbe. Ich persönlich bevorzuge Letztere. Meine Lieblingsmarke: Copic. Diese lassen sich nachfüllen, sind in vielen Farben verfügbar und sehr langlebig. Manche meiner Copics sind schon 20 Jahre alt. Sie haben eine extrem gute Pinselspitze, mit der ich sowohl breit als auch spitz arbeiten kann. Copics sind in der Anschaffung nicht ganz günstig, jedoch kann ich versprechen: Es zahlt sich aus! Und über die Jahre gesehen sind Copics durch ihre Qualität und Nachfüllbarkeit viel günstiger als andere Marker.

Für nicht nachfüllbare Marker zahlt man zwar nur die Hälfte, aber was nutzt mir das? Wenn sie eintrocknen oder verbraucht sind, muss ich wieder neue kaufen. Copics fülle ich einfach nach und bekomme die Nachfüller auch in jedem Künstlerbedarf. Ich selbst habe mir immer vier Copic-Stifte pro Monat geleistet. Also habe ich dafür einmal im Monat umgerechnet 20–25 Euro ausgegeben. Man benötigt etwa 55 Stifte, um so ausgerüstet zu sein, dass einem theoretisch keine Farben mehr fehlen.

Wer Copics einkauft, muss darauf achten, den richtigen Typ zu erwischen. Es gibt verschiedene Arten, und nur »Ciao« oder »Sketch« besitzen die Pinselspitze, die wir im Manga- und Comicbereich benötigen. Außerdem braucht ihr einen Copic-Multiliner mit der Stärke 0,05 und 0,1 mm für die Outlines.

Auch die Wahl des Papiers ist beim Zeichnen mit Copics ganz wichtig, da diese nicht auf jedem Papier so arbeiten wie gewünscht bzw. viel Farbe verlieren. Gerade für Anfänger empfehle ich Perfect Colouring Paper (auch von Copic).

Wer sich intensiver mit Copics befassen möchte, dem empfehle ich mein Buch »Copic Marker: Das große Buch für Manga und Illustration«, erschienen im Stiebner Verlag, ISBN: 978-3-8307-1442-2.

KOLORIEREN MIT COPICS

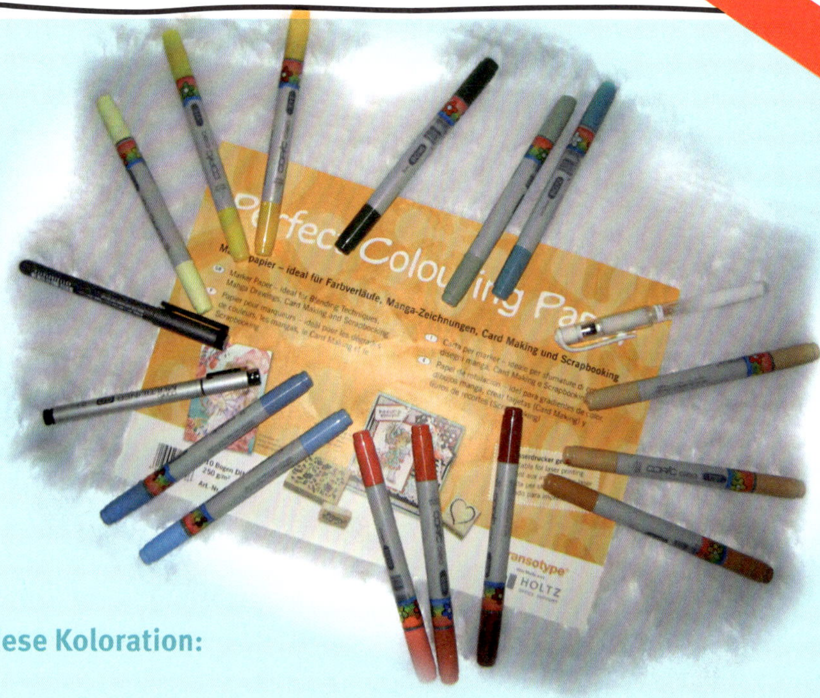

Material für diese Koloration:

Papier: Perfect Colouring Paper
Outlines: 0,05 und 0,01 mm Copic-Multiliner in Schwarz

Copic »Ciao«:
Hautfarbe: E00, E21, E31, BV00, R02
Lippen: R02, R14
Augen: C1, C3, G00, G17
Kaugummiblase: RV21, RV34, R000
Haare und Fell: Y38, YR04, YR68, E15, C1, C3
Oberteil und Hose: R14, R46, R59, BG96, BG99, C7
Stab: E25, E59, E49, C1, C3, C5
Gürtel: B97, B99
Hintergrund: G00, G02, BG34, BG15, B00, B02

1. Zunächst überlege ich mir, in welchem Winkel das Licht einfallen soll. Dann lege ich die erste Schicht Farbe an. Ich nenne das »Grundierung mit der hellsten Hautfarbe«. In diesem Fall ist das E00. An den Wangen und am Nasensteg kann man das weiße Blatt durchscheinen lassen.

Wie ihr vielleicht schon erkannt habt, passen in den Oberkörper der Füchsin nur 2 ½ Kopflängen. Deshalb wirkt sie gleich jünger und kleiner.

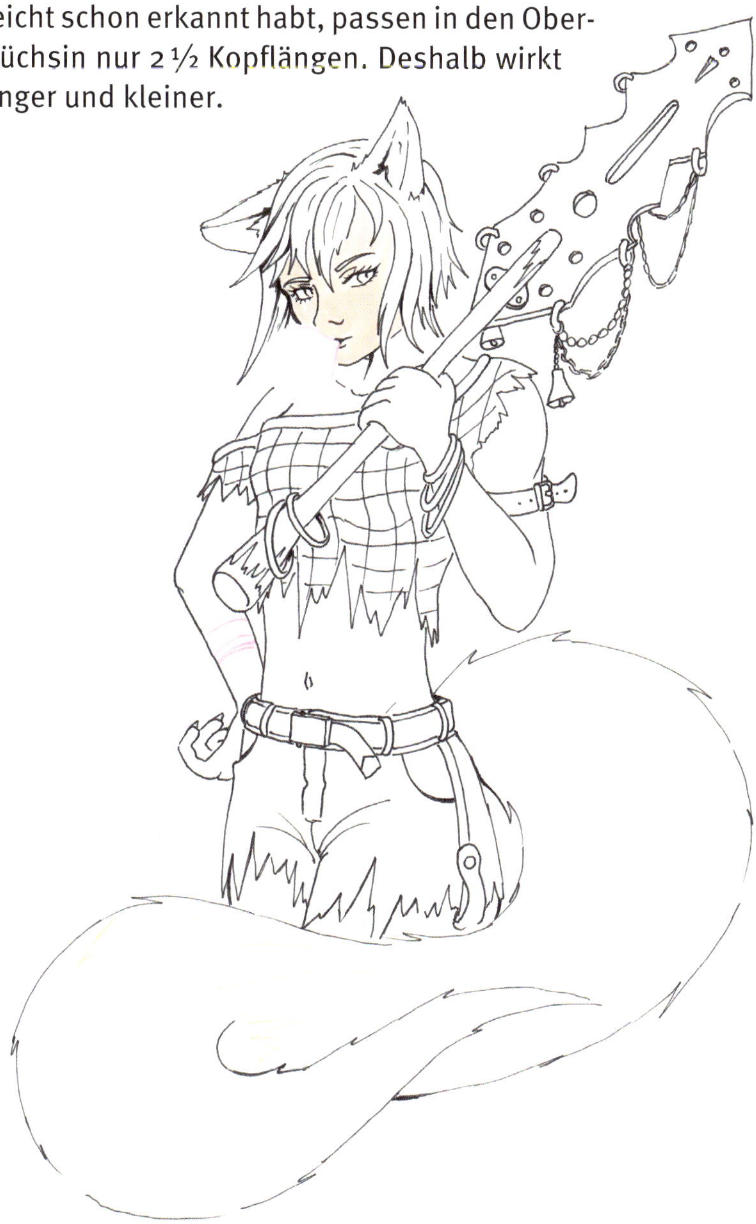

2. Nun setze ich die ersten Schatten mit E21. Dies mache ich recht großflächig und verwische dann E21 mit E00, um einen Verlauf zu erzielen. Ich lege die Schatten unter der Lippe auf der rechten Gesichtshälfte der Figur, da diese von den Haaren verdeckt wird, unter dem Haaransatz und zwischen Augen und Augenbrauen. Auch der untere Teil der Nase wird dunkler.

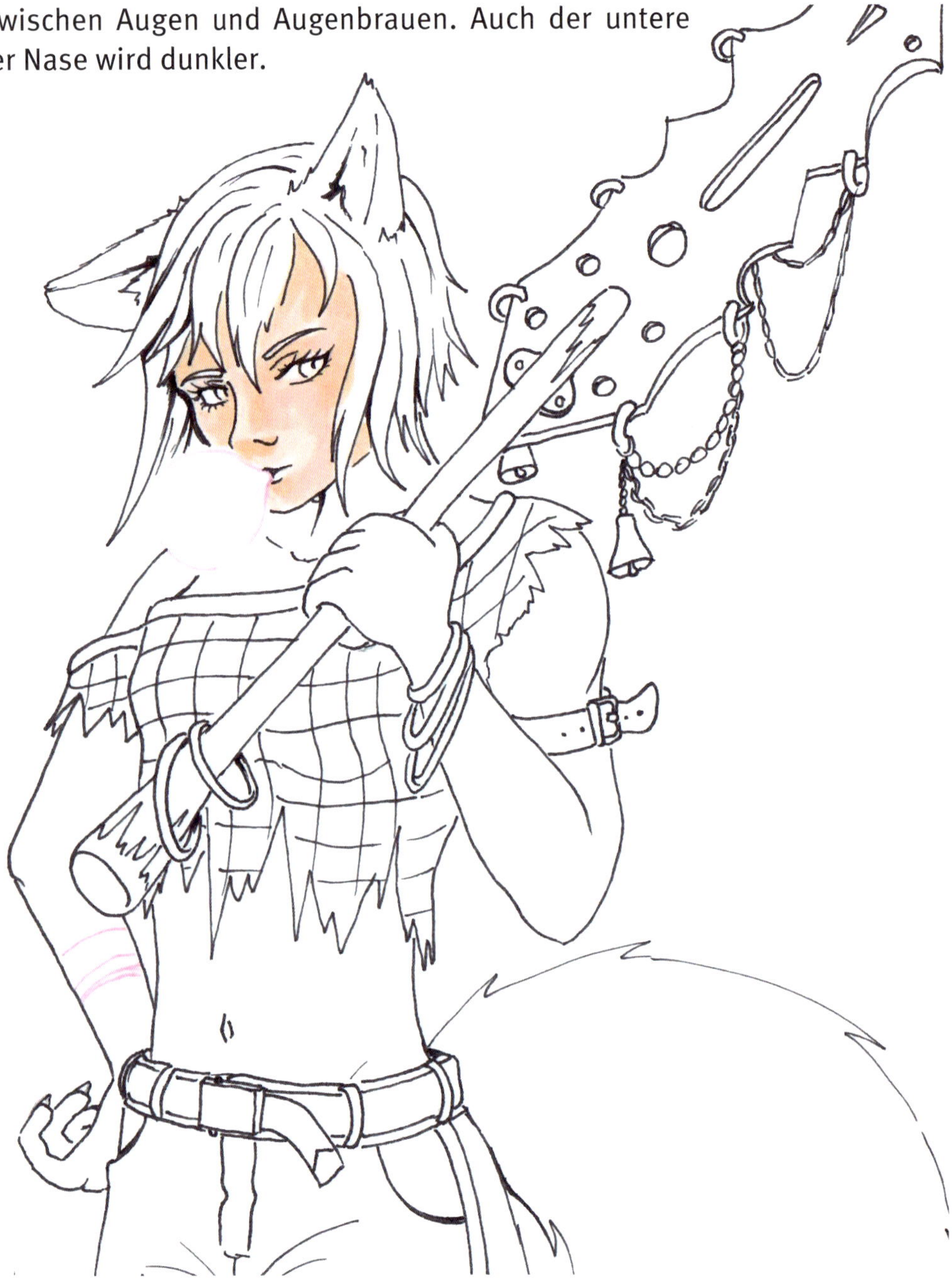

3. Ich lege mit E31 dünnere Striche über die Schattenlinien, die ich mit E21 gezeichnet habe. Dadurch wirkt der Schatten noch plastischer. Auch über diesen lege ich mit E00 eine zusätzliche Schicht, damit ein schöner Verlauf zustande kommt.

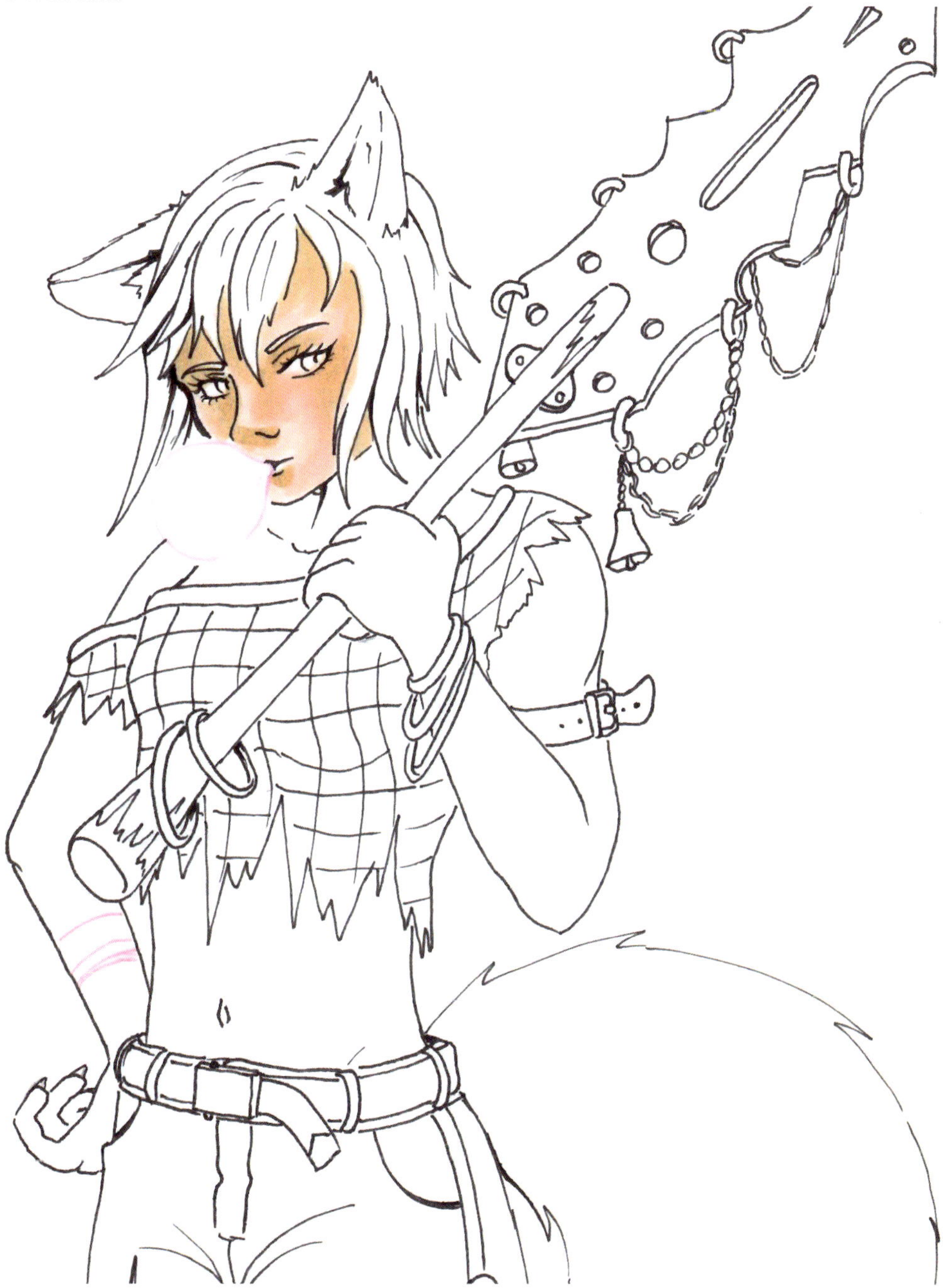

4. Ich setze ganz feine Striche mit BV00 in den Schattenbereichen, z. B. unter der Nase und zwischen Augen und Augenbrauenbogen, um mehr Tiefe zu erzeugen. Auf die Backen setze ich R02, damit sie einen lebhaften Rotstich bekommen. Das verwische ich im Anschluss mit E00.

Die Lippen lege ich in R02 an (ohne sie zu verwischen), das Innere der Lippen bearbeite ich mit R14 und lasse es mit R02 verlaufen. Der Weißraum der Augen wird zuerst unterm Oberlied mit C1 und C3 abgeschattet, bevor die Augenfarbe mit G00 und G17 koloriert wird. Dann setze ich mit einem weißem Gelstift noch Glanzpunkte in die Augen und auf die Lippen.

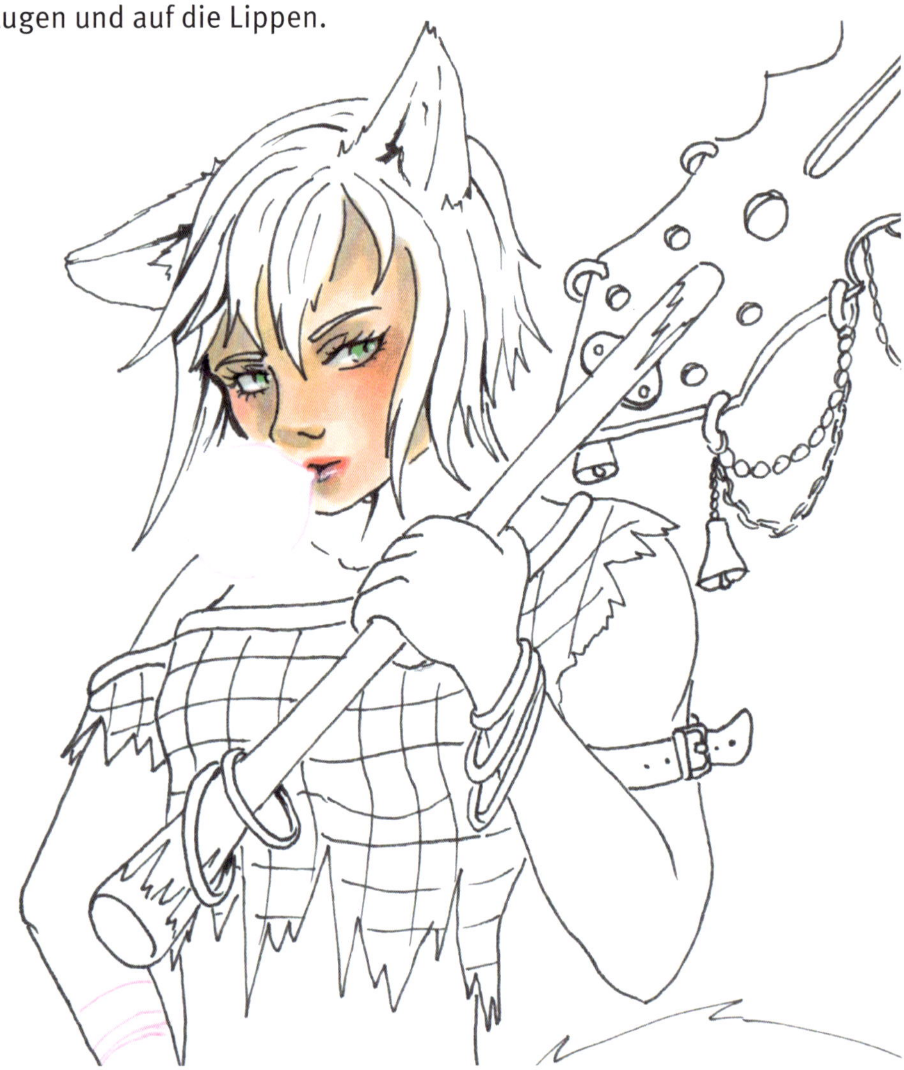

5. Nun arbeite ich an der Kaugummiblase. Zuerst lege ich eine Schicht mit RV21, dabei lasse ich die Reflexe auf der Blase aus. Danach setze ich Schatten mit RV34 und verwische diesen ganz schnell wieder mit RV21. Wenn man mit dunklen Farben arbeitet, muss es schnell gehen, damit die erste Schicht nicht trocknet, bevor man den Verlauf hinbekommt. Abschließend zeichne ich mit R000 noch über RV21 und den Weißraum, den ich zuvor frei gelassen habe, damit der Übergang weicher wird.

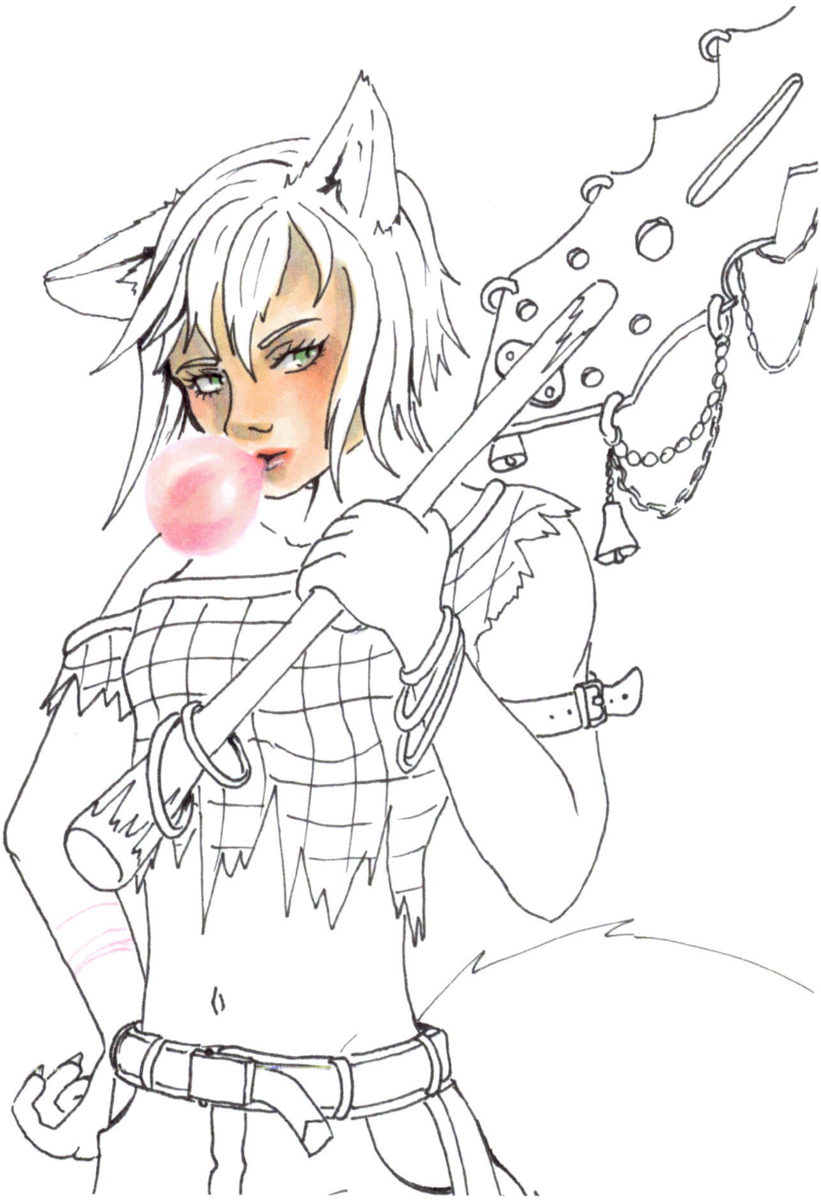

6. Die hautfarbenen Bereiche werden Stück für Stück weiter ausgearbeitet. Zuerst Hals und Oberkörper, dann Arme und Beine. Dies mache ich in derselben Reihenfolge wie beim Gesicht: erst grundieren mit E00, dann mit E21 grob vorschattieren, mit E31 tiefer schattieren und zum Schluss mit BV00 dort Schatten setzen, wo es am dunkelsten am Körper wird und sich Schlagschatten von der Kleidung bilden.

Wenn die Kleidung dunkler wird als die Hautfarbe, dann ist es nicht so schlimm, wenn ihr manchmal über die Linien zeichnet. Nur an den Außenkanten, wo es hell bleiben soll, müsst ihr sehr genau arbeiten.

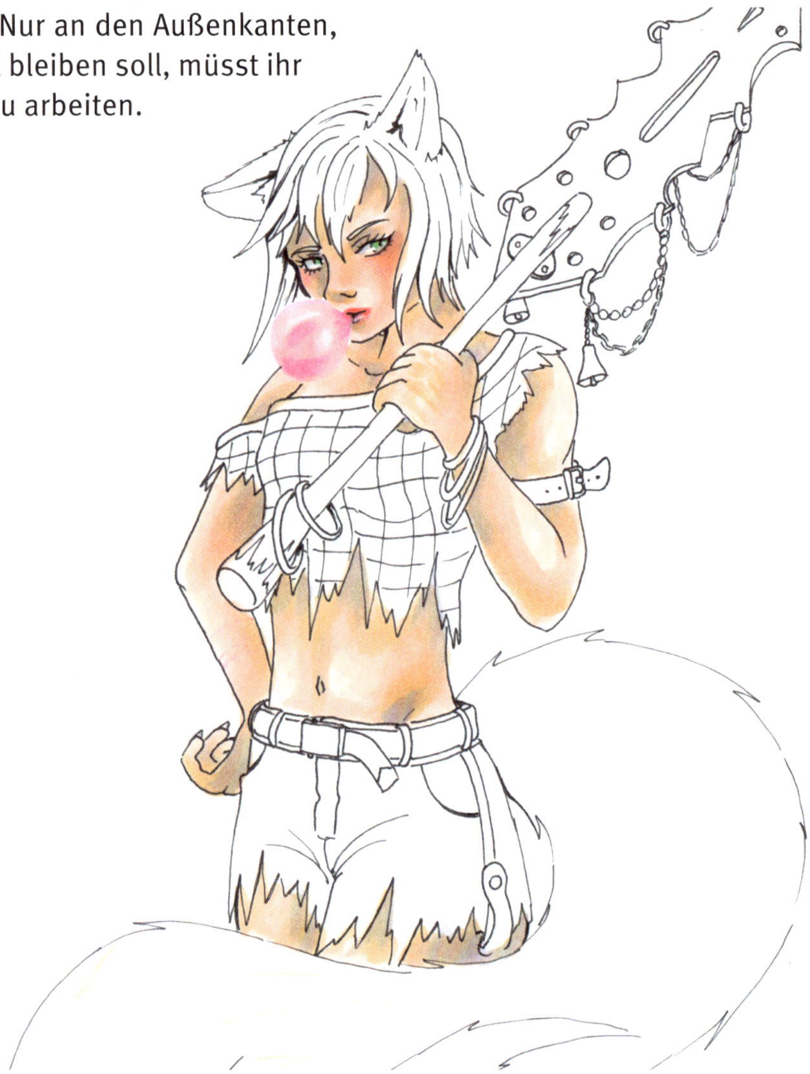

7. Die Haare grundiere ich mit Y38 und lasse dabei die Ohrenspitzen und die Glanzpunkte in den Haaren weiß. Wenn es nur wenige Glanzpunkte sind, können diese auch später mit weißem Gelstift gezeichnet werden. Beim Fell am Schweif lasse ich die weiße Spitze frei und arbeite mit groben Strichen immer in Fellrichtung. Hier möchte ich keinen weichen Farbverlauf. Deshalb einfach drauflos arbeiten, wichtig ist es nur, auf die Strichrichtung des Fells zu achten.

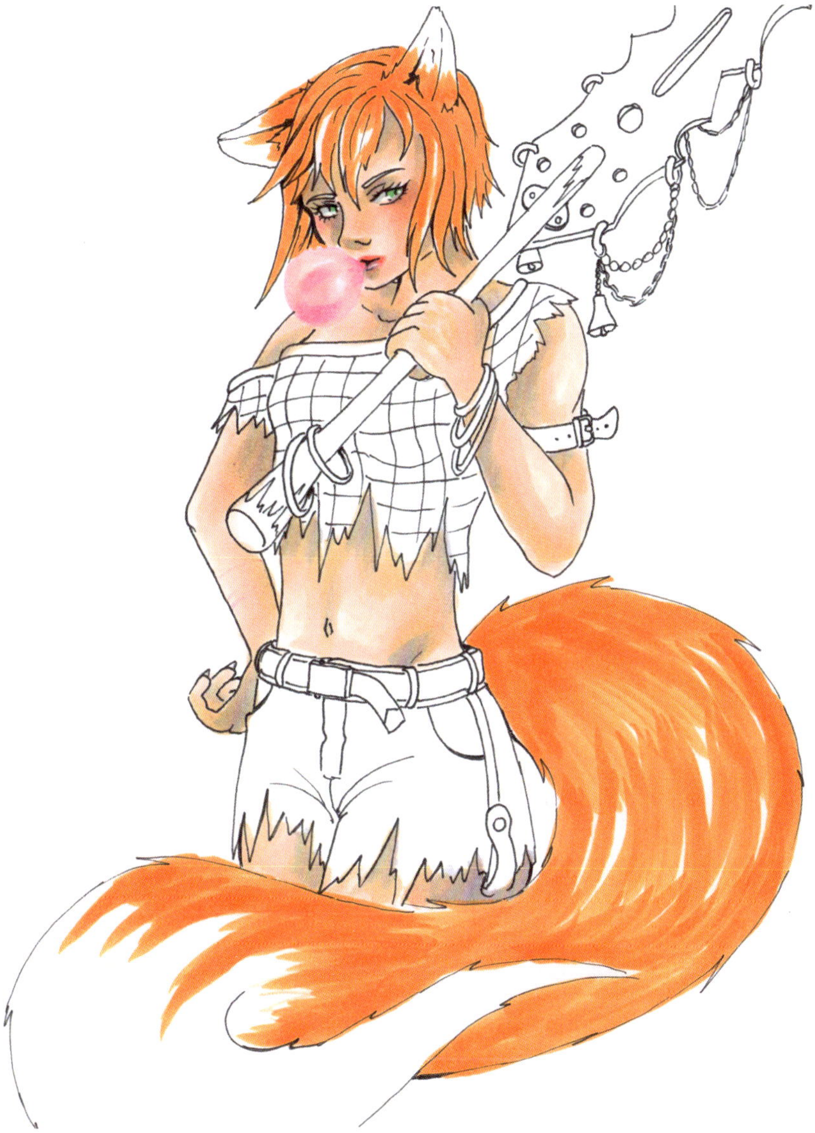

8. Nun setze ich mit YR04 die ersten Strähnen in Haare und Fell. Das mache ich einerseits dort, wo Schatten entsteht, und andererseits nach Gefühl. Schließlich haben Haare keine einheitliche Farbe. Wenn euch ein Strich zu intensiv erscheint, verwischt ihn mit Y38.

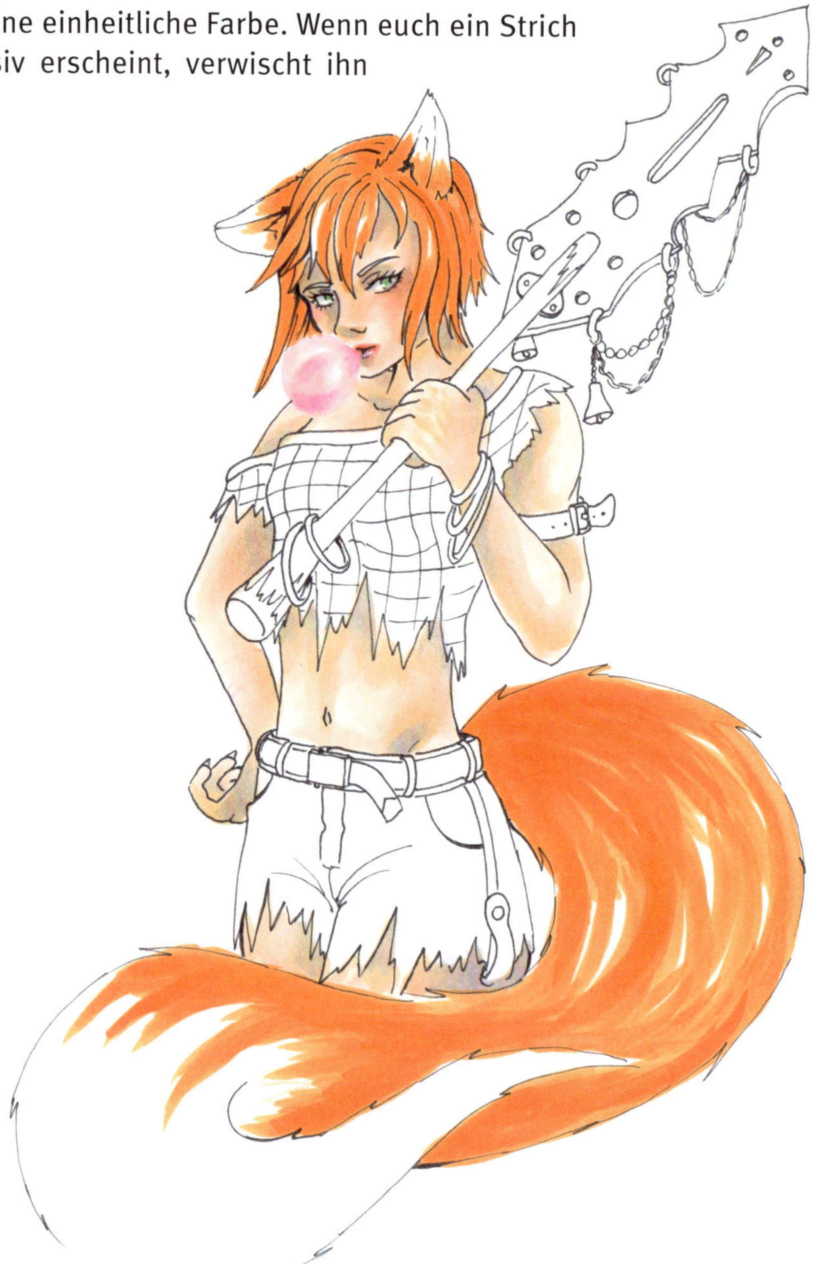

9. Nun vertiefe ich die Farbe in den Schatten mit YR68 und zeichne zusätzlich noch einige dunkle Strähnen. Diese verwische ich mit YR04. Anschließend verfeinere ich noch kleine Bereiche mit E15, nicht nur, um Dunkelheit darzustellen, sondern auch, damit das Fell nicht zu orange wird. Es ist immer gut, andere Farbtypen zum Abdunkeln zu verwenden: ein Blauviolett für Hauttöne, Braun für Orange ... Das macht eure Koloration gleich lebendig. Den weißen Bereich des Felles lege ich mithilfe von einigen Strichen in C1 und C3 an.

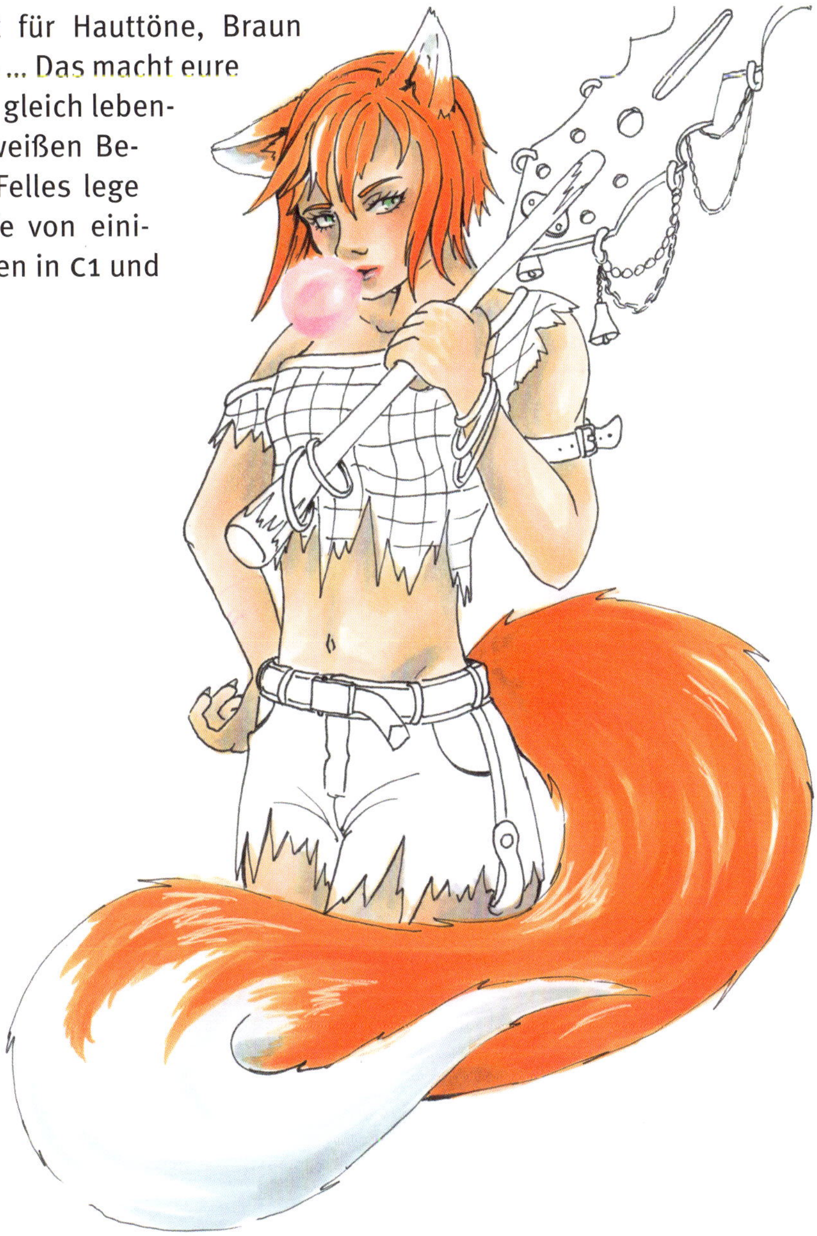

10. Dann grundiere ich das Oberteil mit R14 und arbeite die ersten Falten und Schatten, etwa unter dem Arm, mit R46 aus. Diese lasse ich gleich wieder mit R14 verlaufen. In die ganz dunklen Bereiche arbeite ich mit R59 Schatten, die ich ebenfalls schnell wieder verlaufen lasse.

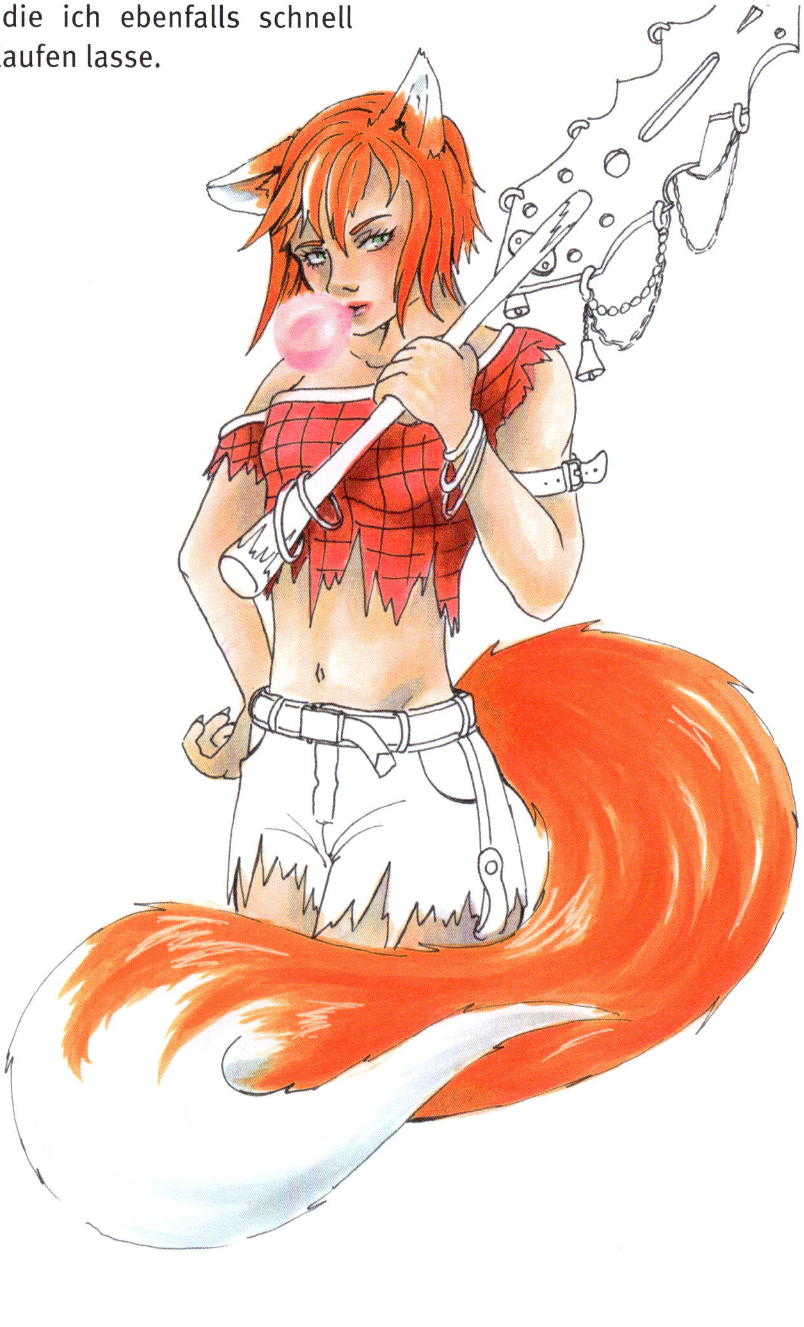

11 Den Kragen des Oberteils koloriere ich mit BG96 und BG99. Für die dunklen Verzierungen im Shirt verwende ich nur noch BG99 und weißen Gelstift. Auch die Hose wird zuerst mit BG96 grundiert, danach lege ich die ersten Falten mit BG99, bevor ich noch mit C7 mehr Tiefe hineinzeichne. Die Falten kann ich anschließend noch mit weißem Gel- oder Buntstift stärker herausarbeiten.

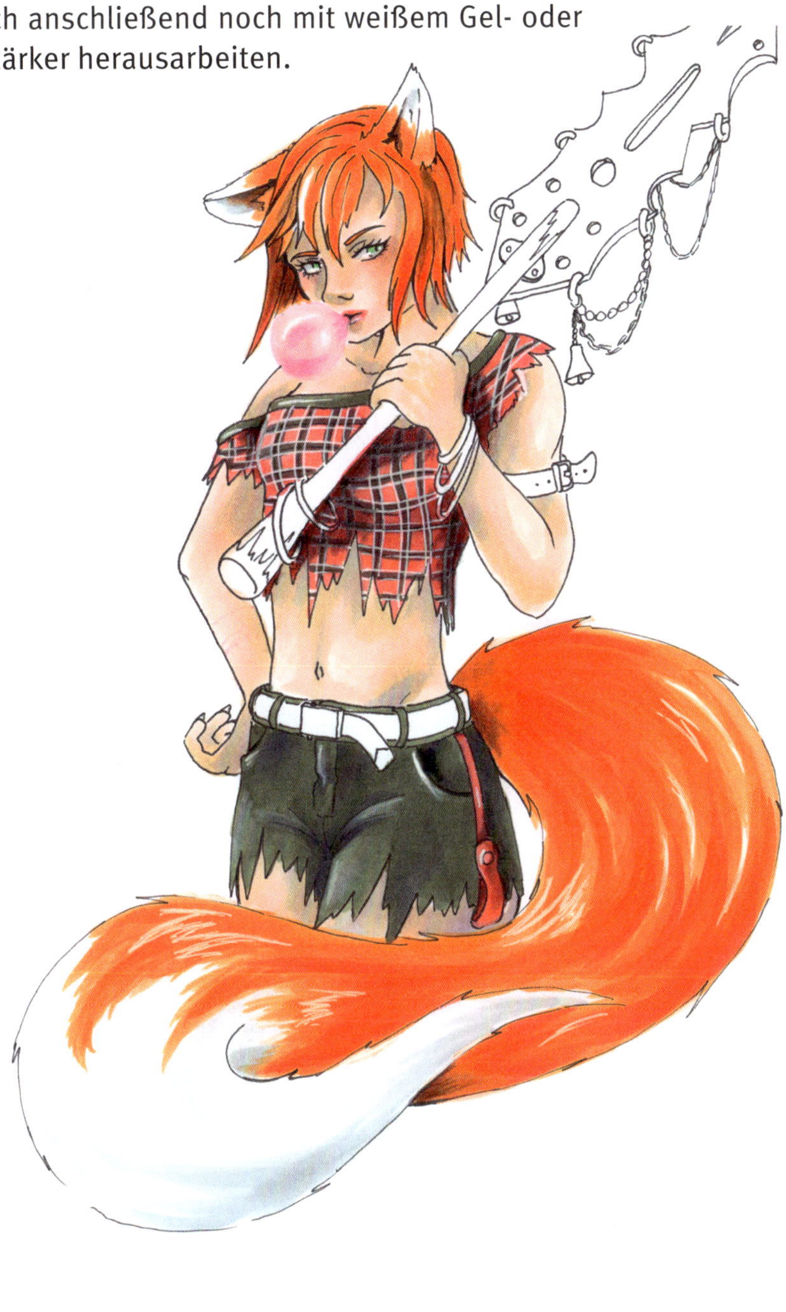

12. Den Griff der Waffe grundiere ich mit E25 und setze danach die Schatten mit E59 und E49. Kleine Goldelemente arbeite ich mit einem goldenen Gelstift heraus und schatte sie mit Buntstift ab. Die Stahlplatte grundiere ich mit C1 und schattiere sie mit C3 und C5. Zuletzt setze ich noch Schraffuren mit schwarzem Buntstift darüber.

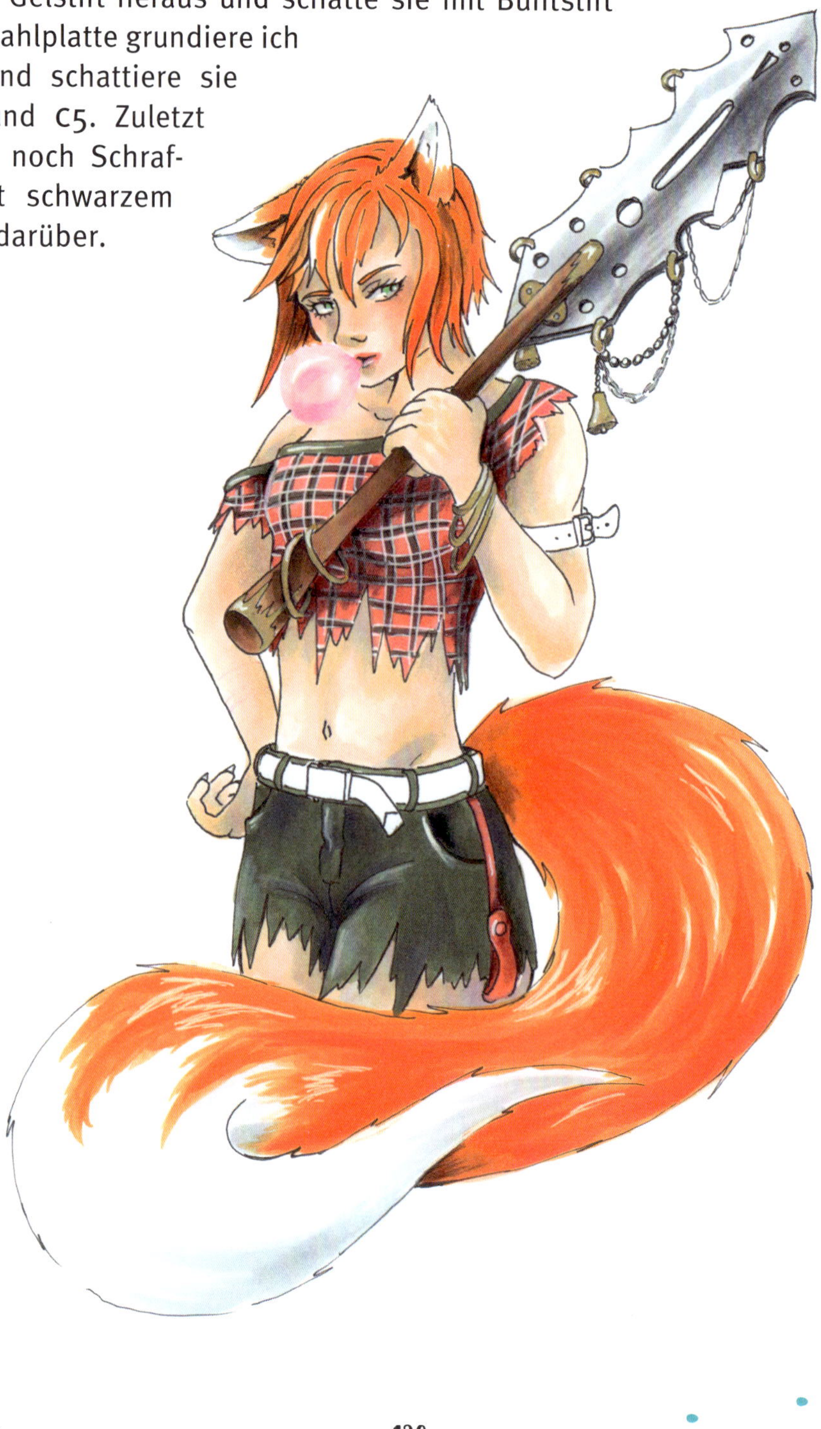

13. Nun gehe ich noch über Gürtel und Lederband. Zuerst mit B97, dann verlaufend mit B99, und zum Schluss setze ich mit schwarzem Buntstift noch Schatten in das Band. Die Silberelemente habe ich mit Gelstift gezeichnet.

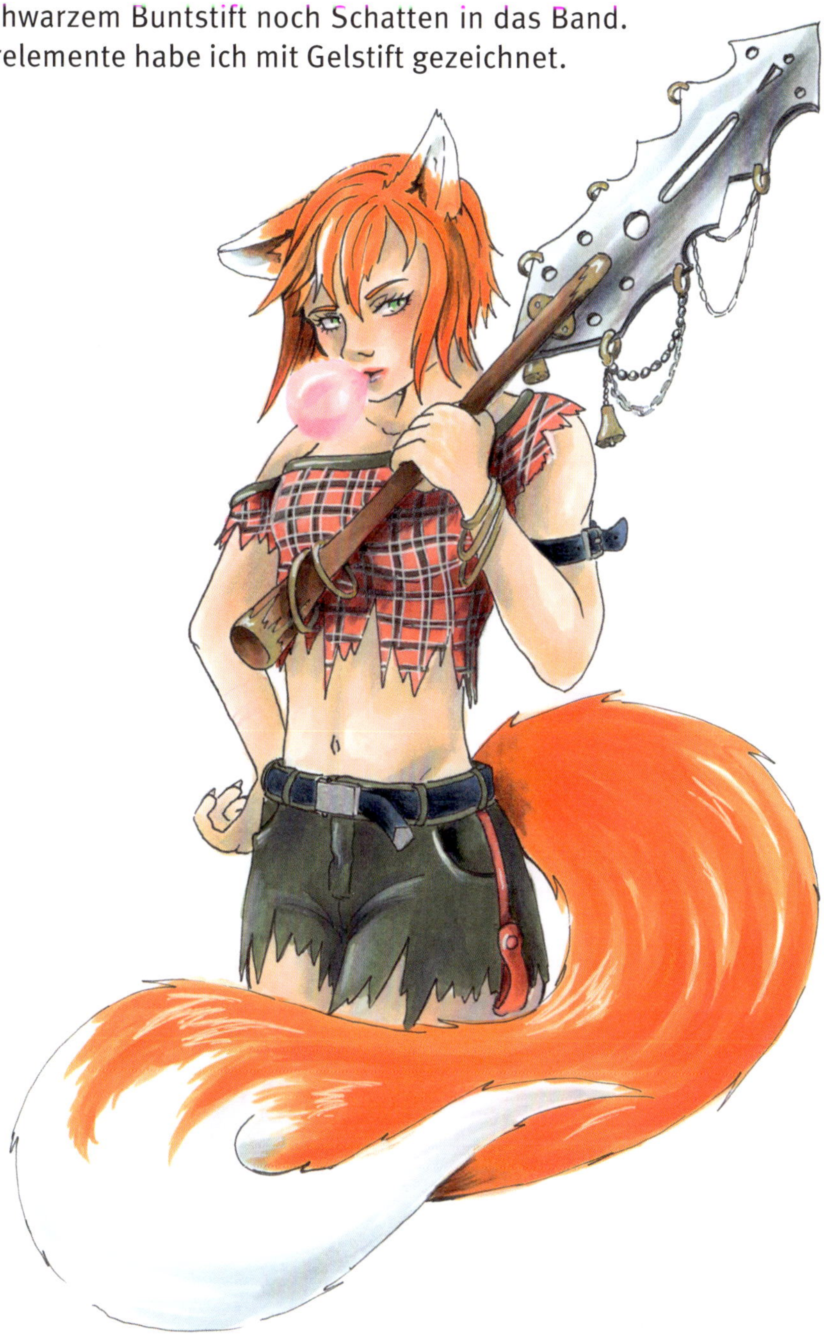

14. Als letzten Schritt zeichne ich das rote Tattoo mit R14 ein. Dann deute ich noch einen Hintergrund mit Blättern an. Dieser wird mit G00, G02, BG34, BG15, B00 und B02 erstellt. Zum Schluss werden noch ein paar Highlights mit weißem Gelstift gesetzt.

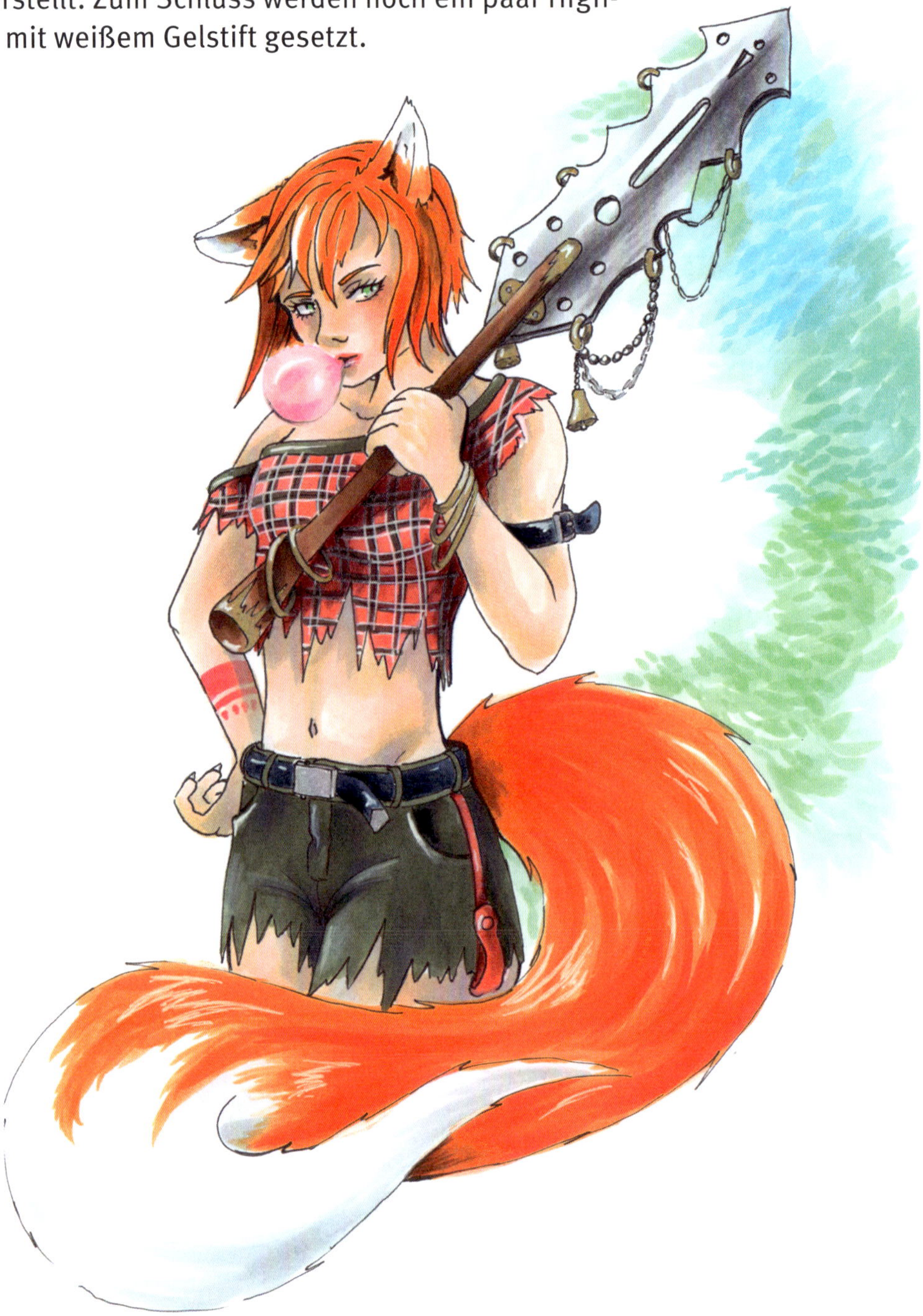

ZUM SCHLUSS

Ich hoffe, ihr hattet viel Spaß dabei, diese Seiten durchzuarbeiten. Wahrscheinlich könnt ihr jetzt schon große Verbesserungen bei euren Figuren feststellen. Bleibt am Ball und hört nicht auf zu üben! Oft macht man sich selbst viel zu viel Druck, weil man glaubt, alles muss perfekt sein. Aber gerade beim Zeichnen hört das Lernen nie auf. Immer wieder wird man beginnen, etwas zu zeichnen, und noch nicht wissen, ob man es wirklich schafft. Aber macht nicht gerade das den ganzen Spaß aus?

Natürlich, je geübter man ist, umso seltener wird man etwas verpatzen. Trotz allem wird man auf die Werke, die man als wirklich schwer empfunden hat, stolzer sein als auf jene, die leicht von der Hand gegangen sind. Ihr wisst doch, der Weg ist das Ziel. Und **sobald wir an einem Ziel angekommen sind, suchen wir uns ein neues!**

Ich möchte hier auch allen danken, die mich unterstützen. Nicht nur meinen Freunden und meiner Familie, sondern auch euch Lesern und Kursteilnehmern!

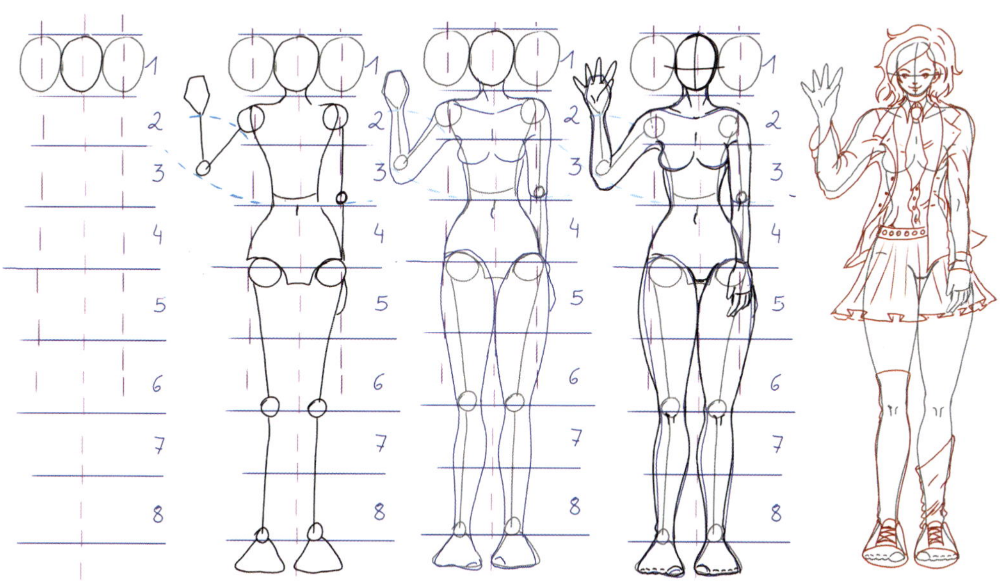

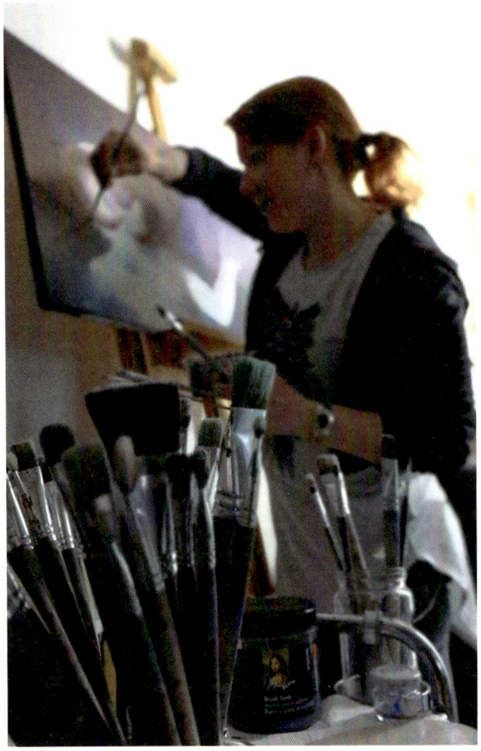

Elisabeth Poniz wurde 1983 in Wien geboren. In der Manga- und Fantasyszene ist sie auch als Dark Lizzy bekannt.

Der Name entstand 2006 und passte damals wunderbar zu ihrer mystischen Seite. Mittlerweile haben sich ihre Interessen zwar verlagert, der Name gehört dennoch zu ihr.

So findet ihr mich unter Darklizzy genauso wie unter Liz Poniz.

Meine Interessen sind vielfältig, weswegen ich in der Kursszene ein sogenannter Allrounder bin. Allerdings muss ich auch alles zeichnen können, da ich eine Geschichtenerzählerin bin und in meine Werke immer eine Geschichte verpacke.

Ich habe mit 14 Jahren begonnen zu zeichnen, und seitdem lässt es mich nicht mehr los. Ursprünglich gelernt habe ich Schneiderin. Nach Weiterbildungskursen in Malerei und meiner Grafikerausbildung sowie nach einer zweijährigen Ausbildung zur Bildhauerin machte ich mich 2015 als Künstlerin und Kursleiterin selbstständig. Seit diesem Zeitpunkt durfte ich nicht nur an vielen tollen Projekten arbeiten, sondern auch 2017 mein erstes Zeichenlehrbuch herausbringen: »Copic Marker: Das große Buch für Manga und Illustration« im Stiebner Verlag.

Inspiriert von meinen Kursteilnehmern, begann ich, dieses zweite Buch zu erarbeiten, das hoffentlich die Schwachstellen von anderen Büchern umgeht. Dieses Buch ist nach meinem Zeichenkurs für Anfänger entstanden, den ich jährlich erfolgreich durchführe.

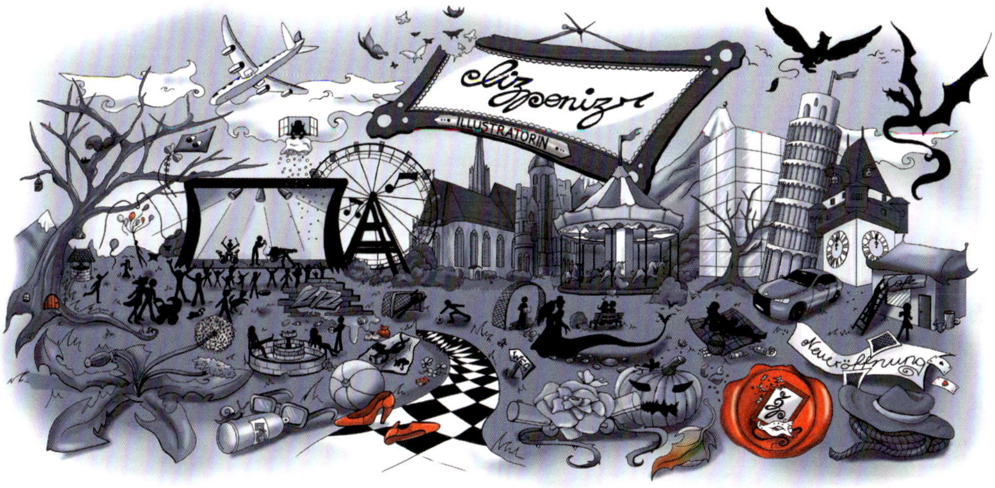

Website: www.lizponiz.at

Facebook: www.facebook.com/DarkLizzyArt

Instagram: lizponiz

YouTube: Dark Lizzy

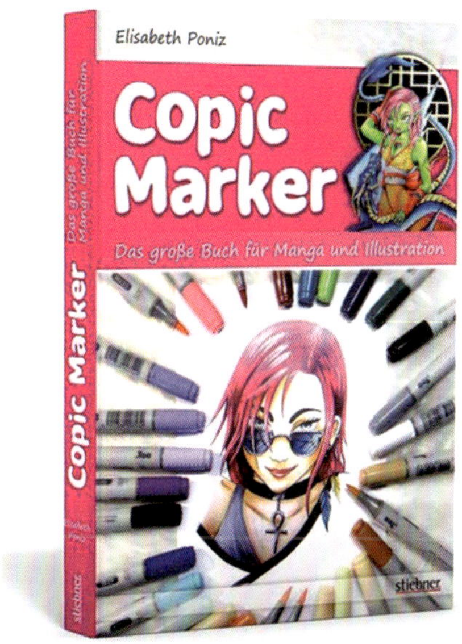

Wer nun schon kräftig geübt hat und kolorieren möchte, dem empfehle ich mein weiterführendes Buch:

»Copic Marker: Das große Buch für Manga und Illustration«, erschienen 2017 im Stiebner Verlag

ISBN: 978-38307-1442-2

IMPRESSUM

Covergestaltung: Pierre Sick

Layout und Satz: bookwise GmbH, München

Redaktion: Annika Genning, Text-Genuss

Zeichungen und Skizzen vom Autor

Gesamtherstellung: Stiebner Verlag, Grünwald

Bibliografische Information der Deutschen Nationalbibliothek
Die Deutsche Nationalbibliothek verzeichnet diese Publikation in der Deutschen Nationalbibliografie; detaillierte bibliografische Daten sind im Internet über http://dnb.dnb.de abrufbar.

2., durchgesehene Neuauflage 2021

Printed in the EU

ISBN 978-3-8307-1453-8